과학적 근거로 무장한 헬스 공략집

김 광 호 지음

대경북스

헬스혁명

1판 1쇄 인쇄 2025년 1월 2일
1판 1쇄 발행 2025년 1월 8일

지은이 김광호

발행인 김영대
펴낸 곳 대경북스
등록번호 제 1-1003호
주소 서울시 강동구 천중로42길 45(길동 379-15) 2F
전화 (02) 485-1988, 485-2586~87
팩스 (02) 485-1488
홈페이지 http://www.dkbooks.co.kr
e-mail dkbooks@chol.com

ISBN 979-11-7168-071-9 03690

들어가는 글

넓게 퍼진 견해가 늘 옳은 것은 아니다. 예를 들면 '열심히 훈련하는 만큼 몸이 좋아진다.', '단당류를 먹으면 살이 찐다.' 또는 '꿈꾸면 수면의 질이 떨어진다.' 등이 있다. 이런 오해와 다른 사실을 알려주면 일단은 뜨끔한다. 그러고서는 두 부류로 나뉜다. 사실을 받아들이고 나아지는 경우와 착각의 동굴로 더 깊숙이 도망치는 경우다. 이때 회피를 선택한 대가는 잔혹하다. 근육이 녹고 신장이 손상되어 몸이 띵띵 붓거나 만성 소화장애 또는 불면증에 시달릴 수 있다. 반대로 운동 효과를 1도 보지 못하는 경우도 있다. 둘 다 동굴 끝에서 마주하는 캄캄한 벽과 같다.

과학적 근거로 무장한 사실을 받아들이면 어떻게 될까? '석 달 뒤에 피트니스 잡지 모델'처럼 될 수 있다!' 이렇게 말해주고 싶지만, 솔

직히 그런 아름다운 일은 일어나지 않는다. 대신 "요즘 운동하시나 봐요?" 정도는 들을 수 있다. 나아가 병치레를 예방하는 것도 가능하다. 또 달리지 못해서 신호등을 놓치거나, 계단을 오르다가 쉬기를 반복하는 일도 그만할 수 있다. 이것들은 분명 피트니스 잡지 모델이 되는 것보다 더 큰 가치를 갖는다.

한 가지 일을 오래 하다 보면 지인의 연락을 자주 받는다. 법적 문제가 생기면 변호사 친구에게 전화하거나 허리가 아플 때 의사 친구를 찾는 것이 쉬운 예다. 나도 특히 친구들에게 매번 비슷한 질문을 받는다. "헬스 좀 다녀보려고 하는데, 뭐부터 하면 되냐?" 바로 이어서 이런 말도 한다. "일단 스쾃(squat) 같은 거 열심히 하면 되나?" 의심이 들 정도로 매번 똑같다. 이럴 때마다 나도 같은 답을 한다. "내가 내일 여행을 떠나려고 하는데, 일단 인천공항으로 가면 돼?" 이러면 대부분 3초간 말이 없다. 터무니없는 질문이라는 것을 알아챈 셈이다. 건강하고 멋진 몸을 빚어가는 과정도 여행과 똑같다. 어딜 가고 싶은지, 통장 사정은 어떤지, 시간은 얼마나 있는지가 먼저다. 이런 조건에 맞춘 계획이 분명해야 나에게 맞는 훈련을 시작할 수 있다.

사실 어떻게 하냐 보다는 하냐/마냐가 더 중요하다. 그런 측면에서 일단 해보기로 한 것은 기립 박수 칠 일이다. 그러나 일단 지르고 보는 식은 결과가 좋을 가능성이 거의 없다. 가장 쉬운 예는 러닝머신만 타다가 오는 경우가 첫 번째다. 두 번째는 조금 더 복잡하다. '기왕 헬스장까지 왔는데, 근력운동을 해야 하지 않을까?'라는 기특한 생각을 한다. 문제는 어떤 것부터 손대야 할지 모른다는 점이다. 남들이 자주 하는 기구나 만지작거리다가 집으로 돌아온다. 결국 3개월 끊어놓고 2주 다니다가 그만둔다. 이들을 두고 헬스장 기부 천사라고 한다. 혹시 지금 뜨끔 했다면 당신도 천사라고 할 수 있다. 반대인 경우도 있다. "몸짱이 될 거야!"라고 하면서 영혼까지 갈아 넣는 경우다. 이들은 마치 욕심 많은 정복자 같다. 땀을 뻘뻘 싸면서 헬스장 모든 기구에 땀으로 영역 표시를 한다. 매일 운동 3시간은 기본이오, 마침내 쌓이는 피로에 정상적인 일상이 어려워진다. 심할 경우 나처럼 건강을 망치는 대가를 치르기도 한다. 이런 경우는 의료 서비스 기부천사다. 그러나 역시 시작할 생각조차 없는 사람이 대부분이다. 그런 이유로 '운동해야 하는 이유와 주의사항 그리고 효과'로 본문을 시작했다.

요즘에는 헬스장 상담 서비스가 꽤 잘 되어있다. 감지도 않은 머리에 모자를 푹 눌러쓰고, 슬리퍼를 찍찍 끌며 "예, 3개월에 20만 원이요" 하는 관장님 시대는 멀리 간 지 오래다. 제대로만 고른다면 굳이 PT(개인 맞춤 훈련)를 등록하지 않아도 기본 안내 정도는 받을 수 있다. 상담하다 보면 공통된 내담자 특징이 있다. "그럼, 닭가슴살 먹으면서 하면 되나요?" 그러고선 대답을 듣기도 전에 검색부터 한다. 영양 관리에 대한 이런 오해는 훈련보다 심하다. 특히 단백질 보충제나 건강기능식품을 마법의 재료인 마냥 숭배하는 일이 잦다. 결론부터 말하자면, 좋은 식단을 구성하면 굳이 보충제 회사에 헌납할 필요가 없다.

굳이 헬스장까지 와서 상담받는 사람은 그나마 낫다. 더 심각한 건 관심조차 없는 이들이다. 혹시 지방을 먹으면 지방이 쌓인다거나 탄수화물을 끊으면 살이 빠진다고 알고 있나? 또는 식탁 한 귀퉁이에 건강

보조제 또는 체지방 감량제 약통이 널려있을 수도 있다. 물론 이해한다. 정갈한 식단을 꾸리는 것보다 보조제로 퉁 치는 것이 훨씬 편할 테니까. 분명한 것은 이들은 보조제 회사 기부 천사라는 사실이다. 본문 영양 파트(part)는 이들을 뜨끔하게 만들고, 영양에 대한 기초 상식과 독자의 통장 잔고를 차곡차곡 쌓기 위해 적었다.

지인 또는 고객의 질문은 훈련과 영양 정도로 뚝 그친다. 그럴 때마다 섭섭했다. '왜 수면에 관해서는 관심이 없지?' 우리가 건강과 몸을 빚어가는 과정에서 수면은 자동차 바퀴 하나쯤 역할이다. 뇌는 자동차 핸들이다. 심장은 엔진이다. 바퀴 네 개는 각각 훈련, 영양, 생활 습관, 수면이다. 대개는 바퀴 하나쯤 망가져도 문제없다는 식으로 생각하는 것 같다. 또는 아예 관심조차 두지 않는다. 마땅한 대우를 받지 못한 수면은 처음에는 살짝 토라진 티를 낸다. 집중력 저하, 감정 기복, 일상 피로 등이 대표적이다. 그런데도 보통은 정신력으로 이겨내겠다며 카페인 음료로 도핑하면서 버틴다. 무시당한 수면은 복수를 한다. 바로 불면증이다. 고된 훈련, 배고픔, 수면 장애. 이 셋 중에 어떤 고통이 제일 심할까? 나는 운이 좋게도(?) 과로로 입원도 해보고, 나흘 동안 굶은 적도 있고, 불면증도 겪어봤다. 셋 중 불면에 대한 고통이 가장 심하다. 그런데도 사람들은 바퀴 네 개 중에서 하나를 빼라고 하면 바로 수면이라는 바퀴를 고른다. 전진 없는 길고 긴 밤을 자처하는 꼴이다.

요즘에야 선구자들이 수면의 중요성을 강조하면서 수면도 주목받는 추세다. 그러나 여전히 아쉬운 부분이 있다. 수면도 훈련과 영양처럼 개인에게 맞춤 형태가 필요하다. 이에 따라 상세한 지침이 필요한

데, 넓게 퍼지지 않은 것이 사실이다. 이것이 본문 마지막 장을 수면으로 둔 이유다. 수면이 부족하면 별것도 아닌 일에 짜증이 솟구친다. 혹시 근래 무심코 짜증 낸 적은 없나? 뜨끔했다면, 본문 끝부분을 추천한다.

집이 마음에 들지 않으면 이사를 하면 그만이다. 하지만 몸은 그럴 수 없다. 우리가 건강 관리에 정성을 쏟아야 하는 절대적 이유다. 한편으론 닮은 점도 있다. 건물을 지을 때 기초 공사가 제일 중요하듯이 건강 관리도 그렇다는 점이다. 기초가 중요한 80%를 결정한다. 기초를 터득하는 과정에서 대개 흔한 오류는 근성으로 모든 걸 해결하려는 것이다. 정확히 내가 그랬다. 잘못된 방향으로 너무 열심히 달렸더니 오히려 목적지에서 더 멀어졌다. 방향을 잃은 이들에게 나침반이 되고자 과학적 근거로 무장한 거인들의 말을 빌려 적었다. 물론 너무 열심히 하는 사람보다 그렇지 않은 사람이 더 많다. 보통 이들을 겨냥해 의지와 근성을 탓한다. 정확히 틀렸다. 이들은 해야 할 이유와 하는 방법을 모를 뿐이다. 2010년부터 누군가의 가족을 코칭(coaching)해오며 느낀 점이다. 그들의 출발을 돕고 싶어서 최대한 쉽고 흥미롭게 쓰려고 노력했다. 이 책이 그들에게 내비게이션이 되길 바란다.

2024년 겨울

차 례

들어가는 글···3

Part 1. 근육

01 이 맛에 웨이트 트레이닝 한다! ···························· 13

02 근육은 단지 뽐내기 용이 아니다 ······················· 23

03 순대는 과학이다 ·· 27

04 잘 늘려야 커진다 ··· 31

05 버텨라, 남는 장사다 ······································ 37

06 근육은 다양하게 커진다 ·································· 42

07 근육을 통해 얻는 견고함 ································· 45

08 근육과 심혈관계 건강 ···································· 48

09 죄 없는 비만과 해결사 근육 ······························ 51

10 혹시 마른 비만? ·· 58

Part 2. 근력

11 좌식생활과 근력 ………………………………… 67

12 실전 근력은 따로 있다? ………………………… 73

Part 3. 신진대사

13 고혈압 약으로부터 해방되어라 ………………… 81

14 신진대사와 마른 비만 관리법 ………………… 88

Part 4. 프로그램 디자인

15 열심히 '만' 한다고 좋아지는 게 아니다 ……… 97

16 훈련 프로그램? 그게 뭔데? …………………… 100

17 프로그램 디자인: 자가진단 …………………… 106

18 프로그램 디자인: 빈도 ………………………… 116

19 프로그램 디자인: 분할 ………………………… 121

20 프로그램 디자인: 세트 ………………………… 136

21 프로그램 디자인: 운동 종목 ………………… 144

22 프로그램 디자인: 운동 순서 ………………… 151

23 프로그램 디자인: 피로도 관리 ·················159

24 프로그램 디자인: 반복 범위 ·················175

25 프로그램 디자인: 휴식 시간 ·················184

26 프로그램 디자인: 디로드 ·················192

27 귀찮은 유산소 운동 ·················201

28 유산소 운동: 종류와 효과 ·················209

Part 5. 영양과 수면

29 다이어트의 핵심 'kcal' ·················237

30 탄수화물은 억울하다 ·················253

31 단백질 섭취는 선택 사항이 아니다 ·················268

32 지방과 콜레스테롤은 필수다 ·················279

33 미량영양소, 식이섬유와 마이크로바이옴 ·················293

34 정 안 되면 '잘 자기'라도 하자 ·················307

나가는 글 ·················335

참고문헌 ·················339

Part 1

근육

01

이 맛에 웨이트 트레이닝 한다!

브라질 여름 날씨는 푹푹 찌지 않는다. 그것보단 바삭하게 구워져 버릴 것 같은 느낌이다. 만약 사람이 만두였다면 한국에선 찐만두, 브라질에서는 군만두가 될 것이다. 숨 쉬는 게 부담스러울 만큼 공기마저 뜨거운 날이 잦다. 그런 날에 그를 보면 얼음이 동동 뜬 사이다를 한 모금 한 기분이 들었다. 그는 헐크(Hulk)라는 별명을 가진 헬스장 관리인이다. 브라질에선 헐크를 독특하게 발음한다. H쪽에서 약간의 묵음과 ul에서 음절을 길게 늘린 우- 발음을 하고 k에서 쌍기역으로 툭 끊는다. 완성형은 '후우끼'다.

키가 165cm쯤인 후우끼는 돌로 쳐도 끄떡없을 것 같았다. 어깨와 목 사이에 승모근은 머리통 만했고, 팔은 그 당시 내 허벅지 두께와 비슷했다. 후끼는 흑인, 백인 그렇다고 황인도 아니었다. 인디오 혈통의 옅은 갈색 피부색이었다. 그 덕분에 더욱 건강미가 넘쳤다. 씨익 웃을 때면 영화배우이자 프로레슬러였던 드웨인 존슨(Dwayne Johnson, The Rock)이 생각났다.

나는 후우끼와 마주칠 때면 훌륭한 검투사를 선별하듯이 근육을 만져댔다. 후끼의 알통은 마치 잘 익은 과일 같았다. 탱글 탱글하니 쿡 찌르면 과즙이 철철 흐를 만한 것이었다. "O Alex!(당시 내 브라질 이름) Vamos! meu querido!(애정하는 녀석! 어서 가자구!)" 탱탱한 근육의 비결을 알려주겠다는 뜻이었다. 그렇게 처음 헬스장에 갔고, 웨이트 트레이닝(weight training)을 경험했다. 그때가 중2였다. 그 뒤로 후우끼는 마주칠 때마다 내게 "vamos!"를 외쳤다. 웨이트 트레이닝 첫 경험을 통해 나는 평생 남을 것을 배웠다. 처음엔 뭐든 고통이 따른다는 것, 꾸준히 하다 보면 더 이상 고통스럽지 않다는 것, 인내가 습관이 되면 몸과 마음이 변한다는 점 등이었다. 비록 후우끼처럼 팔뚝이 다리통처럼 되지는 못했지만 더 값진 것을 얻었다.

브라질에서는 헬스장을 academia라고 부른다. 우리말 발음은 아까데미아다. 원래 academia는 영미권에서 학계라는 말로 쓰인다. 또 그 어원은 고대 그리스 아테네에 플라톤(Platon)이 세운 학교로 알려져 있다. 플라톤 학파의 교육장으로 쓰였던 곳의 이름이 academia였다[1]. 이런 이유로 나는 브라질 사람들이 헬스장을 아까데미아(academia)라고 부르는 것이 퍽 마음에 든다. 단순히 이론을 알려주는 것도 교육이라는 명칭을 붙이는데, 하물며 이론과 실기 모두를 배우는 헬스장이라는 공간에도 교육장이라는 이름이 붙어야 마땅하다고 생각한다. 웨이트 트레이닝을 굳이 한국어로 고치지 않고 책에 옮긴 이유도 여기에 있다.

웨이트 트레이닝의 사전적 의미를 파헤치면 '저항 운동' 또는 '근력 운동' 정도로 나온다. 소심하게도 나는 여기에 동의하지 않는 편이다. 우선 저항 운동은 고무밴드로도 할 수 있고, 공기역학이나 수력으로도 가능하다. 이 모든 것으로 우리 몸에 스트레스를 주는 과정이 근력 운동이다. 따라서 웨이트 트레이닝은 근력운동 안에 포함된 조금 더 특별한 활동이다. 이쯤에서 "weight란 무게를 뜻하므로 웨이트 트레이닝은 그저 무거운 것을 들고 내리는 운동이 아니냐?"고 반문할 수 있다. 이 부분에서도 쉽게 고개를 끄덕일 수 없다. 앞서 말했듯 우리가 훈련을 한다는 것은 그 과정 속에 교육이 녹아져 있다고 생각하기 때문이다. 그래서 내게 웨이트 트레이닝은 그저 무거운 것을 드는 운동이 아니다. 신체활동을 통해 배우는 과정, 체육의 한 부분이다. 내 의견에 지지라도 해주듯 training에는 교육이라는 뜻이 붙어있다[2]. 내가 단순히 운동이라는 표현보다는 훈련(training)이라는 말을 좋아하는 이유다.

첫 경험 기억은 오래간다. 후우끼가 처음 알려준 웨이트 트레이닝은 체스트 프레스 머신(chest press machine)이었다. 겉으로는 간단해 보이는 이 운동을 하려면 우선 다리가 직각이 될 정도로 앉아야 한다. 이어서 머신에 등을 기대고 손잡이를 앞으로 밀면 끝이다. 가슴 근육 발달을 목표로 하는 쉬운 운동 중 하나다. 그러나 초보의 실 사정은 다르다. 수저로 밥을 퍼먹는 정도의 능숙함으로 시범을 보여준 후우끼와는 다르게 내 동작은 구겨놓은 종이 인형 같았다. 스스로도 이건 단단히 잘

체스트 프레스 머신

못됐다고 스스로 느낄 정도였다. 무식의 끝은 내가 모르는 게 무엇인지 모르는 것이다. 뒤집어서 생각해 보면 배움의 첫걸음은 스스로 모르는 것이 무언지 아는 것이다. 후우끼는 내 손을 잡고 손바닥을 펴게 했다. 손목에 가까운 도톰한 부분에 기구 손잡이를 대고 그가 말했다. "여기로 미는 거야." 이로써 종이인형 같던 손목 부분이 견고해졌다.

　그 다음 후우끼는 무림 고수가 손을 펼쳐 장풍을 쏘는 자세를 잡았다. 이어서 그는 내 명치에 손바닥을 갖다 대었다. "내 손을 밀어내봐" 숨을 크게 들이쉬고 배짱을 부리듯이 명치를 한껏 내밀었다. 가슴 운동을 하기에 적당한 아치(arch, 등 폄 자세)가 나왔다. 마지막으로 팔꿈치가 몸통에서 45도 정도 벌어지게끔 의자 높이와 손잡이 너비를 조절했다. "이제 숨을 들이쉬고 밀어!" 펄럭이는 종이인형 같았던 자세가 꽤 단단한 느낌으로 변했다. '내가 이런 걸 모르고 있었구나.' 이것이 아까데미아에서 첫 걸음을 뗀 기억이다.

　배웠다는 것이 결코 안다는 것을 의미하지는 않는다. 분명 어제 배운 것인데 다음 날은 달랐다. 충분히 익히는 시간을 반복하고 나서야 어느 정도 티가 났다. 영어 단어를 외우는 것도 비슷하다. 우리는 선생을 통해서 생전 처음 보는 단어가 어떻게 생겼는지 무슨 뜻인지 배운다. 배운 직후 유창하게 뱉을 것 같지만 그렇지 않다. 바로 떠오르지 않거나 여러 번 틀리기를 반복하고 익히는 시간을 거치고 나서야 완벽히 익한다. 이렇듯 아는 것에서 그치지 않고 배우고 익히는 것이 학습이다.(3) 고된 학습 과정은 머리와 몸에 고스란히 남는다. 한번 외운 영어 단어는 자동반사로 튀어나오듯 웨이트 트레이닝도 그렇다. 운동깨나 했던 이들이 다시 몸을 만들기 수월한 것도 이런 이유다.

　후우끼의 특훈 효과도 내 몸에 고스란히 남았다. 덕분에 축구 선수를 하는 동안 몸싸움에 자신감이 붙었다. 어렸을 때 나는 키와 체중이 평균에 든 적이 없었다. 그런 이유로 상대편과 부딪히면 팔랑팔랑 날아가곤 했다. 기술 부족이라기보단 메꿀 수 없는 체급 차이였다. 몸싸움에 밀리면 유니폼을 잡고 늘어지거나 교묘한 반칙을 할 수밖에 없었다. 그런 이유로 노란 딱지(엘로카드, 경고장)를 자주 받았다. 후우끼의 웨이트 트레이닝 교습은 석달을 넘어가니 슬슬 효과가 보였다. 몸싸움에서 밀리지 않거나 내가 오히려 밀어내는 쪽에 속했다. 그 덕에 노란 딱지도 면할 수 있었다. 후우끼만큼은 아니지만 근육과 힘이 붙은 덕이다. 효과를 보고 나니 탄력이 붙었다. 이제는 누가 시키지 않아도 아까데미아로 출석했다. 3달이 3년으로 늘었다. 고등학생 때부터 슬슬 몸에 티가 나기 시작했다. 여전히 말랐지만, 한 사이즈 작은 옷을 입으면 알 수 있었다. 친구들이 가슴 근육을 쿡쿡 찔러볼 때면, 나는 수탉처럼 한껏 부풀렸다. 굳이 나쁜 점이 있다면 축구 선수한테 별 도움이 되지 않는 가슴운동을 너무 많이 했다는 점이다. 따지고 보면 나는 하체운동을 많이 했어야 했다. 후우끼가 계속 코칭해줬다면 편식하지 않았을 텐데….

사람은 대개 잘하는 것을 좋아하고, 좋아하는 것을 잘한다. 이때 좋다고 정하는 것은 보통 성취에 따라서 달라진다. 성취감은 작더라도 목표 달성을 했을 때 생긴다. 나아가 목표 달성에는 조건이 하나 붙는데, 바로 계획이다. 대단한 것이 아니라도 자주 성취해서 빈도를 높이면 스스로 좋아하게 된다. 웨이트 트레이닝은 계획으로 시작해서 계획으로 끝난다. 하루 동안의 운동을 예로 들어보자. 하는 동안 정해진 반복수에 도달해야 하고 목표로 한 세트(set)를 해치워야 한다. 혹여 오늘 삘(feel)이 팍 꽂혀서 더 하고 싶더라도 다음 훈련을 위해서 절제해야 한다. 하루 훈련 계획을 자세히 들여다 보면 수십 개의 계획과 목표로 만들어져 있다. 매 세트와 반복이 특히 그렇다. 근육은 활활 타들어가는 느낌이 들고 대답도 할 수 없을 정도로 숨이 차지만, 어쨌든 목표로 한 반복수를 채워야 한다. 10개든 20개이든 목표치를 채우면 계획한 세트를 성취한 것이 된다. 이런 세트를 20~30번 정도 반복하면 한 세션(session)이다. 이래서 웨이트 트레이닝은 고작 한 시간 남짓 동안 수십 번의 성취를 느낄 수 있는 성취감 빈도 필살기다.

이 과정을 거꾸로 해석해 보자. 무계획적으로 웨이트 트레이닝을 하는 경우다. 계획이 없으니 목표치가 없고 따라서 성취감도 없다. 운동이 노동으로 느껴지는 지경에 이른다. 그러다보니 손대기 싫어지고 "운동은 나랑 안 맞는 것 같아."라는 핑계만 남는다. 이런 이유로 의지를 탓하기 전에 계획을 잘 세우는 것이 먼저다. '됐고, 나는 몸만 좋아지면 돼!'라는 생각이 든다면, 이것만 기억하자. 웨이트 트레이닝을 잘 하게 되면 건강과 멋진 몸매는 거저 얻을 수 있다. 대신 잘 하려면 계획이 필요하다.

사람들은 사진이나 영상 기술이 없던 시절부터 이 좋은 걸 즐겼던 모양이다. 기원전 2,500년 이집트 벽화에서 보디빌딩과 유사한 포징 그림이 있으며 청년들 사이에서 힘겨루기로 무거운 중량들기 운동이 행해졌다는 것(4)을 보면 그렇게 생각할 수 있다. 또 기원전 올림픽에서 힘센 장사로 유명했던 밀로(Milo) 설화를 봐도 알 수 있다. 올림픽 우승자였던 밀로는 레슬러이자 역도선수로 기록되어 있다. 그는 송아지를 어미소가 될 때까지 매일 이깨에 메고 걷거나 들어 올리는 훈련을 했다고 한다. 이러한 훈련 방법(5)을 현대에 들어 점진적 과부하라고 부른다.

웨이트 트레이닝은 그 역사가 기원전까지 올라가는 만큼 발전도 많이 되었다. 앞서 말했듯 훈련 도구도 다양해졌지만 방법도 상당하다. 그중 대표적인 방법을 총 네 가지로 구분할 수 있다.

첫째는 최대한 무거운 것을 드는 방법이다. 최대 근력 훈련법이라고도 하는데, 자신이 들 수 있는 최대 무게를 늘리는 것을 목표로 한다. 예를 들어 현재 내가 100kg짜리 데드리프트를 내일은 없다는 마음으로 했을 때, 딱 한 번 들 수 있다고 가정해 보자. 이것을 101, 102,…
105kg 식으로 늘려가는 계획을 가진 훈련이다.

 이것을 스포츠화시킨 것이 파워리프팅(power lifting)이다. 스쾃, 벤치
프레스, 데드리프트(squat, bench press, deadlift) 3가지 종목의 총합 무게를
겨룬다. '이러다가 짓눌려서 짜부라지는 것 아닌가?' 싶은 무게를 번
쩍 들어 올렸을 때 그 쾌감이 매력 요소로 작용한다. 바벨(barbell)을 잡
았다면 꼭 한번 도전해 보길 추천한다. 힘자랑하는 운동 같아서 남자
들 전유물 같지만 그렇지 않다. 최근 몇 년간 여성 리프터가 폭발적으
로 증가하고 있다. 힘 센 여자가 매력적인 시대다.

 두 번째 운동은 최소 90초 이상 지속하는 방법이다. 익숙한 표현으
로는 근지구력 훈련법인데, 근지구력이란 근수축 활동 지속능력을 말
한다. 쉽게 말해 파워리프팅에서 필요한 것과는 완전히 정반대 능력에
가깝다. 무거운 것을 한두 번 드는 것보다는 정해진 부하를 오래 감당
해낼 수 있는 능력을 기르는 데에 초점을 둔다. 근지구력 훈련은 정통
적으로 15~20개라는 횟수로 규정되었다. 하지만 15~20개라는 반복
수는 대상에 따라서 근지구력 운동이 될 수도 있고, 근육량 증가 운동
이 될 수도 있다. 예를 들면 평상시에 30~40개로 근지구력 운동을 해
왔던 사람에게는 15~20개는 근육량 증가 훈련에 더 가깝게 된다. 반
대로 파워리프팅을 하던 사람에게 15~20개는 지나친 산화 스트레스
를 유발하는 반대 효과를 만들 수 있다. 이들에게는 8~12개만 되어도
근지구력 훈련이 될 수 있다. 따라서 단순히 반복수로 정하기보다는
훈련자가 발달된 에너지 시스템(energy system)에 따라서 달라진다.

근지구력 운동은 3~5초 내에 끝나는 최대 근력 운동에 비해서 상당히 지속시간이 길다. 누가 이런 훈련은 똑같은 동작을 여러 번 하는 선수가 주로 한다. 익숙한 스포츠로 따지면 대표적으로 800m 달리기, 1000m 달리기, 조정, 수영, 사이클 등이 있다. 이런 스포츠 선수만 근지구력 훈련이 필요하다고 오해하면 곤란하다. 근지구력은 우리 일상 체력과 가장 맞닿아 있기 때문이다. 이런 이유로 초보자는 근지구력 향상에 초점을 맞춘 웨이트 트레이닝으로 시작하는 것이 보통이다.

세 번째는 한 번에 쾅 또는 빠르게 하는 방법이다. 순발력 훈련 또는 파워(power) 훈련이라고 부른다. 파워는 보통 힘이라고 알고있지만 정확히는 일률을 말한다. 일률은 단위시간 동안에 이루어지는 일의 양이다(6). 웨이트 트레이닝에 치환해서 쉽게 말하자면, '정해진 무게(일)와 일의 양을 얼마나 빨리 해치우는가?'를 기준으로 삼는다. 순발력으로 생각하면 더 이해가 편하다. 순발력은 근육이 순간적으로 힘을 빡 쓰면서 나타나는 능력을 말한다. 이런 능력은 누가 필요로 할지 떠올려 보자. 역도, 멀리뛰기, 높이뛰기, 야구가 대표적이다. 겹쳐 보일 수 있지만 최대한 무거운 것을 한번 드는 것과는 다르다. 벤치 프레스를 무거운 중량으로 할 수 있다고 해서 공을 빨리 던질 수 있는 것은 아니기 때문이다. 이것이 최대근력과 파워의 차이다.

마지막은 근육량 증가에 초점을 둔 방법이다. 최대하 근력 훈련법이 여기에 가장 근접하다. 대상의 상태에 따라서 처방이나 효과는 달라지지만 대체로 6~12개 또는 30~90초라는 기준으로 진행되는 훈련법이라고 이해해도 좋다. 마지막에 이 훈련법을 소개한 이유는 내

주특기이기도 하고 또 이 책에서 초점을 둔 웨이트 트레이닝 방법이기 때문이다. 이 방법은 앞서 소개한 다른 근력훈련법들과 겹치는 부분이 제일 많다. 이것이 의미하는 바는 다양한 효과를 한 번에 누릴 수 있다는 뜻이다. 무엇보다 티가 난다. 힘이 세지거나, 순발력이 좋거나, 근지구력이 대단해도 겉으로는 티가 잘 나지 않는다. 하지만 근육이 커지면 티가 팍팍 난다.

앞에서 말했듯이 사람은 성과가 보여야 더 열심히 하게 되는데, 이때 필요한 것이 주변 반응이다. 근육량 증가 훈련법은 3~6개월 정도 묵묵히 하면 겉으로 티가 나기 시작한다. 이때부터 부스터가 달린다. "어머 요새 운동해?" 하면서 몸을 쿡쿡 찔러보기 시작한다. 이때부터 당신은 웨이트 트레이닝에서 헤어나올 수 없다. 그 후로는 누가 시키지 않아도 스스로 '아까데미아'를 찾는다. 마약도 이런 마약이 없다는 것을 느끼게 될 것이다. 생각만 해도 설레는 이 작업을 시작하기 전에 웨이트 트레이닝을 함으로써 근육은 어떻게 변하는지, 근력이 좋아지면 뭐가 좋은지, 다른 이점은 없는지 알고 넘어가야 한다. 음식도 알고 먹으면 더 맛있듯이 훈련도 알고 해야 더 재밌다.

02

근육은 단지 뽐내기 용이 아니다

맥박이 빨라지고 동공이 커졌다. 목은 조금 더 내밀면 얼굴이 모니터에 닿을 정도였다. 벌어진 입 사이 아랫니에 침이 고이는 줄도 모른 채 마우스 스크롤을 내렸다 올리기를 반복했다. 모니터 화면 속에는 그럴만한 이유가 있었다. 팬티만 걸친 주인공은 찰랑거리는 곱슬머리가 어깨까지 내려왔다. 골반 선은 도자기처럼 매끈했고, 무엇보다 가슴 모양이 매혹적이었다. 빨려 들어가지 않을 수 없었다. 이쯤에서 오해가 없도록 분명히 해야 할 것 같다. 내가 본 건 야한 동영상 따위가 아니다. 한참을 탐닉한 주인공은 남자다. 여기서 끊으면 더 큰 오해가 생기므로 좀 더 읽어주길 바란다. 내가 신세계로 이끌려진 순간의 이야기다.

주인공은 불루아 쎄 뿌부아(Vouloir cest pouvoir)의 한상민이다. 언더웨

블루아 쎄 뿌부아 모델겸 대표 한상민
(출처 : https://blog.naver.com/ddonguric)

어(underwear) 업체 사장이자 모델로서 남자도 반할 만한 근육을 뽐냈다. 그때가 아득한 2007년이지만, 당시 느꼈던 내 감정은 또렷하다. 활활 타오르는 장작더미 불티가 온몸을 덮치는 기분이었다. 팬티도 하나 샀는데 포장지에 이렇게 적혀 있었다. '불루아 쎄 뿌부아(Vouloir cest pouvoir)=원한다는 건 가능하다는 것이다.' 내가 원한 것은 팬티보단 근육이었다.

당시 나는 대학 축구 선수였는데, 야간 훈련은 꼭 헬스장으로 갔다. 그의 근육이 뿜어내는 영향력은 이제 갓 20살이 된 나를 그렇게 만들기에 충분했다. 또 당시에는 모델 배정남도 명성을 얻기 시작할 때였다. 그의 사각 도시락을 닮은 가슴근육과 모닝빵처럼 생긴 복근은 모델은 말라깽이라는 견해를 박살냈다. 나는 헬스장에 가기 전에 항상 한상민과 배정남의 근육을 번갈아 봤다. 그러다 보면 몸이 뜨거워졌고, 곧장 헬스장으로 갔다. 지금 이 일을 하게 될 거라는 징조였나 싶기도 하다. 이런 일은 꽤 자주 볼 수 있다. 누군가 또는 무언가의 영향을 받아서 원하던 것을 가능하게 만든 이야기. 불루아 쎄 뿌부아 현실판 말이다.

이런 이야기를 비춰보면 근육은 단순히 뼈에 붙어있는 단백질 덩어리라고 볼 수 없다. 그 영향력은 우리를 살아있게 하고 움직이게 한다. 이 뿐만이 아니다. 한 청년의 마음에 불을 지피기도 하고 또 그의 미래에 영향을 주기도 하는 것이다. 또는 2007년의 광호를 변태로 오해하게 하는 것도 가능하다. 이런 점에서 근육을 키우고 겉모습을 가꾸는 것은 지력이나 덕을 쌓는 것과 동일한 가치를 지닌다고 믿는다. 더 나은 사람이 되고자 하는 중요한 일 중 하나인 셈이다. 사람은 각자 타고 난 생김새가 있다. 그중에서 노력으로 바꿀 수 있는 것이 근육이다. 물론 지방도 먹는 노력(?)으로 키울 수야 있지만, 그건 논외로 하자. 분명 외모 가꾸기는 내면을 다지는 것과 그 무게가 같다고 생각한다.

"내면은 분명 중요하다. 그러나 일단 겉모습이 마음에 들어야 내면이 궁금해진다." 농담 섞인 격언에 사람들의 '좋아요'가 많이 눌리는 것이 하나의 증거다. 잘 관리된 몸에서 전달되는 기운은 좋은 목소리만큼이나 확실하다. 우리는 상대와 듣고 말하기 전에 보기 때문이다. 사실이 이렇기에 근육 관리는 단순히 몸 자랑이 아니라 내가 어떤 사람인지를 보여주는 방법 중 하나다. 현실을 따지고 보자. '운동하시나 봐요?'라는 느낌이 드는 사람과 '소파랑 들러붙어서 지내겠네'라는 생각이 드는 사람 중 본능적으로 끌리는 쪽은 분명하다. 사람을 외모로 판단하면 안 된다고 반론할 수 있다. 하지만 자기관리를 나쁘다고 할 사람은 없다. 나는 지금 자기관리의 일부분을 근육에 빗대어 말하고 있는 것이다. 추가로 반드시 사지가 멀쩡하고, 근육질에 수려한 이목구비를 말하는 것도 아니다. 가지고 있는 조건에서 운동을 통해 추구해야 하는 것을 말하고 싶을 뿐이다.

대개 사람들은 근육을 키워야 한다고 하면 목소리 톤이 올라간다. "나는 우락부락한 것은 싫다." "그러다가 너무 커지면 어떡하냐?" "나는 선수 하려고 하는 것이 아니다." 등이다. 특히 아직 제대로 훈련을 해보지 않은 사람들이 이런 말을 한다.

근육이 너무 잘 생길까 봐 걱정할 필요는 없다. 이는 '공부를 너무 열심히 하면 내가 천재가 되어버리는 것은 아닐까?'라는 걱정과 같다. 우선 대부분 천재가 될 정도의 노력을 하지 않는다. 혹시나 그만한 노력을 한다고 해도 근육 천재가 될 걱정은 접어도 좋다. 만약 당신이 그런 인재였다면, 진즉 진천 선수촌 코치들이 잡아갔다. 물론 막상 긁어보니 1등 당첨 복권일 가능성도 있다. 그렇다면 축하할 일이다. 당신은 근육미로 2007년 광호 같은 친구들 미래를 바꿀 힘이 생겼다. 복권 당첨금을 널리 널리 기부하는 선한 영향력과 다를 게 없는 셈이다. 행복 회로는 여기까지 돌리기로 하고 일단 복권을 긁을 차례다. 그전에 내가 긁을 복권이 어떻게 생겼는지 알면 더 재밌다. 그럼, 이쯤에서 근육 생김새를 보러 넘어가자.

03

순대는 과학이다

멀리서 보면 산은 그저 땅에서 하늘로 솟은 'ㅅ'모양이다. 가까이 들여다 보면 속사정은 확 다르다. 돌과 흙 그리고 나무, 꽃, 잡초로 가득하다. 근육도 마찬가지다. 피부에 둘러싸인 닭가슴살 정도로 생각하지만 그렇지 않다. 근육은 생각보다 섬세하게 생긴 친구다.

동네 분식집을 상상해 보자. 천막을 걷고 들어서니 모락모락 연기 아래 거대한 찜기가 있다. 그 위에 순대가 차곡차곡, 비닐로 둘러싸여 있다. 유레카(Eureka)! 방금 근육의 겉모습을 확인했다. 천막이라는 피부를 걷어내고 들여다본 셈이다. 이제 하나씩 벗기면서 속사정을 알아보자. 순대들을 품고 있는 비닐, 이것은 근육을 둘러쌓고 있는 근막(fascia)이다. 피부와 근육 또는 근육끼리의 구획을 나눈다. 또 근막을 통해 링크(link)를 형성하고 물리적 스트레스를 공유하기도 한다. 이런 근막은

앞으로 얘기할 근섬유다발, 근섬유에도 각각 존재한다. 근섬유다발은 각각의 근섬유들을 묶어 다발 처리한 구조다. 이해가 쉽도록 앞으로는 근섬유만 보기로 한다. 결론부터 말하면 근섬유가 뭉쳐서 근육이 된 것이다. 순대가 뭉친 덩어리를 보고 우리는 근육이라고 해왔다. 해부학 시간이 아니니 이 정도로 하고 넘어가도 된다. 자, 비닐을 벗겨내니까 이제 익숙한 순대가 보인다. 순대를 봤다면, 우리는 근섬유를 본 셈이다. 중요하니까 한 번 더 짚고 넘어가자. 우리가 알고 있던 근육은 각각의 근섬유의 합이다. '순대=근섬유, 순대뭉치=근육'으로 정리하면 된다.

순대를 봤으니 어쩌겠나. 댕강댕강 썰어서 소금에 콕 찍어 입으로 넣어야지(나는 경기도 사람이다. 아직 쌈장이나 초장은 어색하다). 먹기 전에 잠깐! 댕강 썰었다면, 근섬유의 단면도를 확인할 기회다. 통통한 당면은 마침내 근원섬유를 본 셈이다. 중간 정리를 하자면 '근원섬유-근섬유-근육'이다(근섬유다발은 이해가 쉽도록 배제했다). 여기서 순대 속을 빼놓으면 섭섭하다. 당면과 함께 순대를 이루고 있는 순대 속은 근형질이다. 여기엔 탄수화물이 소화-흡수 과정을 거치고 저장된 형태인 글리코겐과 미토콘드리아, 콜라겐, 칼슘 등이 있다(7). 그리고 이 녀석들은 당면이 살아 움직이도록 에너지를 생산하고 공급한다. 응? 당면이 움직인다고? 그

렇다. 근원섬유는 자기들끼리 쓱쓱 미끄러지면서 움직인다. 당면이 짧
아졌다-길어졌다 하는 것이라고 상상하면 쉽다. 나아가 순대 전체 길
이가 변화한다. 근섬유 길이도 변한다는 뜻이며 이것이 바로 근수축이
다. 이 작용을 통해서 우리는 웨이트 트레이닝을 할 수 있다.

효과적인 근수축은 근섬유 바로 근처에 있던 위성세포가 착 달라붙
게 만든다. 순대 속이 풍부해지는 과정이라고 생각하면 쉽다. 짜잔, 오
동통 하고 감칠맛이 더해진 순대가 완성되었다. 근육으로 보면 근형질
내에 글리코겐과 미토콘드리아, 콜라겐 등이 늘어났다는 말이다. 친구
들이 쿡쿡 찔렀던 내 가슴 근육은 오동통해진 당면과 풍부해진 순대

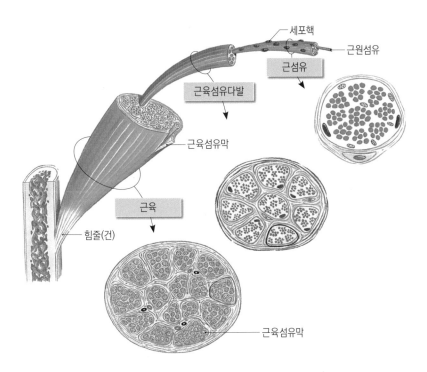

속의 결과다. 마지막으로 정리하면, '근원섬유-근섬유-근육' 순서다. 굳이 외울 필요 없다. 당면이 살아 움직이는 순대를 떠올리면 그만이 니까. 앞으로는 웨이트 트레이닝을 할 때 순대를 떠올리자. 효과가 몇 배로 늘어날 수 있다. 이토록 섬세하게 생긴 근육이 커지는 것을 근비 대라고 한다. 쉽게 말하면 근육량 증가다. 생긴 것만큼이나 섬세한 방 법이 필요한데, 쉽게 배울 수 있다. 혹시 소고기 좋아하나?

04

잘 늘려야 커진다

근비대, 근육을 크게 만드는 방법은 그 섬세함 만큼이나 다양하다. 전문가를 목표로 한다면 벽돌만한 책을 정독하는 것을 추천한다. 그러나 이 책의 목표는 독자를 대단한 학자로 만드는 것이 아니므로 현시점에서 알려진 가장 효과적인 방법만 알아보자.

근육은 크게 심장근, 내장근, 뼈대근으로 나뉜다. 이해가 쉽도록 소고기를 먹으러 갔다고 가정하자. 씹을수록 고소한 염통은 심장근이다. 문자 그대로 심장을 이루는 근육이다. 심장근이 수축하면 혈액을 신체 조직 곳곳에 뿌려주고, 각 조직은 혈액 안에 있는 산소와 영양분을 받아서 일을 한다. 내장근은 고소하고 풍미 있는 양, 곱창이다! 위장, 소장 등을 말한다. 내장근 또한 근육인지라 수축을 한다. 위장을 생각하면 이해가 쉽다. 우리가 음식을 먹으면 우선 위장에 담긴다. 이후 음식

을 휘젓고 반죽하며 이동시키는 것이 내장근 중 위장의 수축 작용이
다. 마지막은 뼈대근이다. 풍미에 더하여 감칠맛까지 도는 앞다리살(부
채살) 등을 떠올리면 된다. 힘줄을 통해서 뼈에 붙어 있으며 알통 자랑을
하면 불쑥 올라오는 것은 뼈대근 중 하나인 위팔두갈래근이다. 소로
치면 앞다릿살이라고 할 수 있다. 혹시나 알통이 불쑥 솟아오르지 않
았다면 반성하고 내일부터 아까데미아로 출근하자.

　심장근과 내장근, 뼈대근 모두 없어서는 안 될 중요한 친구들이다.
세 친구 간에 가장 큰 차이가 하나 있는데, 심장근과 내장근은 내 마음
대로 수축할 수 없다는 점이다. 오로지 뼈대근만 가능하다. 앞서 말한
위팔두갈래근은 원할 때 수축해서 뽐낼 수 있다. 그러나 "지금 당장 위
장을 수축해서 소화를 빠르게 해보라."라고 하면 마음대로 할 수 없다.
이렇듯 마음대로 수축할 수 없으면 불수의근이라고 한다. 반대로 위팔
두갈래근처럼 할 수 있으면 수의근이라고 부른다. 우리는 이 중에서 내
뜻대로 움직일 수 있는 수의근인 뼈대근에 집중할 것이다. 웨이트 트
레이닝의 주 목표이기 때문이다. 심장근은 마음대로 움직일 수는 없
지만 훈련을 통해 강하게 만들 수는 있다. 이 부분은 유산소 운동에서 살
펴보기로 한다.

　편의상 앞으로 뼈대근을 근육이라고 부르자. 근육은 마음대로 움직
일 수 있지만, 수축만 가능하다. 밀어내는 기능은 없다. 이때 수축만 한
다는 뜻은 짧아지기만 한다는 뜻이 아니다. 근육은 늘어나면서도 수축
한다. 이를 신장성 수축이라고 한다. 따라서 운동을 하는 동안 근육의
길이가 길어지는 것을 이완시킨다라고 표현하는 것은 부적절하다. 반

대로 길이가 짧아지면서 수축하는 것은 단축성 수축이다.

정리하자면, 근육은 수축만 한다. 짧아지는 것도 수축이고 길어지는 것도 수축이다. 근육이 수축하는 것을 줄여 근수축이라고 한다. 찰진 근수축은 분명 웨이트 트레이닝의 핵심이다. 효과적으로 근육을 키우기 위해서는 수축 기능을 최대로 활용해야 한다는 말이다. 이 정도로 이해하고 다음 단계로 넘어가 보자.

근수축 기능을 최대로 활용하려면 저항이 주어지는 방향이 중요하다. 여기서 저항이란 중력의 영향을 받는 무게(*weghit*)의 합이다. 나를 당기거나 짓누르는 헬스장의 모든 것이라고 이해하면 쉽다. 중력은 우리를 아래로 당기는데, 내 팔은 위를 향하고 있다고? 기구의 무게추가 중력 방향인 아래로 떨어지면서 발생하는 힘과 기구에 딸린 케이블(*cable*)과 도르레의 합작이다. 모든 운동 기구는 같거나 비슷한 원리로 설명 가능하다. 바벨(*barbell*)이나 덤벨(*dumbbell*)은 이해가 더 쉽다. 아래로 떨어지는 바벨을 버티거나 위로 거스르면서 동작하는 원리로 운동이 이루어진다. 이처럼 저항은 목표 근육이 수축하는 반대 방향으로 주어져야 한다.

위팔두갈래근을 예로 들어보자. 이 근육이 단축성 수축하면 팔꿈치가 구부러진다. 저항은 근육이 단축성 수축하는 반대 방향으로 주어져야 하므로 팔꿈치를 펴지게 만드는 저항이 필요하다. 만약 선택한 저항이 팔꿈치를 펴지게 하지 않는다면 위팔두갈래근을 효과적으로 발달시킬 수 없다는 뜻이다. 이런 이유로 적절한 운동을 선택하는 것이 우선 조건이다. 저항만 제대로 주어진다면 단축성 수축 효과는 저절로 따라올 수 있다. 그러나 신장성 수축을 잊으면 안 된다. 위팔두갈래근이 신장성 수축을 하면 팔꿈치는 펴진다. 가능하다면 한쪽 눈만 사용하는 것보다는 양쪽 눈으로 보는 것이 낫듯이 단축/신장 양쪽 수축 기능을 최대 활용해야 한다. 최근 연구들은 근비대에 신장성 수축 영향이 더 크다고 말하고 있다[8]. 따라서 신장성 수축 얘기를 빼놓을 수 없다. 신장성 수축을 제대로 하는 방법은 저항을 버티면서 근육의 길이를 늘려주는 방법이다.

위팔두갈래근

바벨을 메고 앉았다 일어나는 동작을 예로 들어보자. 바벨 백 스쾃(barbell back squat)이라고 한다. 허벅지 근육을 기준으로 앉을 때가 신장성 수축, 일어날 때가 단축성 수축이다. 만약 털썩 주저 앉는다면 신장성 수축을 제대로 하지 못한 것이다. 앉기는 하되 지긋이 버티며 앉아야 한다. 이때 당신의 허벅지 근육은 열심히 신장성 수축을 하게 된다. 새총에 걸린 고무줄을 떠올리면 된다. 앉을 때는 고무줄이 찌익 늘어나는 셈이다. 이 작업을 지긋이 원하는 속도로 했다면 100점 짜리 신장성 수축이다. 마침내 고무줄을 탁 하고 놓으면 원래 길이로 되돌아가듯이 허벅지 근육도 그렇게 된다. 이는 단축성 수축으로 전환으로써 일어나는 동작에 해당한다. 마침내 바벨

백 스쾃 한 개를 성공한 것이다.

만약 새총과 고무줄을 본 적이 없다면 간단히 상상할 수 있는 비유가 있다. 물을 가득 채운 물컵을 들고 단 한 방울도 쏟지 않으면서 스쾃을 해야 한다고 생각해 보자. 절대 빠르게 앉거나 일어날 수 없다. 물론 신장성 수축을 빠르게 하는 훈련 방법도 있지만, 특수한 목적을 가진 상급자에게만 해당된다. 초보자 10명 중에 8명이 하는 실수는 신장성 수축을 제대로 하지 않는다는 점이다. 이들은 단축성 수축을 할 때만 힘을 쓰고 신장성 수축 구간에서는 냅다 힘을 빼버린다. 털썩, 근육을 이완해버리는 것이다. 이러면 근수축 기능을 최대로 활용할 수 없다. 말했듯이 한쪽 눈으로만 세상을 본다는 뜻이고, 훈련 효과를 반만 얻게 된다. 이런 이유로 웨이트 트레이닝에서는 근 수축의 두 가지 면을 제대로 이해해야 한다.

단축/신장 모두 잘 써먹으려면 리듬이 중요하다. 힘 있고 빠르게 해야 할 때와 버티면서 천천히 해야 할 때를 구분하는 것이다. 운동 종목, 자세가 식재료라면 운동 리듬은 조미료다. 추천하고 싶은 운동 동작은 후술한다. 자세와 리듬은 추가로 <BODY101> 유튜브 채널에 꽤 많이 담아두었으니 참고하면 좋다.

바디101 유튜브 채널

지금까지 내용을 간단히 정리하면, 근비대 조건은 다음과 같다. '목표 알맞은 운동 종목을 선택하고 폼 나는 자세로 리드미컬(rhythmical)하게 훈련하기' 이 작업은 생각보다 간단하지 않다. 단순해 보이는 도구를 활용해서 복잡한 일을 하는 격이다. 이런 이유로 훈련을 하는 사람은 상당히 고차원적인 작업을 한다고 볼 수 있다. 단순히 걷거나 달리는 것과는 그 난이도가 다르다. 물론 그에 따라 얻는 효과도 섭섭하지 않을 만큼이다. 우선 근육이 무럭무럭 자라날 때 몸 안에서 벌어지는 일을 살짝 엿보자.

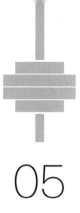

05

버텨라, 남는 장사다

오산시 내삼미동에 가면 건강관리 삼아 오르기 좋은 산이 있는데, 이름이 필봉산이다. 요즘에는 등산 코스나 데이트 코스로 입에 오르내린다. 사람들에겐 여가를 즐기는 곳일지 몰라도 나는 필봉산을 떠올리면 심장이 빨리 뛴다. PTSD(외상 후 스트레스 장애, *post-traumatic stress disorder*) 비슷한 뭐 그런 거다. 그 당시 축구부 친구들은 다 같은 증상이 있다.

필봉산은 오산 성호초등학교 축구부 체력 훈련 장소였다. 겨울만 되면 질리도록 필봉산에 갔다. 왜 하필 겨울이었는지는 아직도 이유를 모른다. 당시 우리 기상 시간은 5시 45분이었다. 기상이라는 말과 함께 섬광탄 터지듯 형광등이 켜진다. 반사적으로 곧장 나갈 채비를 마친다. 늦으면 10분 빠르면 5분 안에 해결한다. "동태 썩은 눈깔들 똑바로 안 뜨나?!" 한겨울 새벽 6시에 어떻게 우리 눈깔을 확인했는지 모르겠지만, 일단 감독에게 욕을 먹고 시작했다. 트렁크에 짐을 쑤셔 넣 듯이 우리는 봉고차에 탔다. 가사를 외울 정도로 듣던 노래들이 4곡 끝 날 때쯤이면 필봉산 앞에 도착했다.

준비운동이 끝날 때쯤이면 감독은 손에 초시계를 들고 다가왔다. 그때부터 심장은 벌렁거린다. "25분. 뒤에서 5명 자른다. 준비." 꼴찌 5명에게는 산에 널린 나뭇가지가 회초리로 변한다는 뜻이다. "고(go)." 겨울 산만큼이나 차갑고 건조하게 신호가 떨어진다. 이 악물고 달려도 25분은 우리에게 쉽지 않았다. 시간 안에 못 들어온 사람이 5명 넘게 남으면 전원이 다시 뛰어야 했다. 회초리로 손바닥 맞기와 다시 뛰기 를 1주, 2주, 3주… 반복했다.

비록 어릴지라도 인간은 반드시 적응한다. 한 달째가 되자 감독이 주운 나뭇가지는 더 이상 회초리 역할을 하지 못하고 버려졌다. 마침 내 우리는 체력이 좋아졌고, 필봉산 25분 완주는 이제 별일이 아니었 다. 슈퍼(super) 꼬맹이 등장이다. 근력과 근육도 체력이 좋아지는 것과 같다. '꾸준히 버텨내면 나아진다.' 차이가 있다면 근비대는 산을 뛰는 것보단 웨이트 트레이닝이 더 효과적이라는 점이다.

조금만 더 자세히 들어가 보자. 근육에 필요한 것은 기계적 장력 (mechanical tension)이다. 쉽게 말하면 외부의 힘으로 근육의 긴장을 끌어 내는 것이다. 여기서 외부의 힘은 덤벨, 바벨과 같은 저항이라고 보면 된다. 이런 저항을 효과적으로 통제하기 위해 필요한 것이 바로 근수 축이다. 덤벨 매달고 움직이는 순대를 떠올리면 된다. 이것이 근비대 첫 번째 핵심 기계적 장력이다. 골격근에 충분한 기계적 장력이 주어지고 근수축을 하면 근세포는 영양분과 산소를 공급받고 대사산물을 만든다. 이 과정을 대사 스트레스라고 한다.

근수축이란, 언급했던 순대 당면(근원섬유)들이 짧아졌다(단축성 수축) 길어졌다(신장성 수축) 하는 것이다. 당면(근원섬유)이 능동적으로 길이 변화를 일으키려면 에너지가 필요하다. 이를 위해 순대 피(근섬유막) 안으로 들어온 영양분과 산소를 에너지로 바꿔 쓴다. 남은 것은 재활용하거나 물 또는 이산화탄소로 바꿔 내뱉는다. 이것이 근세포의 대사 작용이다. 신체는 이것을 스트레스로 여긴다. 그에 따라 대사 스트레스라는 이름이 붙었고, 이는 근육이 커지는 두 번째 요소다. 운동을 하면 근육이 부풀어 오르는 것을 느끼며 '펌핑(pump)'이라고 말하는데, 이는 대사 스트레스 반응 중 하나다. 대개 이럴 때 근비대를 상상하며 히죽히죽 웃는다. 정확히 말하면 이것은 대사 스트레스에 의해 세포 팽창이 일어난 것이다. 세포 팽창만으로는 실제 근육이 커지기는 어렵다. 따라서 '펌핑(pump)=근비대'가 아니다. 뜨끈뜨끈, 부풀어 오른 알통을 만지면서 묘한 미소를 지을 필요는 없다. 근비대는 세 가지 조건이 필요하기 때문이다. 마지막 세 번째는 근 손상이다. 충분한 부하를 감당하면서 근수축을 하면 근섬유(순대)는 상처를 입는다. 이것을 근섬유 미세 손상이라고 한다. 신체는 즉시 손상을 회복하고 다시 복구한다. 이 동안 느껴지는 것이 근육통이다. 심하면 며칠 끙끙 앓기도 하고 적당하면 '뻐근한데?' 정도로 그친다.

운동을 통해 생긴 근육통은 엄밀히 말하면 지연성 근육통(delayed onset muscle soreness)이다. 줄여서 돔스(DOMS)라고 한다. 대개 심할수록 근육이 더 커질 것으로 생각한다. 가끔은 마조히즘(masochism)이 의심될 정도로 좋아하는 사람도 볼 수 있다. 이 또한 잘못된 보편적 상식이다. 운동을 하면 돔스가 자연스레 따라오는 것은 맞다. 그러나 돔스가 느껴진다고 해서 반드시 근육이 커지는 것은 아니다. 역시 총 세 가지 조건의 합이 맞아야 한다.

언급한 세 가지 조건보다 더 위에 있는 것이 점진적 과부하다. 쉽게 말하면 원래 근육이 견뎌낼 수 있는 한계치에 자주 도달해 줘야 한다. 자꾸 괴롭혀야 한다는 뜻이다. 그 일을 점점 어렵게 만드는 것이 점진적 과부하다. 그 작업을 꾸준히 버텨내면 결국엔 나아진다. 이것이 근비대에는 왕도라고 할 수 있다. 물론 지나치게 과한 것은 모자르니만 못하다. 점진적 과부하와 무차별 과부하는 다르다. 무차별 폭격은 건강을 비롯한 모든 것을 파괴한다. 그렇다고 어영부영 해서는 답이 없다. 건강 관리 정도라면 나쁠 것은 없지만 근육을 키울 작정이라면 점진적 과부하를 줘야 한다. 슈퍼 꼬맹이들이 필봉산을 뛰었듯이 해야 한다. 근육이 말을 할 수 있다면, "못 해 먹겠네."라고 할 정도여야 한다. 1주, 2주, 3주… 지나다 보면 어느새 탄탄한 몸매를 볼 수 있다. 괴로울 생각에 벌써 눈살 찌푸리지 말자. 그만한 투자가치가 있다.

우리 몸은 훈련의 결과를 반드시 기억한다. 근세포의 핵이 그 역할을 하는데, 근육 기억(muscle memory)이라고 부른다. 쉽게 말해 근육이 기억한다는 뜻이다(9). 한번 몸을 만들어봤던 사람이 더 빠르게 몸을 만드는 것이 대표적 사례다. 이처럼 훈련의 결과물은 그것이 운동신경이든 근육량이든 반평생 간다. 극강의 가성비라고 할 수 있다. 나와 축

구부 친구들이 산증인이다. 13살 꼬맹이들이 이젠 마흔을 앞두고 있
지만 우리는 여전히 잘 뛰어다닌다. 무대가 조기 축구회로 바뀐 것이
조금 서러울 뿐.

06

근육은 다양하게 커진다

다시 순대를 떠올려 보자. 당면은 근원섬유이고 순대 속은 근형질이다. 당면과 순대 속이 순대피로 둘러싸이면 순대가 되고 이것이 근섬유다. 조금만 더 들어가 보자. 당면에 해당하는 근원섬유는 두꺼워지는 것이고 순대 속에 해당하는 근형질은 공간이 확장된다고 보면 조금 더 정확하다. 당면이 두꺼워지든 순대 속이 많아지든 어쨌든 순대는 커진다. 따라서 근육이 커지는 방법에는 두 가지가 있고, 둘 중 하나만 충족해도 근비대는 일어난다. 근원섬유가 두꺼워지는 것은 훨씬 오래 걸린다. 대신 근형질이 확장되는 것보다 영구적이다. 보통 훈련을 통해 둘 다 커지지만 훈련 방법에 따라서 한쪽으로 치우칠 수 있다.

우선 근원섬유 비대, 당면이 커지는 것을 알아보자. 순대가 커지려면 당면을 더 욱여넣어서 개수를 늘리는 것을 생각할 수 있다. 그러나 최근 연구에 따르면 각각의 당면이 두꺼워져서 순대가 커지는 것이라고 한다. 근원섬유가 2개에서 3개가 되었기에 순대가 커지는 것이 아니라 2개가 각자 두꺼워져서 순대가 커진다는 뜻이다[10]. 이는 말했듯 시간이 많이 필요한 작업이다. 인내심을 가지고 근수축을 하다 보면 근처에 있는 위성세포를 자극한다. 위성세포는 술래잡기에서 깍두기 같은 역할이다. 내키면 뭐든 될 수 있다. 자극받은 위성세포는 근섬유에 들러붙어서 회복과 복구 과정을 돕는다[11]. 마침내 찰진 순대 완성이다. 이것이 당면이 두꺼워져서 마침내 순대를 크게 만드는 근원섬유 비대 기전이다.

또 다른 방법인 근형질 비대, 순대 속이 확장되는 기전은 다음과 같다. 순대 속이 돼지피와 속살 그리고 다진 채소로 이루어져 있듯이 근형질도 비슷하다. 글리코겐, 콜라겐, 미오글로빈 등으로 구성되어 있다. 그리고 물이 가득하다. 근섬유 속에 이런 물질들이 많아지면 근형질 비대가 일어난다. 그중 대표적인 것은 글리코겐이다. 글리코겐은 쉽게 말하면 우리가 먹은 탄수화물이 소화되어 저장된 형태다. 특징은 항상 친구 셋 혹은 넷을 데리고 다닌다는 점이다. 이 친구들은 물이라고 생각하면 쉽다[12]. 쌀밥과 물로 근육을 급조할 수 있는 셈이다. 내일이 없는 사람처럼 쇳덩이를 들어 재끼고 며칠 굶은 사람처럼 밥을 먹고 물을 마셔라. 내일 아침 근형질 비대가 일어난다.

이처럼 근형질 비대는 근원섬유보다 훨씬 더 빠르게 결과를 볼 수 있다. 대신 잃는 것도 더 빠르다. 흔하게 볼 수 있는 사례는 오늘 측정한 근육량과 다음날이 다른 경우다. 온 우주의 트레이너는 공통점이 있다. 고객의 근육량 측정을 자주 하길 꺼린다는 점이다. 단지 쌀밥과

물 때문에 달라지는 근육량 때문에 서로 눈치를 보는 일이 생기기 때문이다. 특히 근육량 감소라는 결과지를 마주하면 서로 불편한 공기가 주변에 흐른다. 트레이너는 고객이 상심했을까 봐서 걱정이고, 고객은 자신이 기대에 부응하지 못했다고 생각한다. 앞으로 그럴 때마다 쌀밥과 물을 떠올리자. 별 일 아니다.

근형질 비대는 사실 직접적으로 위성세포를 자극하지는 않는다. 대신 간접적으로는 가능하다. 근형질 비대는 앞서 말한 근비대 3가지 조건 중에 대사 스트레스 영향을 많이 받는다. 그런데 이 대사 스트레스가 추가로 근섬유 전체에 자극을 준다. 자극받은 위성세포는 근섬유에 착 달라붙고 근비대에 도움을 줄 가능성이 생긴다. 술래잡기에서 깍두기 친구가 우리 편이 된 셈이다. 이렇듯 근육이 커지는 두 가지 방법은 겹치는 부분이 있다.

마지막으로 자주 등장하는 위성세포에 대해서 짚고 넘어갈 부분이 있다. 지금까지 내용을 이해했다면 위성세포가 근비대의 황금 열쇠인 듯하다. 그러나 발달 생물학 분야에서 위성세포 역할이 다소 제한적일 수 있다고 밝히기도 했다. 위성세포가 없더라도 근원섬유가 두꺼워졌다는 내용이다[13]. "저기요? 저는 생물학 과정까지는 관심이 없는데요." 그럼에도 쓱 보고 넘어가는 정도는 해야 한다. 항상 또 다른 의견도 있다는 것을 알아야 흑백논리에 빠지지 않을 수 있기 때문이다.

여기까지가 근육이 커지는 원리다. 건강과 탄탄한 몸매를 원하는 사람에게 이 정도면 차고 넘치는 정도다. 앞으로 훈련이 재밌어질 일만 남았다. 알고 먹으면 더 맛있는 순대처럼.

07

근육을 통해 얻는 견고함

2018년, 4월 4일. 이제 막 벚꽃이 날리기 시작할 때 나는 병실에 누워있었다. 미친놈 소리를 들어가며 보디빌딩 대회를 준비하던 게 화근이었다. 평일 기준으로 하루 6시간 반을 운동했고, 14시간 정도 일했다. 24시간 중 남은 3~4시간만 잤다. 이미 대회 출전은 2013년부터 해왔기에 딱히 힘들어서 못 해 먹겠다는 생각은 들지 않았다. 청춘은 돌도 씹어먹는 것이라는데, 이 정도쯤이야 쉬었다. 다만 문제는 내가 씹은 것이 좁쌀만 한 알갱이가 아니라 자갈쯤은 되고도 남았다는 점이다.

3달 정도 넘어가니까 삐걱삐걱 몸이 고장 났다. 생각보다 나는 슈퍼맨과는 거리가 멀었다. 굳이 고르자면 모든 걸 부숴버리겠다는 악당에 가까웠다. 악당의 분노가 세상을 향한다면 나는 스스로에게 향했다는 점이 유일하게 달랐다. '이 정도밖에 안돼? 더 밀어붙이라고!' 내일이 없는 사람처럼 매일 스스로 목을 졸랐다.

　대회를 3주 정도 남겼을 때, 나는 퍼졌다. 푸쉭푸쉭 마치 고장난 기계가 김을 내뿜듯이 무력해졌다. '급성신부전증', '횡문근융해증'. 쉽게 말하면 과로로 근육이 녹아내렸고 간과 신장이 망가졌다. 아침이면 라면 3개를 먹고 잔 사람 얼굴 같았다. 부은 발목은 손으로 꾹 누르면 메모리폼 베개처럼 움푹 들어갔다가 다시 부풀어 올랐다. '음, 뭐 죽기야 하겠어?' 검진을 오가면서도 기어코 3주 동안 버텨서 대회를 마무리했다.

　대개 악당들이 세상을 거머쥐려다가 비참한 최후를 맞듯이 나 또한 그랬다. 2주 동안은 팔에 링거를 꽂고 꼼짝없이 병원에 갇혔다. 그 후에는 한 달 동안 통원 치료를 받았다. 이전 장에서 말한 웨이트 트레이닝을 어영부영하는 것과는 완전히 반대인 경우다. 이런 이유로 체계적인 훈련이 중요하다. 노력의 정도가 너무 차가우면 효과가 없고, 반대로 심하게 뜨거우면 나처럼 데이고 화상을 입는다. 적당한 온도조절이 핵심이다. 화끈하게 데인 내 속에서는 상실감, 분개함, 무력감, 생각만큼 내가 강하지 않다는 박탈감, 이런 것들이 뒤섞였다. 몸과 마음이 나라 잃은 패잔병 꼴이었다.

　나는 분명 회복이 필요했다. 정신건강에 프라모델 조립이 좋다는 말을 들었다. 당시 의사는 집에서도 꼼짝 말고 쉬라고 했지만 꼼지락 정도는 괜찮을 것 같았다. 초보용 건담 프라모델을 두 개 샀다. 실눈을 떠야 보이는 조각들은 건담의 팔인지 다리인지 구분이 어려웠다. 계속 붙들고 있자니 처음에는 목이 아팠다. 1시간쯤 흘러도 합쳐진 조각들은 당최 무엇인지 알 수 없었다. 설명서를 봐야 그 조각이 머리통인지, 다리인지, 팔인지 알 수 있었다. 그래도 그냥 했다. 꾸역꾸역하다 보면 뭐라도 될 거라는 마음이었다. 핀셋으로 집어야 하는 조각들과 씨름한 지 이틀, 짜잔! 그것은 누가 봐도 건담이었다. 한 땀 한 땀 일궈낸 완성물을 본 기분은 청량감과 뭉클함 그 중간쯤에 속했다. 시각적 만족이 주는 것 외에 또 다른 무언가가 분명히 있었다.

　우리가 몸을 빚어가는 과정도 이와 같다. 특히 웨이트 트레이닝은 닮은 점이 많다. 건담 조립 전에 설명서를 보고 접착제와 핀셋, 칼을 준비하고 손가락을 풀면서 준비한다. 본격적인 운동을 위해서 이제 밀고 당기기만 하면 될 것 같은데, 아직 통과의례가 남았다. '도대체 어디가 운동 되는 건지 모르겠다.'는 것이다. 운동이 아닌 노동만 하는 기분을 느낀다. 마치 열심히 조립한 조각들이 건담의 머리통인지 다리인지 모르는 것과 같다. 또 힘은 드는데 만족감은 없는 그런 상태다. 그럼에도 묵묵히 정해둔 계획을 따라야 한다. 서서히 일상이 활기차고 몸이 정갈해지는 것을 느낀다. 이런 효과는 갈수록 중첩되고 또 중독된다. 루틴(routine)이 주는 선물이 느껴진다면 이제 거울을 볼 때가 됐다. 분명히 운동하기 전과는 다른 내가 보인다. 당신은 '이제 살도 좀 뺐고, 몸매도 이 정도면 된 것 같다'며 운동을 그만둘까? 오히려 반대다. 마침내 웨이트 트레이닝과 근육이 주는 선물은 고작 시각적 만족이 아닌 것을 깨우친다.

08

근육과 심혈관계 건강

근육이 커지면서 몸이 변하면 기분만 나아지는 것이 아니다. 생리적 효과도 상당하다. 비만은 현대인에게 공공의 적이다. 우리가 갑자기 적군에게 폭격을 맞은 첫 번째 이유는 환경 때문이다. 하루 끼니를 해결하기 위해서 수렵채집인들은 평균 14km를 걷는다(14). 반면 우리는 손가락 몇 번 까딱이면 문 앞에 음식이 놓인다. 게다가 얻는 식량의 차이도 크다. 수렵채집인들이 뿌리 식물과 간이 되지 않은 살코기 덩이를 먹을 때, 우리는 지방이 촘촘히 박힌 고기를 1등급으로 치고, 염분과 당분을 치덕치덕 발라 먹는다. 물론 후식은 주로 설탕 덩어리다. 14km가 웬 말인가? 14m도 걷지 않고 이룰 수 있는 식사다.

현실이 이렇기에 우리는 비만이라는 적군의 폭격에 쉽게 노출된다. 비만은 예쁜 옷을 포기하거나 배에 가려 발등을 보지 못하는 것으로

그치지 않는다. 우리 몸의 순환을 망친다. 이것이 두 번째 문제다. 망가진 신체 순환의 핵심은 심혈관계 고장이다[15]. 심혈관계 순환이란, 심장에서 나간 혈액이 신체 곳곳 필요한 조직에 영양분과 산소를 전달하고 다시 심장으로 돌아오는 과정이다. 착불 배송 시스템을 떠올리면 쉽다. 심장을 택배 회사로 비유한다면, 혈액은 택배 기사다. 혈액 속에 실린 산소와 영양소는 택배물이다. 물건을 필요로 하는 고객은 근육이다(정확히는 신체의 모든 세포다). 그리고 택배기사가 이동하는 도로가 혈관이다. 이렇듯 심장(택배회사)이 혈액(택배기사)에 영양소(택배물)를 실어서 근육(고객)으로 보낸다는 점이 똑 닮았다. 비만은 이 시스템을 난장판으로 만든다.

비만의 주범인 지방은 피부 아래에만 쌓이지 않는다. 이것은 흔한 오해다. 큰 병은 속부터 곪는다는 말처럼 우리 몸에 지방이 늘어나기 시작하면 몸속 혈관에도 쌓인다. 혈관은 혈액이 오가는 통로다. 이곳에 장애물이 쌓인다는 것은 택배기사가 오가는 도로가 막히는 꼴이다. 이는 고객에게 물건 배달이 제대로 되지 않고 택배회사에도 치명적이라고 할 수 있다. 이를 동맥경화라고 한다. 쌓여가는 지방이 도로를 막았고, 막힌 도로 때문에 근육은 영양분을 제대로 받을 수 없게 된다. 혈액에 의해 영양소와 산소를 제대로 공급받지 못한 근육은 비협조적으로 나온다. 혈액을 다시 심장으로 되돌려주기 위해 자신을 쥐어짜야 하는데, 이를 제대로 하지 않는다. 거칠게 표현하면 고객이 택배기사를 인질로 잡고 착불 배송비를 입금하지 않는 것이다. 이것이 비만이라는 적군의 폭격 현장이다.

간단히 정리해 보자. 운동이라곤 고작 14m도 걷지 않고 과식했다. 살이 쪄서 옷 사이즈가 바뀌더니 이제는 혈관에도 지방이 쌓인다. 몸에서 피가 제대로 돌지 않고 신체 기능이 하나둘씩 망가진다. 이를 대사질환이라고 부르는데, 우리 3명 중 1명이 이런 상태[16]다.

09

죄 없는 비만과 해결사 근육

이번에는 조금 더 원초적인 문제를 뜯어보자. 비만은 불필요하게 쌓여가는 지방이 문제라고 할 수 있다. 먹지도 않을 음식을 냉장고에 쑤셔 넣다 보면 선택지는 둘 중 하나다. 더 큰 냉장고로 바꾸든지 아니면 한 대 더 사든지. 그러다 보면 집안은 냉장고들로 가득해질 것이다. 몸 안에 지방세포가 그득그득 해진 꼴이다. 이때쯤 검사를 해보면 체지방량이 로켓처럼 치솟는 것을 볼 수 있다. 아직 끝이 아니다. 늘어난 냉장고를 감당하기 위해서 더 큰 집으로 옮겨야 한다. 살이 차오르고 몸집이 커지는 것이다.

다행히도 우리는 해결책을 선택할 수 있다. 마찬가지로 두 가지 선택지가 주어지는 데, 첫번째는 냉장고에 채울 음식을 부족하게 사는 방법이다. 그러다 보면 냉장고는 점점 비어가고 또 처분 가능해진다.

이쯤이면 냉장고가 차지하는 공간이 줄어들 테니 자연스럽게 작은 집으로 옮길 수 있다. 살이 빠지고 몸집이 작아지는 셈이다. 두 번째 방법은 냉장고에 음식을 채우는 속도보다 빠르게 해치워 버리는 방법이다. 이를 소비량 증가라고 할 수 있다. 소비량 증가는 1인이 먹어 치우는 양을 늘리거나 같이 처리해 줄 사람을 섭외하는 것으로 가능하다. 여기서 사람 역할은 근육이므로 활동량을 늘리는 것이 1인 소비량 증가다. 근비대는 소비해 줄 사람을 추가로 섭외한 것과 같다. 최선의 해결책은 뻔하다. 음식을 부족하게 사고 소비량을 늘리는 것, 적게 먹고 많이 움직이는 방법이다. 그러나 꼭 둘 중 하나를 골라야 한다면, 첫 번째 방법이 살만 빼는 데에는 효과적이다[17]. 그러나 건강하게 살을 빼려면 운동을 함으로써 활동량을 늘려야 한다. 따지자면 선택지가 있는 것일 뿐 답은 정해져 있는 셈이다.

비만에 항상 게으름과 식탐이라는 꼬리표를 붙이는데, 사실이 아니다. 비만은 단지 게으른 욕심쟁이여서 생기는 것이 아니다. 원인이 꽤 다양하다. 굵직하게만 나눠도 '유전적, 사회적, 환경적, 생리적 요인' 총 네 개가 있다.

유전적 요인은 쉽게 말해 타고나기를 살찌는 체질로 태어난 것이다. 여기엔 여러 가지 유전자 요인이 복합적으로 얽혀 있다.[18, 19] 어찌 보면 조금 억울할 수도 있겠다. 그렇다 해도 '물만 마셔도 살이 쪘다'는 것은 지나친 핑계다. 말했다시피 비만의 원인이 유전적 요인만은 아니기 때문이다. 그러나 같은 양의 음식을 먹어도 다른 사람에 비해서 살이 잘 찌는 사람은 분명히 있다. 한 번 더 확실히 해두고 싶은 것은 물은 아니라는 점이다. 살을 찌우려면 kcal(킬로칼로리)가 필요한데 물은 0kcal다. 따라서 '비만은 유전 영향을 받는다.'라는 내용을 비만 면허증처럼 생각하면 곤란하다. 잘못된 식생활 습관을 가지고서는 살을 그득그득 찌운 후에 조상 탓을 하면 안된다. 그럼에도 유전적 요인에 대해서 언급한 이유는 '알아두고 더 잘 관리하자'라는 바람에서다. 타고난 게 조금 불리해도 얼마든지 준수한 수준으로 갈 수 있다.

　다음은 비만의 사회적 원인이다. 쉽게 말하면 먹고 살다보니 뜻하지 않게 생기는 비만이다. 여기에는 정서적 요인이 크게 영향을 미칠 수 있다. 대표적으로 우울감을 먹는 것으로 해소하는 경우다. 사람이 우울해지는 원인은 다양하다. 소개팅에 실패 했거나 회사에서 내가 쓸모없는 사람이라고 느껴서일 수도 있다. 또 사업이 잘 풀리지 않거나 학교에서 따돌림을 당하는 경우도 해당된다. 늘어놓자면 끝도 없지만, 모두 사회적 요인이다. 사람이 우울해지면 헛헛함을 느낀다. 보통 이런 헛헛함을 채우기 위해 무언가 중독될 것을 찾는다[20]. 이때 음식을 고른다면 반드시 비만으로 이어진다. 일에 치이고, 사람에 치인 사람들이 술이나 폭식으로 해소하고 살이 찌는 것이 쉽게 볼 수 있는 예시다.

　타인의 영향도 사회적 요인에 포함되는데, SY가 바로 그 주인공이다. SY는 다람쥐를 닮은 생김새에 키는 153cm였다. 여기까지 말하면 아담하고 귀여운 이미지를 떠올리겠지만 반전매력이 있다. 근육량만큼은 평균 이상이었는데, 특히 하체 근육은 100m 육상선수와 비슷했다. 근육질 다람쥐를 떠올리면 비슷한 전신 몽타주를 그릴 수 있다. 그녀는 원래 트레이너였다. 피트니스 대회 준비도 했었고 심지어 수상 경력도 있다. 트레이너를 그만두고 직장 생활을 하다 보니 뱃살이 두툼해졌다. 다시 헬스장을 찾았는데, 이번에는 회원 자격이었다. 레슨 중에는 이런 저런 각자의 썰을 풀게 되는데, 그때 SY의 무서운 습관을 듣게 되었다.

피트니스 대회를 준비하던 때에 그녀 코치는 식단을 정상 범위의 30%로 줄였다. 예를 들면 하루 1,500kcal가 필요한 SY에게 500kcal만 먹도록 지시한 것이다. 실제로 그녀의 식단은 아침에 사과 반 개, 점심은 닭 가슴살 한 덩이와 야채 한줌, 저녁은 고구마 한 개와 닭가슴살 한 덩이였다. 현장에서는 이런 것을 두고 죽여주는 식단이라고 부른다. 물론 대상이나 상황에 따라서 아주 아주 일시적으로 할 수도 있는 식단이지만, 분명 SY에게는 맞지 않았다. 결과를 보면 쉽게 알 수 있다. 자다가 문득 깨었을 때 SY는 주방을 헤집고 있었다. 냉장고는 열려있고, 식탁에는 빈 과자 봉지가 널려있었다. "이거 지금 내가 먹은거야?" 입가에 묻은 과자 부스러기가 대답했다. "응, 네가 먹은 거야. 전부." 몽유병이었다. SY의 한 맺힌 배고픔이 무의식적으로 신체를 조종했다. 이런 경우는 사실 답을 내기 어렵다. 식습관에 대한 교육은 깨어있을 때나 먹히는 것이기 때문이다. 그녀는 집에 자면서 먹을 만한 식품을 모조리 버렸다. 덕분에 피트니스 대회는 완주했지만, 그후로 다이어트를 심하게 할 때면 자면서 폭식하는 자신을 만난다고 말했다. 대책이 필요할 것 같아서 레슨을 받으러 온 것이었고, 이번에는 목표 체중을 도달하는 동안 몽유병은 없었다. 스스로 소름돋는 그녀의 '예전' 습관은 타인이 선물한 폭탄이었다. 이처럼 사회적 요인과 비만은 얽혀 있다.

이번에는 비만의 환경적 요인에 대해서 살펴보자. 콜로라도 볼더에서 교육을 들을 때였다. 약 2주 가까이 머물면서 가장 자주 들른 곳은 교육장과 마트였다. 땅 크기만큼이나 넓은 마트를 둘러보다가 문득 이상하다고 느꼈다. 신기할 만큼 도넛이 쌌다. 도넛을 좋아하는 사람에게 미국은 천국이다. 도넛뿐만 아니라 살찌기 딱 좋은 빵이나 과자 등도 저렴하다. kcal를 채우기엔 웬만한 신선식품보다 훨씬 가성비가 좋은 상황이었다.

쉽게 예를 들면 이렇다. 10달러치 도넛을 사면 1,000kcal를 채울 수 있다. 하지만 그 돈으로 사과를 사면 250kcal를 채우기도 버겁다. 마트 전체가 사람들을 비만으로 만들기 위해 작정한 것 같았다. 형편이 어려운 나라일수록 비만 인구가 많다는 사실을 그때 이해했다. 주머니 사정이 넉넉지 않으니 마트에서 싼 것만 고르는 것이다. 형편이 좋은 사람들은 건강식을 먹고 반대인 경우는 비만이 되기 쉬운 음식만 먹게 된다. 그래서인지 머무는 동안 비싼 차, 고급 레스토랑에서 보는 사람들과 길에서 허드렛일을 하는 사람들 간에 몸매 차이가 있었다. 이는 단지 먼나라 얘기라고 보기 어렵다. 우리나라도 위험하다. 국가통계포털 지역경제상황판(KOSIS)에 따르면, 2024년 2월에 신선식품은 전년 동월비 약 20%가 비싸졌다[21]. 그 당시 사과의 이름은 금사과였다. 반면 인스턴트 식품은 유지되거나 저렴해지는 추세다. 비만의 환경적 요인은 전세계화되고 있는 셈이다. 이런 이유로 비만을 개인의 문제로만 삼기엔 무리가 있다.

마지막은 비교적 당연한 생리적 요인이다. 서론의 예를 들면, 냉장고에 그득한 음식을 처리하는 방식이다. 최대한 쉽게 말하면 몸 안에 kcal가 넘치면 살이 찐다. 반대로 kcal가 부족하면 살이 빠진다. 이 kcal는 음식으로부터 들어오고 생리작용으로부터 빠진다. 생리작용을 통해 빼내는 kcal가 음식을 통해 들이는 kcal보다 커야 비만에서 벗어날 수 있다.

생리작용이란 쉽게, '먹고, 자고, 싸고, 움직이는' 생물체의 모든 활동이다. 그 어떤 신체기관도 공짜로 일하는 경우는 없기 때문에 활발한 생리작용은 곧 많은 kcal 연소를 의미한다. 비만을 방어하기 위해서는 각 신체기관이 활발히 일하게 만들어야 한다는 말이다. 생리작용을 활발하게 만들겠다며 호흡, 소화, 체온 조절 등의 무의식적 활동을 조절할 수는 없다. 우리는 의식적 생리작용만 조절할 수 있다. 따라서 대표적인 것이 운동이고 이를 통해서 근육량을 늘리면 효과가 조금씩 증폭된다.

정확히 반대의 경우가 대사 질환이다. 대사 질환이 생겼다는 것은 무의식적 생리작용을 담당하는 신체기관이 제대로 일하지 않는다는 뜻이다. 열심히 일하지 않으니 당연히 돈도 적게 받게 된다. kcal 연소량 자체가 떨어진다는 의미다. 근육량을 늘리는 작업도 무의식적 생리작용을 통한 신진대사가 활발해야 가능하다. 대사 질환은 이런 작업도 게을리하는 상태라고 볼 수 있다. 쉽게 늘어나지 않는 근육량은 지원군이 오지 않는다는 뜻이다. 적당히 먹는다고 해도 kcal를 처리할 인력이 부족해서 비만에 노출될 위험이 커진다. 이런 이유로 비만은 대부

분의 대사 질환의 출발점이고, 악순환 고리의 시작이다. 해당되는 독
자가 있다면, 울상 지을 필요는 없다. 비만 해결사 근육을 잘 써먹는다
면 간단히 해결 될 문제다.

10

혹시 마른 비만?

근육의 이점을 늘어놓으면 꼭 이렇게 반문하는 사람들이 있다. "전 근육은 됐고 살만 빼면 되는데, 그럼 운동할 필요 없는거 아닌가요?" 굶어서 살 빼겠다는 말이다. 오히려 그것은 또 비만을 만든다. 먹지 않으면 근육은 영양분을 얻을 수 없다. 애정이 없으면 관계가 메말라 가듯이 근육도 똑같다. 애정은 음식이고 메마른 관계는 근육이다. 근육은 자라나거나 유지되기 위해서 영양분이 필요하다. 이 중 탄수화물의 경우 소화 대사를 거쳐 근섬유 세포질 안에 저장된다. 근육이 커지는 작용에 기여한다고 생각하면 쉽다[22]. 단백질은 근원섬유가 커지는 데에 재료로 쓰인다. 근육이 커지는 데에는 탄수화물과 단백질은 필수라는 뜻이다[23]. 잘 먹지 않는 것은 근육을 말라비틀어지게 만들며 종착지는 근육량 감소다. 근육량이 감소하면 체지방량이 그대로 일지라도 체성분 조성 상태와 몸의 심미성은 떨어지게 되어있다. 쉽게 말해 근육이 쪼그라들면, 뚱뚱하지 않음에도 몸매가 볼품 없어진다. 이를 마른 비만이라고 부른다. E.T형 몸매(영화 〈E.T〉에 나오는 외계인 몸매, 팔과 다리는 가늘고 배만 볼록 나옴) 또는 거미 인간(E.T형 몸매 곤충 버전)이 바로 마른 비만이다. 이런 부류가 단순 고도 비만보다 다루기 더 어렵다. 고도 비만의 경우 당장은 지방 감량만 하면 되지만, 마른 비만은 근육량 증가가 절대적으로 필요하기 때문이다. 경험상 근육을 늘리는 것은 지방을 감량하는 것보다 2배 이상 어렵다. 하지만 역시 울상 지을 필요는 없다. 책을 끝까지 읽고 실천하면 간단히(?) 해결할 수 있다.

　근육이 주는 효과를 운동과 연결시키면서 알아보자. 살만 빼고 싶어하는 마른 비만이 좋아할 이야기다. 결론부터 말하자면 '적당히 무겁고, 숨이 차고, 복잡한 운동'을 해야 한다. 세 가지 조건은 개인차가 있기 때문에 부연설명이 필요하다.

　우선 첫 번째 조건인 무겁다는 것에 대해서 정리해 보자. PT를 하다 보면 특히 자주 나오는 투정이 있다. "쌤, 무거워서 이걸 어떻게 들어요!" 이럴 때 나는 못 들은 척한다. 일단 운동을 시키고 "하나 더."를 외치며 '하나 더 귀신'에 빙의한다. 마침내 고객은 20개 정도를 거뜬히 한다. 이제 내가 투정을 돌려 줄 차례다. "거 봐요, 가볍잖아요." 회원은 죽는 줄 알았다거나 어깨가 주저 앉는 줄 알았다며 받아치고 또 나는 못 들은 척한다. 진실이 아니니까.

　이처럼 무겁고 가벼운 것은 스스로 정하기 나름이지만 이럴 때 필요한 것은 기준과 수치다. 숫자를 넣어서 살펴보면 알기 쉽다. 똑같은100kg이 있다면, A에겐 가볍지만 B에게는 무거울 수 있다. A는 100kg을 16회 하는 것에 비해 B는 100kg을 딱 한 번 든다고 예를 들어보자. B는 자신이 가진 힘의 100%를 다해서 딱 한 번 들었을 것이다. 이것을 1RM(1repetition maximum) 또는 One-Rep-Max라고 부른다. 위 예시에서 B는 자신의 근력 100%를 사용했기 때문에 무겁다고 정의할 수 있다. 하지만 A는 다르다. 1RM 계산 공식(24)에 따르면 A는 근력의 65% 정도만 사용한 것이 된다. 100kg으로 16회를 했기 때문이다. 따라서 가볍다고 정의한다.

이처럼 무게란 kg으로 표기되는 절대성을 가졌지만 사람에 따라 상대적이기도 하다. 사례로 들었던 고객은 몇 회를 했는가? 무려 20회다. 이런 이유로 가벼웠다고 해야 맞다. 당사자는 억울할 수 있지만 어쩔 수 없는 사실이다. 효과적인 근비대를 위해서 적당히 무거운 운동이란, 어금니가 뭉개질 정도로 힘을 썼을 때, 8~12개 정도를 들 수 있는 무게를 말한다. 반복 횟수가 그 이상 가능하면 가볍다고 친다. 보통 무겁다는 것은 1RM의 100~85%에 해당하는 무게이므로 '자세 잘못 잡으면 관절 뽀개진다.'는 느낌이 들어야 한다. 워워, 직접 실험해볼 필요는 없다. 여전히 헷갈린다면 이것만 기억하면 쉽다. 자연스럽게 오만상을 찌푸리지 않으면 적당한 무게가 아니다.

그렇다면 적당히 '무거운 것이 왜 kcal를 태우는 데에 좋지?'라는 물음표가 생겨야 한다. 해변가에 있는 모래 만큼이나 많이 밟히는 연구나 기사들은 시간 당 kcal 소비는 유산소 운동이 근력 운동에 비해 우세하다고 말한다. 그러나 이는 누가, 어떻게 했는가에 따라서 큰 차

이가 발생한다. 근육량에 따라서 근력운동 시 소비되는 kcal는 달라지
며, 또 근력운동은 운동 후 kcal 소비에 크게 기여하기 때문이다[25]. 우
선 근육량이 40kg인 A와 25kg을 가진 B가 있다고 가정해 보자. A와
B가 같은 비율의 근력(1RM 얘기를 떠올려 보라)을 사용해서 훈련했더라도 A
가 훨씬 더 많은 에너지를 쓰게 되어있다. 앞서 얘기했던 공짜로 일하
는 조직은 없다는 것을 생각해보면 쉽게 이해할 수 있다. A는 B에 비
해서 근육을 일하게 하는데 지불하는 비용이 거의 2배인 셈이다.

이 차이는 유산소에서도 그렇겠지만 저항 훈련에서 극명하다. 나아
가 수행 능력에 따라서도 큰 차이가 발생한다. 경력이 오래되거나 능
숙한 사람은 근육의 긴장감을 놓치지 않으면서 운동할 줄 안다. 지속
되는 긴장감은 에너지 소비를 일으킨다. 이는 kcal 소비를 더 크게 만
들어낼 수 있다는 뜻이다. 반대로 비숙련자는 저항을 통제하는 것에
서툴러서 근육의 긴장을 놓친다. 결과적으로 운동 중 kcal 소비도 덜할
것이다. 분명 근육량이 많고, 숙련된 피험자를 데리고 '유산소 운동 vs
근력 운동 kcal 소비 비교'를 했다면 결과는 달라질 가능성이 크다. 주
변에서 흔히 보는 예시가 있다. 이제 막 운동을 시작한 초보와 10년 차
보디빌더가 같이 훈련하는 상황이다. 두 사람 모두 자신의 12RM(이 악
물고 12번 들 수 있는 무게)으로 운동을 한다. 한 세트를 마치고 2분이 지나면
쾌청한 초보의 표정과 지옥에 다녀온 듯한 보디빌더의 표정을 볼 수
있다. 이유는 10년 차 보디빌더가 12RM에서 더 많은 에너지를 소비
했고, 그만큼 회복하는 데에도 오래 걸리기 때문이다. 초보는 대미지
(damage)를 입은 근육이 적어서 회복할 것도 적기에 금방 쌩쌩해진다.

따라서 '유산소 운동과 근력운동의 에너지 소비 비교'는 연구 몇 개 보고 나서 확정 지을 수 있는 문제가 아니다. 이럴 때는 생물학을 살펴 보면 된다. '적당히 무거운 것이 왜 kcal를 태우는 데에 좋은가?' 이 문제는 어렵게 생각할 필요가 없다. kcal 소비가 크다는 것은 에너지 를 쓰는 많은 조직이 동시에 일한다는 뜻이 된다. 운동 중에는 대표적 으로 근육, 심폐, 간이 많은 일을 한다. 유산소 운동은 심폐의 비중이 높고, 무산소 운동에서는 근육이다. 그렇다면 이 두 가지를 혼합하면 kcal를 태우는 데에 유리하다고 볼 수 있다[26, 27].

적당한 방법은 12~15개를 할 수 있는 무게로 훈련하는 것이다. 근 육, 심폐, 간에게 골고루 일을 많이 시키고 kcal 소비에 이점을 얻는다. 에너지 시스템(energy system)에 깊게 들어가기 전에 적용할 수 있는 실 용성 좋은 훈련법이다. 다시 한번 말하지만, 자연스럽게 인상이 구겨 지는 것을 기준으로 무게를 고르자.

kcal를 태우려는 목적을 가지고 있을 때는 특히 복잡한 운동이 유리 하다. 분명한 몇 가지 이점이 있다. 첫째는 자세 조절을 위해 신경쓸 게 많아진다는 것이다. 신경을 쓴다는 것은 뇌가 할 일이 많아진다는 것 을 의미한다. 뇌는 신체에서 고작 2%의 면적을 차지한다. 그러나 전체 kcal의 20%를 소비한다[28]. 면적 당 소비율로 따지면 근육보다 월등 히 에너지를 많이 쓴다. 이런 사실 때문에 혹자는 뇌를 kcal 잡아먹는 괴물이라고 부르기도 한다. 복잡한 운동을 함으로써 뇌의 최대 가동을 통해 kcal를 효율적으로 태울 수 있다.

충분히 무겁고 복잡한 운동의 두 번째 이점은 사용하는 근육이 많아진다는 점이다. 복잡성이 높은 운동은 대체로 한 동작에서 많은 관절을 사용한다. 그로 인해 자연스럽게 참여하는 근육이 늘어난다. 뇌가 면적당 소비하는 kcal 비율이 높은 것은 맞지만, 근육은 보통 신체의 30~40%를 차지한다[29]. 따라서 kcal를 잘 태우려면 많은 근육을 사용하는 것을 빼 놓을 수 없다.

이래도 살만 빼려면 웨이트 트레이닝은 하지 않아도 되는 걸까? 하루 일과에서 고작 1~2시간만 투자해도 이런 혜택을 모두 누릴 수 있다. 그러나 여기서 만족하기는 이르다. 웨이트 트레이닝은 근육만 길러주는 것이 아니기 때문이다. 일상에서 힘이라고 표현하는 근력을 발달시킬 수 있다. 근력은 건강 체력 중에서 한 자리를 차지한다[30]. 근력이 좋아지면 체력도 나아진다고 할 수 있다.

가끔 레슨 상담을 하다 보면 중년 남성의 현실을 마주한다. 보통 마흔 전후에 속한 이들인데, 운동 하기로 마음 먹은 이유가 짠하다. 아이를 번쩍 들어서 공중에 띄워주면, 몇 번 못하고 팔이 벌벌 떨린단다. 아이는 더 해달라고 조르고, 아빠는 회피하는 상황이 벌어진다. 이런 경험 때문에 회의감을 느껴서 오는 남성이 많다. 또는 아이 졸업식 사진 속에 젊어 보이는 아빠로 남고 싶은 욕망도 흔히 볼 수 있다. 체육 대회 때 계주의 영웅을 노리는 아빠도 있다. 여성이라고 다를 게 없다. 사실 근력에 대해서 더 크게 관심을 가져야 하는 것은 여성이다. 남자에 비해서 타고난 근육량의 비율이 적고, 근력도 약하기 때문이다. 특히 상체 근력에서 차이가 많이 난다. 추가로 나이가 들면서 감소되는 비율도 더 일찍 찾아올 수 있다[31].

2013년에 관리하던 여성 회원의 고민이 아직도 생생하다. 오후 2시만 넘으면 쓰러질 것 같은 게 그녀 고민이었다. 오전 일과를 마치고 점심이 지나면 아무것도 할 수 없는 지경에 이른다고 했다. 사정이 그러다 보니 오후가 되면 아이들을 보살필 수 없었다. 스스로가 답답했던 엄마는 근력을 기르기 위해서 레슨을 받았고, 효과를 보는 데에는 2달도 필요 없었다. "이제 저녁 6시까지는 너끈해요!" 우리는 점점 그 시간을 8시로, 10시로 늘려나갔다. 근력이 좋아진다는 것은, 누군가에겐 단순히 힘이 쎄지는 것만을 의미하지는 않는다. 참고로 이 회원은 마른 비만이었다.

Part 2

근력

11

좌식생활과 근력

웨이트 트레이닝은 예리한 칼날과 같다. 효과를 배로 만들기도 하지만 다치기도 쉽다. 맨몸으로 달리기하다가 발목이 돌아갔을 때와 쌀가마니 매고 뛰다가 돌아갔을 때 차이라고 생각하면 쉽다. 이런 점은 근비대에 초점을 두고 할 때보다 최대 근력 향상 방법에서 도드라진다. 단, 일반화할 수는 없다. 근비대 운동을 할지라도 지나친 욕심을 내면 다친다. 반대로 계획대로 점잖게 한다면 최대 근력운동에서도 안전하다.

올림픽 출전 선수를 제외하고는 훈련의 궁극적인 목적은 건강이어야 한다. 퍼포먼스(performance)는 그 다음이다. 이 순서가 바뀌면 무리를 하게 되고 얻는 것은 뽐내기용 영상과 부상뿐이다. 부상은 훈련자의 마음을 꺾어버린다. 불시에 꺾인 마음은 겉으로 드러난 상처보다 낫는 속도가 훨씬 더디다. 경각심부터 준 이유는 위험한 장비를 다루기 전에 안전 수칙을 먼저 소개하는 것과 같다. 이쯤이면 충분히 알았을 테니 이제 근력 운동의 좋은 면을 살펴보자.

"치과의사 중에는 목과 허리가 멀쩡한 사람이 없거든요." 어쩔 수 없다는 듯이 말하는 그는 일주일에 5일, 12~13시에 고정적으로 헬스장에 출석한다. "바쁘실 텐데 꾸준히 잘 나오시네요." 그는 살기 위해서라고 건조하게 답했다. 몇 년 전 내 PT 회원이었던 그는 치과의사답게(?) 고질적으로 허리와 목에 불편함이 있었다. 그러나 그의 진짜 고민은 무릎이었다. "신호등이 녹색불에서 깜박이는데 뛰지를 못하겠더라고요." 계단 내려오는 것이 무서워질 줄은 몰랐다는 말도 기억난다. 마음 같아서는 갈아끼우고(?) 싶은데, 정형외과에 있는 친구에게 물어보니 "운동이나 해."라고 했단다. 어쨌든 친구의 중개로 레슨이 시작됐다.

사실 그가 무릎이 아픈 이유는 너무 뻔했다. 근육은 길이가 짧아져 있거나 길어져 있으면 힘을 최대로 내기 불리해진다[32]. 상상해 보자. 당신이 치과의사라면 하루 종일 어떤 자세로 있을 것 같은가? 일단 앉아 있다. 나아가 환자의 입을 벌리고 속살을 들여다보기 위해서 목과 허리를 숙인다. 이때 허벅지 앞쪽 근육, 목, 허리 근육은 길어진 상태가 된다. 힘을 쓰기 불리하므로 관절을 잡아주기 어려운 상황이다.

추가로 이런 자세가 만성적으로 이어지면 평상시 근력도 떨어지게 되어 있다[33]. 무릎에만 집중해 보자. 허벅지 앞쪽 근력은 무릎 관절 안정성에 큰 역할을 한다[34]. 그는 이 기능이 떨어지면서 무릎이 멀쩡하지 못했다. 이런 문제를 해결하기 위한 선택지는 여러 개다. 재활치료가 될 수도 있고, 또 다른 의료 서비스의 힘을 빌릴 수도 있다. 그러나 궁극적으로는 반드시 근력운동이 필요하다(35, 36). 당연히 그도 이런 사실을 알고 있었다. 하체 운동할 때마다 죄를 씻어내는 표정을 지으며 그는 말했다. "미뤄둔 숙제하는 거죠, 뭐." 이런 것을 보면 공부는 운동과 꽤 닮은 구석이 많다.

보통 회원들은 "오늘은 하체입니다."라는 말에 뒷걸음질을 친다. 그는 반대였다. 회개하는 자세로 하체 운동의 고통 속에 뛰어들었다. 물론 그도 처음부터 이러지는 않았다. 운동 부족으로 인한 일상의 좌절감을 겪어 본 후에 기꺼이 변한 경우다. 전환점은 녹색불을 놓쳤던 바로 그때였다. 빨간 불로 바뀐 신호등을 보며 참 많은 생각이 들었다고 그는 말했다.

"이 정도까지는 괜찮으실까요?" 무릎이 아픈 그에게 하체 운동은 제한이 많았다. 우선 아프다는 트라우마(trauma)가 있었고, 대개 사람들은 자기 약점을 훈련하기 거북해한다. 가장 걸림돌이 되는 것은 움직이는 범위에 대한 제한이었다. 정상이라면 사람은 목욕탕 의자에 앉을 수 있을 정도로 무릎을 굽힐 수 있어야 한다. 그는 엉덩이가 1/3쯤 내려가면 통증을 호소했다. 그럼에도 스쾃을 자주 했던 이유가 있다. 근력은 부하가 조금씩 더해지는 만큼 강해진다. 여기서 말하는 부하란 무게와 반복수 등이 더해진 총훈련량이라고 이해하면 된다. '맨몸 운동 vs 무게를 더해가는 근력 운동' 이 둘은 한계치가 엄연히 다르다. 풀어서 말하면, 무거운 것을 들면서 기른 근력은 맨몸으로 생기는 부하를 쉽게 버틴다는 의미다. 나아가 근력운동은 일상에서 자주 하는 동작과 닮아야 한다.

이것을 두고 훈련의 유사성이라고 한다. 훈련의 유사성이 있어야 효과를 보기 수월하다. 인간은 이족보행을 하는 동물이다. 따라서 하체 근력을 사용하는 동작이 한 발일 때가 많다. 양발을 동시에 딛고 하체 근력을 사용하는 경우는 사실 그리 많지 않다. 그러나 그는 치과의사다. 하루 동안 기억하기 어려울 만큼 많은 환자를 상대한다. 그때마다 의자에 앉았다가 일어서기를 반복한다. 이 동작을 한 발로 하는 사람은 없다. 보통 사람과 다르게 그는 양발로 하체 근력을 사용하는 것이 잦은 사람이다. 이런 이유들로 그에게 스쾃은 필수였다. 무게 올리기도 편하고, 양발로 하기 때문이다. 나는 그의 무릎을 살피면서 운동을 이어갔다. 아프면 운동을 하지 말라는 조언이 익숙할 테지만, 사실 통증의 원인을 정확히 알고 접근하는 운동은 도움이 된다[37]. 이 부분은 특히 조심스러우므로 덧붙일 필요가 있다. 아픈 곳이 생겼을 때, 어떻게든 운동으로 찍어 누르라는 것이 아니다. 우선 현재 상태를 제대로 아는 것이 먼저다. 아픈 곳이 있다면 당연히 전문의와 상담 후에 결정해야 한다.

다시 본론으로 돌아와서, 그는 나아지는 속도가 더뎠다. 치과 의사 생활이 10년도 넘었기에 당연한 결과였다. 10년씩이나 밀어둔 숙제를 하는 셈이다. 한 번에 될 리가 없었다. 그가 쪼그려 앉을 수 있는 범위는 알아채기 힘들 정도로 조금씩 늘어났다. 처음에는 1/3, 2주 후에는 절반…. 이런 식이었다. 가끔은 맨몸을 지탱하기도 버거웠던 근육이 비명을 질렀다. 그 비명은 무릎에 전달되는데, 훈련 중에 움찔거리며 통증을 호소하는 반응이다. 그럴 때마다 치과의사는 멋쩍어했고 나는 자책했다. '내 훈련이 잘못되었나?'

우리는 벽에 부딪히면 작은 것부터 다시 시작했다. 대표적으로 레그 익스텐션(leg extension)인데, 스쾃에 비교해서 난이도가 낮다. 또는 1/3 정도 앉은 자세로 버티는 운동을 했다. 꼼작 않고 멈춰 있는 대신에 무게를 많이 올리고 힘을 쓰게 만드는 방법이다. 바로 선 것도 아니고 앉은 것도 아닌 이 자세로 무거운 것을 메고 버티면 차라리 스쾃을 하고 싶어질 만큼 힘들 때도 있다.

신호등 프로젝트는 여러 번 벽에 부딪혔다. 나아지는가 싶으면 다시 제자리였고, 어떨 땐 전보다 조금 심해진 날도 있었다. 그렇게 한 달 정도가 지났다. 강도 높은 운동에 적응한 하체는 맨몸 운동이 가뿐해졌다. 그의 상태는 이제 목욕탕 의자에 앉을 수 있을 만큼 너끈했다. "오늘은 일할 때 아프지 않았어요."

어깨 위에 바벨을 얹을 차례였다. 처음에는 40kg부터 시작했다. 이 무게는 보통 젊은 여성이 반년 정도 꾸준히 훈련하면 도달하는 정도다. 공교롭게도 그가 훈련하는 시간에 고수의 기운을 풍기는 여성이 있었다. 몸매가 훤히 드러나는 레깅스와 면 티셔츠(스쾃하기 좋은 복장)로 무장한 그녀의 스쾃 무게는 60kg이었다. 그때마다 씁쓸한 맛의 농담을 했다. "여자보다 약하네요, 제가…." 무게를 올려가는 과정은 기복이 있기 마련이다. 어떤 날은 잘 되고 또 다른 날은 별로다. 절반도 앉을 수 없었던 무릎 통증이 나아지는 것과 비슷하다. "반드시 됩니다. 회원님! 꼭 체중의 1.5배 이상 들어보시죠."

　마침내 우리는 목적지를 앞에 두고 있었다. 그가 노려보고 있는 바벨에는 100kg이 꽂혔다. 그의 체중에 1.5배였다. 나는 합격자 명단을 뒤지는 사람처럼 기대하고 있었다. 그가 호흡을 들이키고 배에 힘을 줬다. 가슴을 펴고 발 가운데에 무게 중심을 두었다. 지긋이 하체 근육을 늘리며 목욕탕 의자에 앉는 자세를 취했다. 그러고는 번쩍. 그는 아기를 어부바하듯이 스쾃을 마무리했다. "나이스! 된다고 했죠? 짝!" 하이파이브를 한 이후로 그는 이제 녹색불을 놓치지 않는다. 신호등 프로젝트 성공.

12

실전 근력은 따로 있다?

'무식하게 힘만 센 놈'이라는 표현은 모순이다. 힘이 세려면 유식해야 한다. 지금 말하는 무식과 유식의 기준은 지식수준이 아니다. 인지-판단-행동력을 기준으로 삼는다. 어떤 일이 생겼을 때, 몸을 움직이고 힘을 써서 처리하면 말도 안되는 꼬리표를 붙인다. "또 힘으로 해결하려고 하네!"라는 식이다. 반대로 한 발 물러나 골똘히 해결책만을 제시하면 머리 좋은 사람으로 분류한다. 대단한 오해다. 힘이 세다는 것은 가만히 앉아서 머리를 굴리는 것보다 고차원적인 작업이다.

힘센 놈이 유식한 이유를 따져보자. 근력을 사용하여 힘을 쓰는 과정은 다음과 같다. 식상할 수 있지만, '광호가 굶주린 호랑이를 만났다'는 상황을 설정해 보자. 광호의 뇌는 우선 호랑이를 인지한다. '호랑이가 으르렁거리네. 내 몸집에 두 배 정도는 되겠구나…. 아니 송곳

니를 드러내잖아?' 이렇게 정보를 받아들이고 해석한다. 이어서 도망 가자는 전략을 세운다. 이는 즉각적으로 신경계에 전달된다. 명령은 척수를 타고 내려가 말초신경계를 거친다. 운동 신경 끝부분인 근신경 접합부에 도달하면 아세틸콜린이 방출된다. 이 화학물질은 근육 세포 수용체와 결합한다. 생화학 반응을 통해서 근원섬유(순대 당면을 떠올려라)가 상호작용을 한다. 드디어 허벅지 근수축 작용을 통해 발생한 근력으로 힘을 쓴다. 땅을 차고 달려 호랑이로부터 도망치는 것이다. 근력은 이렇게 발휘된다(38). 무식하다고 오해를 받던 놈들은 이 복잡한 작업을 더 빠르고, 강하고, 오래 하는 셈이다. 사실이 이렇기에 다른 꼬리표를 달아줘야 한다. '유식해서 힘이 센 놈'. 물론 이런 작업을 각 1,000분의1초(millisecond)마다 되뇌면서 하지는 않는다. 그러나 순식간에 머리를 쓰고 근력을 발휘하는 능력이 탁월할수록 빠른 상황 판단과 전략을 구사한다는 뜻이 된다. 힘이 세려면 머리가 좋아야 한다.

　이런 사실을 거꾸로 해석해 보면 근력 운동이 뇌 기능 개선에 도움이 된다고 볼 수 있다. 근력 운동은 치매, 우울증 및 스트레스 대처 능력과 인지력을 향상시킨다는 뜻이다(39). 카드 게임이나 비디오 게임으로도 뇌의 인지 기능이나 기억력을 관리할 수 있다는 근거들(40, 41)이 있다. 그럼에도 근력운동은 더 나은 선택임이 분명하다. 차원이 다른 복잡성으로 인해 더 큰 자극을 줄 수 있기 때문이다. 앉아서 게임을 하는 것과 체중보다 무거운 것을 들고 내리는 일의 복잡성은 굳이 실험해 보지 않아도 비교할 수 있다. 또 다른 오해는 몸집이 크면 무조건 근력이 강하다고 생각하는 점이다. 이 때문에 억울한 일이 자주 생긴다.

"이놈이 덩치 값도 못하고." 이것이 근력에 대한 두 번째 오해다.

　그의 별명은 '티라노'다. 티라노답지 않게 훈훈한 외모에 유머 감각도 있어서 늘 주변에 사람이 많다. 티라노는 키가 180cm 정도에 평균 체중이 95kg인 보디빌더다. 이상하리만치 짧은 팔과 두툼한 허벅지를 자랑하는 티라노 친가는 대가족이 모여 김장을 한다. 이때마다 소금에 절인 배추를 나르면서 자신의 몸에서도 삐질삐질 소금물을 뽑아낸다. 깨작거리는 티라노에게 어른들 공격이 들어온다. "넌 덩치는 산만 한 것이 왜 이렇게 힘을 못쓰니?" 헬스장에선 200kg도 번쩍번쩍 들어젖히는 티라노지만, 절임 배추 앞에서는 무력한 꼴이다. 친가 어른들은 끝내 티라노의 억울함을 모를 수밖에 없다. '그거랑 이거랑 다른 것'은 아는 사람만 알기 때문이다. 쉽게 말해 바벨을 드는 근력과 배추를 옮기는 근력은 다르다. 김치를 담글 때 쓰는 근력은 근지구력 중에서도 극단에 해당한다. 반면에 티라노가 헬스장에서 주로 쓰는 근력은 최대하근력이다.

　풀어서 살펴보자. 절임 배추 나르기는 일정한 간격을 두고 끊김이 없이 근력을 써야 한다. 이때 작업의 강도는 옆 사람과 대화할 수 있을 정도다. 그럼에도 푹 쉴 수 있는 휴식이 주어지지 않는다. 따라서 근지구력 중에서도 극단에 해당한다고 볼 수 있다. 반면에 티라노가 익숙한 헬스장 운동은 대개 8~12번 정도 반복하면 그만이다. 옆 사람이 말을 걸면 대답도 못 할 정도의 강도지만 끝내면 2분 내외로 푹 쉰다. 이만큼이나 서로 다르다. 티라노에게 절임 배추를 나르게 한 것은 첼리스트에게 바이올린을 켜게 한 것과 같다. 따라서 어른들의 장난은 첼리스트에게 "넌 음악 한다는 놈이 바이올린도 제대로 못 켜냐?"라고 한 셈이다. 딱한 우리 티라노가 덩칫값을 못 한 이유는 자세도 한몫한다. 근력을 잘 발휘하기 위해서는 익숙한 자세여야 한다. 익숙한 자세란, 자다 깨어서도 바로잡을 수 있는 정도다. 기억을 더듬어야 하거나 반자동적으로 나오는 것이 아니면 익숙하다고 할 수 없다. 티라노는 주부가 아니라 보디빌더다. 익숙한 자세는 허리가 꼿꼿하고 가슴이 펴져 있는 자세. 다라이를 옮기거나 배추를 나르는 것은 정확히 이런 자세와 반대다. 익숙하지 않은 티라노는 근력을 효율적으로 쓸 수 없었다. 덩치가 크다고 다 힘이 센 것이 아니며 근력이라도 다 똑같지도 않다.

티라노를 열심히 대변한 이유는 따로 있다. 고3 가을쯤이었다. 용돈 좀 벌어보겠다고 일일 노동을 하러 갔다. 이해가 쉽도록 막노동이라고 하자. 보통 막노동하려면 새벽 5시쯤에 인력사무소에 가야 한다. 어둡고 서늘한 골목길을 밟고 나선다. 일감을 지정해 주는 소장은 7시쯤이 다 돼서야 온다. "힘 잘 쓰게 생겼네, 타요." 그날 나는 봉고차에 실리면서 선택받았다는 기분을 느꼈다. 동시에 몸 좀 키워놓기를 잘했다는 생각도 들었다.

봉고차는 조립식 공장을 짓는 현장으로 향했다. 먼저 도착해 있던 아저씨가 우리를 반겼다. "반장님, 오늘은 제대로 데려오셨네?" 기껏해야 내 가슴팍쯤 오는 아저씨가 씨익 웃으며 말했다. '역시 몸을 키워두길 잘했어.' 좋은 분위기는 오래가지 못했다. 판넬 옮기는 일을 맡았는데, 헬스장 덤벨이나 바벨과는 많이 달랐다. 어떻게 들어도 자세가 참 어정쩡하고 불편했다. 두 사이즈 작은 팬티를 입은 기분이랄까? 헬스장 기구들은 무겁지만 나보다 작다. 그러나 판넬은 부피가 컸다. 게다가 손잡이도 없었다. 잡기도 불편하고 몸보다 큰 것을 들고 나르는 작업이 어색했다. 나는 갓 태어난 망아지 같았다. "이르케 들어야 할 거 아녀. 가만 놔둬 봐!" 비슷한 꾸지람을 5시간 동안 들었다. 점심시간이 돼서야 궁둥이를 붙였는데, 짜장면을 비비기 힘들 정도로 손이 달달 떨렸다. "자네 운동허지? 뭐해?" "헬스해요." "막노동 근육은 다르지?" 아저씨 웃음 사이로 의문의 1패를 느꼈다. 역시 베테랑은 '그거랑 이건 다르다'라는 것을 알고 있었다. 아저씨는 근지구력, 나는 최대하근력이다.

익숙하지 않은 근력이라서 능률이 떨어지는 것. 이를 두고 신경계가 학습이 이뤄지지 않은 상태라고 한다. 내 반쪽만 한 아저씨가 판넬을 번쩍번쩍 나르듯이, 헬스장 고인물들이 능숙하게 운동하는 이유는 단지 근육이 많아서가 아니라 '신경계 조정력'이 좋은 것이다. 근육을 키우는 시간은 오래 걸린다. 하지만 신경계의 조정력을 올리는 것은 단기간에 가능하다. 쉽게 말해 근력 증진 효과는 빠르게 볼 수 있다. 운동을 함으로써 근지구력이 늘어간다면, 일상에서 효과를 빠르게 볼 수 있다는 뜻도 된다. 여태 겪은 회원들 반응을 보면 확실히 알 수 있다. 처음 2~3주 동안은 평소보다 더 피곤하다고 한다. 소파랑 한 몸이었던 사람이 정기적으로 쇳덩이를 들다 보니 어쩔 수 없다.

효과는 이 과도기를 넘기고부터다. 운동을 시작한 지 한 달이 되어

갈 때쯤이면 반응이 온다. 그들은 일상에서 전에 없던 자신을 보게 된다. 아이랑 놀아주는 것이 더 이상 힘에 부치지 않는다. 장바구니 정도는 가볍게 느껴진다. 쉽게 말해 근력이 좋아진 것인데, 체력 낭비도 없어지고 피곤함이 덜한 경지에 이른다. "이제는 오후 6시까지도 거뜬해요!"라고 했던 여성회원님 사례를 떠올려 보자. 근력 증가-체력 향상으로 인한 고객들의 공통적인 반응이 있다. "요새 컨디션 완전 좋아요." 이것은 대체로 여성분들 반응이다. "체력이 좋아지니까, 술이 아주 술술 들어가~." 이건 굳이 말하지 않아도 어떤 부류인지 알 것이다. 어쨌든 근력은 먹고 사는 데에 다양하게 도움이 된다.

Part 3

신진대사

13

고혈압 약으로부터 해방되어라

훈련을 통해 나아질 수 있는 것중에 신진대사를 빼 놓을 수 없다. '근데 신진대사가 뭐지?' 어색한 것과 어려운 것은 다르니 고개 돌리지 말자. 나는 한 때 신진대사를 이해하기 위해서 생물학 서적을 3회 이상 정독해야 한다고 생각했다. 절대 그렇지 않다. 신진대사는 생각보다 쉽고, 우리 일상에 가장 가깝게 자리 잡은 개념이다. 어쩌면 근육이나 근력보다 더 가까운 위치에 있다. 조금만 익숙해지면 한 사람의 소원을 이루는 것도 가능하다.

나는 신진대사를 우리 몸이 에너지를 쓰고 버리는 것이라고 설명한다. 굳이 학술적으로 표현하면 이렇게 된다. '생명을 유지하기 위해 생명체 내부의 세포에서 일어나는 반응(42)', 쉽게 잘 먹고, 잘 쓰고, 잘 싸는 것 정도로 이해해도 된다. 잘 먹는다는 것은 좋은 음식을 먹고 소화하는 것까지를 말한다. 잘 쓴다는 것은 흡수한 영양분을 에너지로 잘 바꿔 쓴다는 뜻이다. 잘 싸는 것은 문자 그대로다. 따라서 변비나 설사가 있다면 신진대사 상태가 좋지 않다고 할 수 있다. 반면에 밥을 먹고 소화가 잘 되지 않아도 마찬가지다. 이처럼 신진대사는 일상과 가장 맞닿아 있다. 전신 대사라고도 부르는 신진대사는 국소 대사의 합이다. 신진대사가 몸 전체를 말하는 것이라면, 국소 대사는 하나의 조직이나 기관을 말한다(43).

예를 들어 근육 조직에서의 국소 대사가 원활하지 못하면 포도당을 제대로 빨아들이지 못한다. 결국 혈액에 포도당이 넘쳐나고, 췌장에서는 인슐린이 폭포처럼 쏟아진다. 넘쳐나는 인슐린에 대해서 어느새 우리 몸은 별 감흥이 없어진다. 이것이 대사증후군 중 하나인 당뇨와 연결된다(44). 작은 것들이 만들어낸 큰 결과다. 큰 것이 우리 몸이라면, 작은 것은 세포다. 세포의 대사 기능이 건강을 좌우한다고 봐도 무방하다. 진화 생물학자 허먼 폰쳐는 신진대사를 두고 약 37조 개 뮤지션들이 만들어내는 교향곡(《운동의 역설》, p.65)이라고 썼다. 문헌마다 차이가 있지만, 우리 몸에 세포는 약 30조 개이고 박테리아까지 포함하면 약 70조 개(45)라는 것을 알면 허먼 폰쳐의 말이 이해된다. 근육의 국소 대사, 췌장, 세포, 박테리아? 어색하다며 모른 체하고 지나치면 곤란하다. 탄수화물 흡수를 막아준다는 보조제를 사 먹으면서 평생 당뇨를 달고 살 수도 있다. 알고 보면 중요한 건 보조제가 아니라 근육 세포다. 쉽게 말해 근육이 포도당을 쭉쭉 빨아들일 수 있는 환경을 만들어 주는 것이 보조제보다 우선이다. 이렇게 조금씩 익숙해지다 보면 당뇨,

고혈압, 비만 등의 대사증후군 해결은 생각보다 수월하다. 운동을 통해 신진대사를 관리하면 고혈압 따위는 뻥 차버릴 수 있다.

　현장에서 활동하다 보면 고혈압에 시달리는 고객을 자주 본다. 그중에 DS는 운동의 혜택을 가장 많이 얻은 인물이다. 키는 170 중반대에 체지방률이 30%를 조금 넘었다. 좋아하는 술과 고기를 작정하고 먹으면 일주일 내로 체중 90kg에 도달할 수 있는 수치였다. 그는 서서 자기 발을 보기 어려웠다. 발등에 내려꽂혀야 하는 시선을 배가 가리고 있었다. 항상 호흡은 얕고 가빴다. 옆에 있으면 쒸익 쒸익 숨소리가 또렷이 들렸다. 볼 바깥으로 튀어나온 턱 근육과 얇은 입술, 거기에 짧은 목은 과묵함이 느껴졌다. 눈은 항상 충혈되어 있었는데, 마치 귀신이 목을 조르고 있는 것 같았다. 그가 오랜 시간 고혈압에 시달리고 있다는 것은 외모만 보고도 알 수 있었다. DS는 거의 종일 앉아서 일을 했다. 고철을 싼값에 매입해서 비쌀 때 파는 일이었는데, 국내에서 손꼽히는 고물상의 실세였다. 실내에서 일하는 사람답지 않게 피부색은 까맸다. 숫자 계산이 빠른 그는 의외로 자기 체중 숫자는 신경 쓰지 않았다. 오로지 목적은 하나였다. "약만 줄여도 성공이죠. 뭐." 매서운 눈매와는 반대로 항상 느긋한 DS는 덩치만큼이나 인품도 넉넉했다. 성격은 걸음걸이에서도 훤히 드러났다. 그 덕에 나는 나란히 걷기 위해서 속도를 항상 1.5배 정도 느리게 조절했다.

　고혈압은 대사증후군 중에서도 악질에 속한다. 생명체에게 최후의 보루는 심장인데, 고혈압은 심장마비 위험을 증가시킨다. 극단적으로 말하자면, 늘 죽음이 팔 하나를 걸치고 있는 셈이다. 고혈압에 따른 뇌졸중, 심부전은 물론 시력에도 영향을 미친다. 눈의 혈관에 영향을 주어 심한 경우 실명을 초래하기도 한다. 분명 DS의 눈이 시뻘겋던 이유도 관련이 있다고 생각한다. 보통 약물 치료가 흔한데 개선이 안 되면 평생 달고 산다. 이런 치료 방법은 부작용이 있기 때문에 환자는 늘 부담을 느낀다(46, 47). 그렇다고 약을 거부할 수도 없다. 불을 피해서 용암으로 가는 꼴이기 때문이다. DS는 간헐적 두통도 있었다. 두툼한 턱을 따라서 위로 올라가면 있는 관자놀이가 가끔 욱신욱신했다. 계산을 많이 해야 하는 직업 탓일 수도 있지만, 내가 보기엔 호흡 문제였다.

운동을 좋아하지 않는 그가 꾸준히 개인 레슨을 받는 이유는 소박했다. 고혈압 약 줄이기, 호흡이 편해지기 그리고 두통 개선. "건강 챙길 나이죠. 애들도 있는데." 이런 말은 보통 아버지들이 많이 한다. 그 속에는 '늙은 아빠로 보이기 싫다', '애들과 힘차게 놀아주고 싶다', '혹여나 내가 잘못되면 우리 가족은 끝장이다.'와 같은 가장의 무게가 담겨 있다. 물론 나와 만나기 전에도 DS는 다른 곳에서 레슨을 받았다. 그런 탓에 운동 자세는 상급자 수준이었는데, 심폐지구력은 운동하지 않았던 초보 같았다.

심폐지구력이란, 넓게 보면 심장과 폐 그리고 근육이 오랫동안 일하는 능력을 말한다. 쉽게 말해 '숨차는 운동을 얼마나 잘하는가?'라고 이해해도 좋다. 건강에 미치는 영향이 가장 큰 부분이다. 그는 이 부분이 특히 약했다. 헬스장에서 심폐지구력 훈련을 한다고 하면 보통 트레드밀(러닝머신) 같은 유산소 운동 기계를 떠올린다. 선택권은 하나 더 있다. 여러 가지 운동을 묶어서 한 번에 하는 방법이다. 예를 들면 스쿼만 하고 끝내는 게 아니라, 스쿼+팔굽혀펴기+래터럴 레이즈(lateral raise)를 묶어서 하는 식이다. 이런 식으로 훈련하면 중간에 쉴 시간이 없어지기 때문에 심폐지구력을 자극하기 수월하다. 흔히 '뺑뺑이 돈다'고 하는데, 그래서인지 영어권에서는 이런 훈련법을 서킷 트레이닝(cirquit training)이라고 부른다. 보통 사람이 스쿼+팔굽혀펴기+래터럴레이즈를 하고 지친다고 가정하자. DS는 스쿼+팔굽혀펴기쯤에서 나가떨어졌다.

숨 쉴 때는 공기가 통한다기보단, 바람 새는 소리에 가까웠는데, 운동 중에는 이런 호흡이 더 가빠졌다. DS는 호흡과 심박수가 다시 가라앉는 것도 예상치와 달랐다. 보통은 대개 2분 정도가 지나면 안정 시 심박수와 큰 차이가 나지 않는다. 그는 3분이 넘어도 안정 시 심박수에 두 배로 뛰었다. 앉아서 하는 일은 하체 근육이 약해지기 쉽다. 그런 DS를 애정하는 마음(?)으로 나는 프로그램에 거의 매번 하체 운동을 넣었다. 나의 애정을 온몸으로 느낀 DS는 매 세트를 마치면 상체에 비해 얇은 다리를 가누기 힘들어했다. 짧막한 휴식이 주어지면 그는 기대듯이 기구를 붙잡았다. 고개를 푹 떨구고는 바닥에 수십 개의 땀자국을 남겼다. 지난날 흡입한 고기와 술에 대해서 회개하는 듯했다. 그의 탄식이 나오면 다시 할 만해졌다는 뜻이다. 곧바로 초시계를 누르고 다음 세트에 들어갔다. 그런 식으로 하루, 일주일 그리고 한 달을 쌓았다.

심폐지구력은 근육이 커지는 것에 비해서 빠르게 좋아진다. 인내심을 가지고 버티면 금세 효과를 느낄 수 있다(48, 49, 50). 다행히 그는 이런 예상치로부터는 벗어나지 않았다. 개인레슨이 석 달째 다다를 때쯤이었다. "어제 진료는 어떠셨어요?" 내가 물었다. "약을 절반으로 줄여줬더라고요?" 덕분에 비싼 양고기와 술을 한 잔 얻어먹었다. 담당 코치와 같이 먹는 것은 0kcal다.

사실 체중의 숫자는 크게 변함이 없었다. 고작 3~4kg 정도 빠졌는데, 80kg 후반대 남성에게 이 정도는 큰 효과라고 할 수 없다. 대신 체지방률이 눈에 띄게 줄었다. 약 6% 정도 감소했는데, 지방은 줄고 근육이 늘어난 결과다. 포도당을 빨아들여 혈당을 조절해 주고 kcal을 태워 비만을 방어할 지원군이 생긴 셈이다. 당연히 근력도 눈에 띄게 달라진다. 스쾃할 때 바벨에 꽂히는 원판(plate)이 많아졌다. 이쯤에서 DS는 상당히 여유가 생겼는데, 쉬는 시간에 탄식 대신 헬스장 쇳덩이들 가격을 분석했다. 느릿 느릿하고 또렷한 말투로 이 기구는 원가가 얼마겠느니, 원판은 고물상에서 받지 않는다느니 같은 말이었다. 바벨을 잡을 때 표정을 보면 내가 돈을 만질 때와 비슷한 얼굴이었다. 지금은 고철 값이 싸서 회사에 쌓아두고 있지만 조만간 고철 값이 오를거라며 바벨을 만지작거리며 말했다. 나는 그때마다 웬지 시간을 끌려는 것 같아서 눈에 보이게 초시계 버튼을 눌렀다.

하루는 DS가 해골 모양을 한 케틀벨(kettlebell, 쇠공에 손잡이가 달린 운동 도구)을 가져왔다. "회사에 이런 게 딸려 왔더라고요? 혹시 쓰세요?" 24kg 짜리 였는데, 성인 남자가 쓰기 좋은 무게다. 그 후로 DS는 자신이 기부한 쇳덩이로 고통받았다. 그때마다 가쁜 숨을 몰아쉬며 해골 모양

쇳덩이를 보며 괜히 가져왔다고 생각하는 듯 했다. 빨대를 물고 숨 쉬는 것 같던 호흡이 뻥하고 뚫렸다. 몸속에 호흡근들을 제대로 써먹기 시작했다는 증거였다. 덕분인지 만성적인 충혈 상태도 나아지고 있었다. 여전히 땀은 바닥에 뚝뚝. 하지만 심폐지구력이 상급자와 비슷해졌다. 호흡과 심폐지구력이 좋아지다 보니 두통 따위는 이제 없었다. DS가 고혈압 약을 거의 1/3로 줄였을 때 쯤 개인사정으로 인해 레슨은 그만했다. 그러나 분명 지금도 어디선가 운동을 하고 있을 것이다. 치과의사처럼 운동의 효과를 제대로 맛봤기 때문이다.

　DS의 사례는 그저 남 얘기가 아니다. 보조제 대신 운동을 선택하면 누구나 누릴 수 있는 혜택이다. 그리고 신진대사가 좋아지면 대사증후군 해결만 가능한 것이 아니다. 근육도 잘 키울 수 있다.

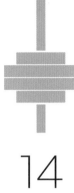

14

신진대사와 마른 비만 관리법

　요즘은 사람들이 운동에 관심이 커지면서 관련 용어들에 익숙해졌다. 그럼에도 마른 비만은 들어봤지만, 자신이 마른 비만인 줄 모르는 이들이 많다. 비중으로 따지면 남성보단 여성이 많다. 상담을 해보면 공통점이 몇 개 있다. "저는 뭐 비만 그런 것 아닌 것 같고요, 근력 운동 좀 하고 살짝 똥배(?)만 빼려고요. 그럼 꼭 숨차고 땀나는 운동은 필요 없죠?" 땀에 젖은 미역 머리를 하고 헐떡이는 것이 싫다는 뜻이다. 이해하지만, 과연 바라는 대로 훈련해도 될까?

　체성분 결과지를 뽑고 나면 목소리 톤이 올라간다. 체지방률 옆에 적힌 비만이라는 글자를 본 것이다. "어머 저 비만이에요?" 나는 우선 마른 비만을 설명해 준다. 이어서 체질량지수, 체지방률의 기준 등을 얘기해 주면, 혼란에 빠진다. "그래서 살을 빼야 해요, 근육을 늘려야 해요?" 이때부터는 나도 혼란스럽다. 정답은 근육을 늘려야 한다는 대답인데 되돌아오는 물음이 뻔하기 때문이다. 대표적으로 두 개가 있다. 하나는 "막 우락부락 되는 거 아니에요?" 다른 하나는 "안 돼! 그럼, 몸무게가 늘잖아요."이다. 어쩔 수 없이 상투적인 정답을 건네준다. "그건 공부 너무 열심히 하다가 노벨상 타 버리는 건 아닐까? 이런 걱정하시는 거예요" 추가로 몸매를 결정하는 건 몸무게가 아니라 체지방률이라는 말도 덧붙인다. 물론 이 두 문장을 이해시키려면 20분 정도가 걸린다. 그럼에도 "체중이 줄어야 살이 빠진 거 아니냐?" "다리 두꺼워지는 건 싫은데 꼭 근육 늘려야 하느냐?"와 같은 말을 덧붙인다.

이때부터 근육을 뼈에 붙은 고깃덩이 정도로 생각하는 사람들에게 생화학을 알려주어야 한다. 대신 초등학생이 알아들을 수준으로 해야 한다는 것이 난관이다. 우선 살을 빼는 데에 기초는 kcal 소모라는 것을 알려준다. 이어서 근육은 1kg당 하루에 13kcal를 소비한다고 설명을 덧붙인다[51]. 이런 이유로 근육을 늘려야 일일 kcal 소비량이 늘고 똥배(?)를 빼기 유리해진다고 이해시킨다. 물론 여기에는 함정이 있다. 근육 1kg당 하루에 13kcal를 소비한다는 점이다. 3달 동안 근육 5kg을 늘리기 위해서는 고3 수능 준비하는 정도로 노력해야 한다. 그래봤자 고작 일일 kcal 소비량이 65kcal 늘어난다. 이는 생고구마 45g 정도다[52].

쉽게 정리하면 근육량 증가로 kcal 연소를 노리는 것은 가성비가 떨어진다는 말이다. 사실이 이런 것을 고객 대부분은 모른다. 그럼에도 근육을 어필하는 이유는 신진대사 비밀에 있다. 근육이 1kg당 13kcal 를 소비한다는 것은 안정 시 기준이다. 근육 1kg을 늘려놓고 숨만 쉬고 살면 이렇다는 것이다. 그러나 우리는 애지중지 기른 근육을 가지고 훈련한다. 이에 따른 효과가 엄청나다. 근육의 안정 시 대사가 보슬비라면 활동 시 대사는 폭풍우다. 이런 점을 고려하면 근육을 키움으로써 애교스러운 뱃살을 휩쓸어 버릴 수 있다.

이 정도 설명해 주면 그제서야 고개를 끄떡인다. 이후 문제는 "그럼 닭가슴살 먹으면 돼요?" "무거운 거 들면 되나요?"와 같은 질문이 들어온다는 점이다. 또다시 "NO!"라고, 대답해야 하는 것이 고통스러운 순간이다. "당장은 그럴 게 아니라, 헐레벌떡 숨차는 운동을 좀 하셔야 합니다. 마른 비만은 신진대사 문제일 가능성이 크거든요." 갑자기 이런 모욕은 못 참겠다는 표정을 짓는다. 신진대사 문제는 배가 발등을 가리고, 허벅지 살 때문에 무릎이 서로 붙지 않는 이들만 해당한다고 알고 있기 때문이다. '유산소 운동을 해야 한다고? 내가 그렇게 뚱뚱하다는 거야?'라고 오해를 한다. 예상외로 현장에서는 이런 사례를 많이 본다. 보통 일반적인 비만만 신진대사 문제인 줄 알기 때문이다. 그러나 마른 비만 또한 신진대사 문제다. 보통 마른 비만 개선을 위해서는 근육량 증가를 위한 훈련과 단백질 섭취를 늘려야 한다고 생각한다. 미안하지만 대다수가 정반대 처방이 필요하다. 오해하고 있었다면 관자놀이를 비비고 집중력을 초기화하자. 일반 비만관리법은 널렸지만, 지금부터 알려줄 마른 비만관리법은 희귀하다.

마른 비만 관리법을 알기 위해서는 세포 대사가 어떻게 일어나는지 알 필요가 있다. 다시 초등학생 수준 생화학 시간이다. 용어는 일일이 곱씹을 필요 없다. 맥락만 이해해도 훌륭하다. 신진대사가 숲이라면, 세포 대사는 나무다. 각각의 세포가 온전해야 신진대사가 아름다울 수 있다. 마른 비만은 무엇이 필요하다고 했는지 떠올려보자. 근육량 증가다. 신체 전반의 근육량 증가는 전신 대사가 잘되어야 한다. 그렇다면 근육량 증가는 숲인 셈이다. 이 숲을 이루기 위한 나무를 관리하는 작업은 근세포 대사 관리에 해당한다. 근세포가 모여서 근육이 되기 때문이다. 이런 이유로 세포 대사가 어떻게 일어나는지 봐야 한다.

　생화학자 할 건 아니니까 가볍게 살펴보자. 근육은 단백질과 수분으로 이루어져 있다. 여기서 단백질 생산을 위해 근세포에서 일하는 친구는 리보솜(ribosome)이다. 이 친구를 목수라고 생각하면 쉽다. 목수가 집을 짓는다고 가정해 보면 집은 근육이다. 집을 짓기 위해서는 목재가 필요하다. 목재는 우리가 먹는 닭가슴살 같은 단백질이 소화된 아미노산이다. 그렇다면 마른비만의 생각처럼 닭가슴살을 많이 주고 목수에게 일을 시키면 집을 지을까? 그렇게 간단하지 않다.

　앞 장에서 말한 우리 몸에서 공짜로 일하는 것은 없다는 문장을 떠올려 보자. 목수는 돈을 줘야 일을 한다. 신체에서 돈으로 여겨지는 것은 에너지 화폐라고 부르는 ATP다. 마른 비만에게 닭가슴

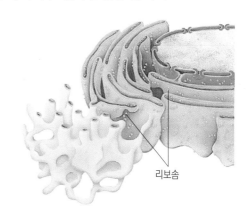

리보솜

물질이동의 통로인 세포질세망과 리보솜

살과 근비대 훈련을 퍼붓는다는 것은 목수에게 일감과 목재만 주고 돈은 주지 않았다는 의미다. 목수인 리보솜은 일을 하지 않는다. 단백질 건설이 되지 않으니 근육량 증가도 기대하기 어렵다. 돈으로 여겨지는 ATP도 제공하는 역할이 따로 있다. 세포의 에너지 발전소라고 불리는 미토콘드리아다. 이는 '은행'이라고 생각하면 쉽다. 결과적으로 미토콘드리아가 온전치 못하면 근육 커지는 것은 불가능에 가까워진다는 뜻이다[52, 53]. 초 간단히 정리하면 다음과 같다.

미토콘드리아 〉 ATP 〉 리보솜 〉 단백질 〉 근육

비유대로 하면 이렇다.

은행 〉 돈 〉 목수 〉 닭가슴살 〉 근육 만들기

첫 시작은 미토콘드리아인 것을 쉽게 알 수 있다. 이는 은행이 돈을 지급 않으면 시작도 어렵다는 뜻이다. 지금껏 설명한 이 모든 것은 세포 안에서 일어나는 일이다. 이런 이유로 '우리는 약 30조 개 나무(세포, 박테리아까지 포함하면 약 70조 개)로 이뤄진 숲(신체)'이라는 표현을 쓴다. 이때 물음표 하나가 생겨야 한다. '미토콘드리아는 공짜로 일하나?' 만약 이런 생각이 들었다면 예리한 지적이다. 은행(미토콘드리아)도 돈이 있어야 제 기능을 할 수 있다. 이들은 탄수화물 모양으로 생긴 돈을 좋아한다. 바로바로 급하게 쓸 수도 있고 여유 있게 사용하는 것도 가능하기 때문이다. 단백질은 교환을 거쳐야 하는 불편함이 있어서 꺼린다. 근육 생성이 잘되지 않는 마른 비만은 세포 내에서 이런 미토콘드리아가

토라져 있는 상태다. 집을 지으려고 하
는데 은행이 돈을 주지 않는 꼴이다. 이
럴 때는 은행 심기를 건드리지 말고 좋
아하는 것을 줘야 한다. 닭가슴살 같은
단백질이 아니라 탄수화물이다.

　지금까지 내용을 정리하면 이렇다.
우선 은행(미토콘드리아)이 좋아하는 돈을
적당히 줘야 한다(54). 그에 따라 돈(ATP)
을 받은 목수(리보솜)는 열심히 일한다.

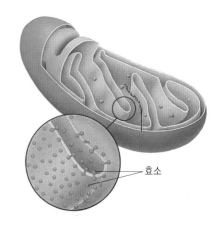

효소

세포내 발전소 미토콘드리아

이때 부족하지 않을 만큼 목재(단백질) 공급을 해준다. 마침내 멋진 집(근
육)이 완성되는 그림이다. 이것이 마른 비만에게 신진대사가 중요한 이
유다. 거대한 숲인 신진대사를 위해서 나무 역할을 하는 세포 대사 체
계를 올바르게 해야 한다. 이를 위해서는 고작 적당한 탄수화물 섭취
로 끝나지 않는다. 동시에 '땀은 뚝뚝, 헉헉' 이런 훈련이 필요하다. 이
런 훈련은 밖에 나가 뛰어도 좋지만, 웨이트 트레이닝을 이용하면 효
율성이 뛰어나다. DS가 어떻게 훈련했는지 떠올리면 쉽게 이해할 수
있다.

Part 4

프로그램 디자인

15

열심히'만' 한다고
좋아지는 게 아니다

"투자 원칙 1번, 절대 돈을 잃지 마라. 2번, 1번을 잊지 마라." 워런 버핏의 명언을 보디빌딩에 치환하면 다음과 같다. "원칙 1번, 몸이 감당할 수 있는 고통만 주어야 한다. 2번, 1번을 잊지 마라."

흔히 운동하면 몸이 좋아진다고 생각한다. 사실은 운동하는 만큼 좋아지는 게 아니라 견디고 회복되는 만큼 좋아진다. 신체 입장에서 운동은 엄청난 스트레스다. 이런 이유로 운동은 고통이며 정확히는 자극이라고 한다. 정리해 보면 우리 몸이 좋아지는 원리는 다음과 같다. '자극(스트레스) – 회복– 적응(발전, 이전보다 나아짐)'. 이것이 한스 셀리에 박사가 1936년에 네이처 저널을 통해 소개한 일반적응증후군(55)의 대표 모델이다.

문장으로 쉽게 정리하면 다음과 같다.

신체는 회복할 수 있는 만큼 스트레스를 주면, 이전보다 나아진다. 반대로 회복할 수 없는 만큼의 스트레스를 주면 망가진다.

이 개념을 알려주면 소위 실전파는 "어딜 감히 피, 땀, 노력의 결정판인 운동에 종이 냄새나는 이론을 들이대느냐?"라고 말한다. 나도 정확히 그런 신념을 가지고 있었다. 적어도 2018년도에 호되게 당하기 전까지는 그랬다. 만약 지금 당신도 실전파와 같은 생각이라면 나처럼 된통 당하기 전에 다음 내용을 알아두는 게 신상에 좋다.

자극은 여러 가지 변수가 더해져서 완성된다. 변수는 대표적으로 훈련량을 들 수 있다. 추가로 일상에서 오는 신체적, 정신적 스트레스도 한몫한다. 따라서 몸에 주어지는 자극이란, '**훈련량+정신적 스트레스+일상 활동량**'이다. 만약 A와 B의 회복력이 같다고 가정해 보자. A는 최근에 애인과 헤어졌다. 이는 정신적 스트레스로 간주한다. 직업은 택배기사다. 업무 형태는 일상 활동량에 해당한다. 두 가지 스트레스는 자극이라는 최종값에 더해진다. B는 완전히 반대 유형이다. 사무직이라서 택배기사인 A에 비해 활동량이 비교도 안 될 만큼 적다. 추가로 호수처럼 평온한 사람이다.

이런 상황이라면 A는 B에 비해서 더 적은 훈련량을 가져가야 한다. 정신적 스트레스와 일상 활동량이 B에 비해서 더 크기 때문이다. 일상에서 오는 자극 값이 큰 탓에 회복력이 깎이는 셈이다. 훈련에 쓸 회복력이 B보다 적을 수밖에 없다. 그러니 회복할 수 있는 만큼으로 훈련량을 조절해야 한다. 그럼에도 같은 훈련량을 소화한다면 A는 망가지고 만다. 나처럼 먹고 내놓은 짜장면 그릇을 탐내거나 수면 장애가 오는 경우다. 또는 얼굴과 다리가 붓거나 라디오를 들으며 훌쩍일 수도 있다. 이런 것을 두고 '오버트레이닝(overtraining, 과훈련) 증후군'이라고 한다. 운동을 안 하느니만 못한 꼴이다.

본격적으로 체계적인 훈련을 말하기 전에 겁을 주는 이유는 간단하다. 이 책의 목적은 체계적인 훈련을 통해 건강하고 멋진 몸의 가치를 알리고 싶은 것이다. 그 과정에서 주의 사항을 확실히 해두지 않으면 반대 결과가 나타날 가능성이 높다. 대개 이제 막 운동을 시작하는 사람들은 의욕만 넘치기 때문이다. 안타깝게도 '운동 조지려다 내가 조져졌다.'라는 우스갯소리에 해당되고 만다. 책이라는 매체를 통해 전달하는 예리한 칼이 제대로 쓰였으면 좋겠다. 그 칼에 자신의 손이 베이는 것을 보고 싶지 않다. 이 바람을 이루려면 최악을 먼저 얘기해 둘 필요가 있다고 생각했다.

몸이 좋아지는 원리는 간단하다. 감당할 수 있는 정도만 훈련하는 방법이다. 여기에 나태, 쾌락, 단기 보상을 쫓는 본성으로부터 약간 거리를 두면 된다. 처음에야 또 하나의 고통이라고 느낄 테지만, 건강하고 멋진 몸을 가진 사람들은 모두 그렇게 한다. 포근한 이불을 걷어차고 나와서 핸드폰 대신에 바벨을 든다. 오락성 콘텐츠를 볼 시간에 거울로 자세를 확인하고, SNS에서 '좋아요'를 누를 힘으로 훈련 일지를 채워나간다. 옆에서 보면 별것 아니지만 내가 하려면 힘든 것을 한다. 이것이 건강하고 보기 좋은 몸의 필수조건이다. 책을 읽어오고 있는 이 정도 인내심이면 충분하다. 이제 원리에 알맞은 방법을 알아보러 넘어가자.

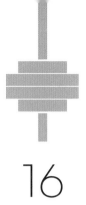

16

훈련 프로그램? 그게 뭔데?

체계적인 훈련을 위한 프로그램 양식은 초보자의 필수 항목이다. 프로그램이라고 하면 고수들만 사용해야 하는 것으로 아는데, 엄청난 오해다. 우리가 좋아하는 여행을 예로 들면 쉽다. 프로그램은 여행초 보자에게 지도와도 같다. 처음 가는 여행지를 지도 없이 떠난다면 아 마 첫발부터 가는 내내 헤맬 가능성이 높다. 훈련이 여행이라면 지도 는 프로그램이다. 이것을 붙여서 '훈련 프로그램=여행 지도'라고 말 한다. 좀 더 익숙한 것으로 표현하자면 훈련 일지 정도라고 할 수 있다. 프로그램 또는 일지와 같은 양식의 순기능은 훈련자를 원하는 목적지 로 데려다 주는 것이다. 따라서 겪고 나서 쓰는 일기보다는 겪기 전에 보는 지도처럼 사용해야 맞다. 이런 이유로 나는 '훈련 프로그램'이 적 당한 표현이라고 생각한다.

내가 2020년에 유튜브를 시작하기 전까지 사실 국내에서는 이런 개념이 흔하지 않았다. 훈련 프로그램이라고 하면 "그게 뭔데?"라는 대답이 돌아왔다. 그럼에도 2018년에 심하게 덴 경험을 말해주면서 꼭 필요하다는 주장을 해왔다. 그 후부터 훈련 프로그램은 사람들에게 좀 더 친숙해졌다. 그 다음에는 또 다른 문제가 생겼다. 훈련 프로그램이라고 하면, 대단한 선수들이 쓰는 것으로 생각한다는 점이다. 정확히 틀렸다. 여행 고수가 선수라면 반대는 헬스 초보자다. 훈련 프로그램의 가치는 굳이 따지자면 초보자에게 더 크다. 이들은 적절한 안내가 없다면 언제 어떻게 셀지(?) 모르는 상태이기 때문이다. 훈련을 하고 몸과 건강을 빚어가기에 앞서 계획표가 뚜렷해야 한다. 계획표라는 정해진 것이 있으니 한 번이라도 헬스장에 더 가게 되고 한 번, 두 번 쌓이다 보면 어느새 초심자도 고수로 거듭난다. 그 후에도 프로그램은 효과적인 장치다.

고수는 초보자에게 없는 문제가 하나 있다. 약점 회피, 쉽게 말해 하기 싫은 것은 피하고 자신이 좋아하는 것만 즐긴다. 유전적 요인 또는 성향 때문에 각자 편애하는 것이 생긴 경우다. 편식하면 몸에 좋지 않듯이 운동도 다를 게 없다. 이때 프로그램 사용은 약점을 공략하고 억지로 몸에 좋은 것을 먹게 하는 기능이 있다. 자신의 의지보다는 이런 장치의 효과를 믿는 것이 합리적 이유는 결과로 나타난다. 약점이 보완된 숙련자는 한 단계 더 나아진다. 구석구석 완성해 나가는 기분은 프라모델 팔, 다리가 하나씩 맞춰지는 것과 닮았다. 이처럼 프로그램은 초심자와 숙련자 모두에게 안내자 역할을 한다.

나라고 처음부터 프로그램을 사용했던 것은 아니다. 자발적이라기보단 어쩔 수 없는 것에 가까웠다. 2018년 3월, 후배 소개로 친구를 소개받았다. 나처럼 불법 약물을 사용하지 않고 보디빌딩하는 친구였다. 그 당시 나는 밤에 라면 3개 정도 먹고 잔 사람 같았다. 간과 신장이 갈때까지 가서 매일 얼굴이 부어 있었다. 이상증세 때문에 병원까지 다녀왔지만, 준비하던 대회는 꼭 나가야겠다며 고집을 부리고 있었다. 그러고 있으니 후배가 나섰다. 어차피 대회까지 완주할 것이라면 친구 조언이라도 들어보자고 했다.

남자 셋이 일산 백마역 근처 카페에 자리 잡았다. 3월 말에 외투를 입고서도 나는 몸을 발발 떨었다. 우선 체지방률이 3%쯤 되었기에 당연했다. 지방은 보온재 역할을 하는데 이것이 몸에 거의 없으니 그럴만했다. 쌀쌀한 가을밤 이불 없이 자는 꼴이다. 갑상샘 호르몬이 떨어진 것도 한몫했다. 갑상선 저하증은 추위에 대한 민감성을 높이는 것과 연관이 있기(56) 때문이다. 벌벌 떨고 있는 모습이 마치 얼굴을 몇대 얻어맞은 마약중독자 같았다. 이 모든 것이 자학적인 훈련과 영양때문이었다. 프로그램 같은 계획없이 성격대로 훈련하다가 마주한 결과물이다.

소개받은 친구는 호주에서 활동하는 코치에게 온라인 코칭을 받고 있었다. 나를 쓱 보더니 물었다. "프로그램은 어떻게 돌리고 있어?" 훈련 일지를 말하는 것인가? 되물으니 맞긴 한데, 좀 다른 것이란다. 친구의 설명을 해석해 보니 훈련 일지가 약도라면 훈련 프로그램은 지도에 가까웠다. "나도 몰랐는데, 호주나 미국 애들은 다 이런 식으로 한대." 처음 들어보는 것투성이였다. 그날 처음으로 한스 셀리에(Hans Selye)의 일반 적응 증후군을 알았고, 피로도 조절이라는 개념을 배웠다. 합쳐서 해석하면 간단하다. '사람 몸은 감당할 수 있는 만큼만 좋아진다. 그러므로 피로도를 조절해 가면서 훈련해야 한다.' 이런 뜻이었다. 대회까지는 훈련 프로그램을 사용해 보라는 친구 제안에 버릇처럼 반골 기질이 꿈틀거렸다. '그래도 여태 스스로 해오던 게 있는데, 내 방식대로 끝까지 해봐야 할 것 같다.' 이런 생각이 들었다. 평소 같았다면 내 방식으로 밀고 갔겠지만, 지금 내 상태를 인정해야 했다. 프로그램은커녕 계획 없이 내 방식대로 밀어붙인 결과는 어딜 봐도 정상이 아니었다. 무얼 해도 이것보단 낫겠다 싶었다.

대회까지 남은 3주 동안 친구가 쓰던 프로그램을 따라 해보기로 했다. 가장 어색한 것은 RPE였다. Rating of Perceived Exertion이라는 것인데, 직역하면 '지각된 노력의 정도'다. 조금 더 쉽게 '운동 자각도', '피로 자각도'로 이해하면 된다. 신체적, 심리적 반응을 통합하여 개인이 느끼는 힘든 상태를 정량화시킨 개념이다[57]. 이 개념을 훈련 프로그램에 넣으면 신호등과 같은 역할을 한다. "너 지금 직진하면 사고 난다. Stop!"하며 빨간불을 켜주는 것이다. 스쾃을 예로 들어보면 다음과 같다. 이 악물면 2개 더 할 수 있을 때, 멈추고 에너지를 아낀다. 피로도 관리를 하는 것이다. 이처럼 훈련에서 완급 조절 장치로서 역할을 한다. 이에 대한 부분은 나중에 더 자세히 알아보기로 하자.

처음 RPE를 적용해서 훈련하는 사람들 반응은 다 똑같다. "아니 지금 죽어라 열심히 해야 할 판에 요령 피워서야 되겠나?"라는 생각이다. 당연히 나도 그랬다. "친구야. 이렇게 해도 되는 거냐? 대회 2주 남았는데 더 열심히 해도 모자라지 않을까?" 항상 돌아오는 답은 논리적이고, 타당했다. "신호등을 보고 악셀을 밟을 때와 브레이크 밟을 때를 구분해야 해." 그럼에도 마음 한구석이 늘 찝찝한 건 사실이었다. 2주 정도 객기를 내려놓고 프로그램에 적힌 대로만 훈련했다. 효과는 대회 2일 전 진료를 받으러 갔을 때 알 수 있었다.

"이게 좋아지기도 하네." 담당 의사는 별 신기한 꼴을 다 본다는 말투였다. 3주 전에 당장 입원하라며 겁줬던 의사가 순해졌다. "훈련량을 반으로 줄이랬더니 그렇게 한 건가요? 좋네요. 그래도 4일 날에는 입원해야 해요." 이전 진료와 같이 물은 자주 마시고 소변이 나오지 않는 느낌이 나면 바로 응급실로 오라는 지침을 받고 병원을 나왔다. 사실 신부전증 판정 수치가 100이라고 가정하면 90 정도로 내려온 것뿐이었다. 그전은 95 정도였다. 여전히 30미터 높이에서 외줄을 타고 있는 식이었다. 그럼에도 수치가 좋아졌다는 사실에 웃음이 났다. 훈련을 반으로 줄인 것은 아니었다. 프로그램에 적어둔 대로 따랐고, 제멋대로 하지 않았을 뿐이다. 훈련하다가 즉흥적인 기분에 휘둘리지 않았다. 미리 계획해 둔 대로 Stop이라는 빨간불을 제대로 봤다. 대신 가지고 있는 모든 힘을 털어내야 한다고 적혀 있을 때는 어금니가 짓뭉개질 정도로 했다. 겉보기도 꽤 나아졌다. 얼굴은 조금 덜 부었고, 근육의 선명도는 더 이상 나빠지지 않았다. 그때부터 지금까지 나는 단 하루도 프로그램 없이 훈련하지 않는다.

대회를 마치고 약속한 4월 4일에 입원했다. 한 달 반 동안 치료를 마치고 돌아온 후에 가장 먼저 한 것은 나만의 훈련 프로그램을 만드는 일이었다. 친구가 공유해 줬던 엑셀 파일을 참고했다. 다루기 편하도록 구조도 바꾸고 몇 가지 기능도 더 했다. 좋아하는 색도 이래저래 입히고 나니까 1천 조각짜리 퍼즐을 완성한 기분이 들었다. 훈련 프로그램을 만들면 우선 내가 검증하고 관리하던 고객들에게도 적용했다.

　무언가를 정해두고 계획을 따르는 것이 때로는 부담이 되기도 한다. 하지만 분명 반대 효과가 더 크다. 기분대로 따랐다면 하지 않았을 훈련을 가능하게 한다. 말했듯이 특히 초심자들은 이런 경우가 심하다. 여행 경험도 없고 가이드도 없다보니 내키는 대로 가다가 길을 잘못 들어서는 것이다. 그런 이유로 프로그램 사용은 실보다는 득이 크다. 무엇보다 좋은 점은 따로 있다. 훈련을 통해서 스스로 얼마큼 나아지고 있는지 알 수 있게 해준다는 점이다. 훈련할 때마다 무게, 반복수를 기록해 두면 예전과 비교가 가능해진다. 한 달 전의 나 또는 세 달 전의 나와 비교해 볼 수 있다. 만약 점점 나아지고 있다면 프로그램을 계속 이어가면 된다. 그렇지 않다면 그간 해왔던 프로그램을 수정하는 식으로 맞춤 훈련을 완성해 간다. 이와 반대로 느낌 가는 대로 하다 보면 갈피를 잡을 수 없다. 우리 기분은 어제 다르고 오늘 다르기 때문이다. 결과적으로 나아지는 것이 없고 '운동은 나랑 안 맞아.'라는 핑계만 남는다. 계획을 세운다고 전부 지켜지는 것은 아니지만, 계획을 세우지 않으면 아무것도 지켜지지 않는다.

17

프로그램 디자인: 자가진단

목적지를 찍기 전에 먼저 알아야 할 것은 출발지다. 최첨단 내비게이션도 출발지가 어딘지 모르면 경로를 안내할 수 없다. 몸 만들기 계획을 세울 때에도 똑같다. 이때 현위치는 내 상태이고 훈련 프로그램은 내비게이션 역할을 한다. 내 상태를 알아보기 위한 최적의 도구는 자가진단이다. 쉽게 말해 '나는 누구? 여긴 어디?'를 확실히 하는 단계다. 자가 진단을 할 때에는 항목을 나눠서 보는 게 좋다. 대강 '나는 살이 잘 찌는 체질이니까 이렇게 해야지!'라는 식은 곤란하다. 현재 위치를 모르면 길을 헤매듯이 훈련 계획도 똑같다. 깐깐하게 굴 필요는 없지만 필요한 정보는 추려 놓고 시작해야 한다. 첫 단추를 잘 꿰는 작업이다.

이런 이유로 현장에서 이뤄지는 PT 상담도 프로파일링(profiling)부터 시작한다. 범죄유형분석법이라는 수사 용어로도 알려져 있지만, 원 뜻은 자료수집이다(58). 이 과정에서 대부분 '운동 좀 해보려는 것뿐인데, 뭘 이렇게 꼬치꼬치 캐묻나?'라는 표정을 짓곤 한다. 특히 PT 상담이 처음인 이들이 그렇다. 또는 "다른 곳에서는 체성분 측정 정도만 하고 곧바로 기간을 잡아주던데…. 여긴 좀 특이하네요?"라고 하는 경우도 있다. 내가 유난 떠는 것이 아니다. 다른 곳은 어떻게 출발지도 제대로 알아보지 않고 목적지를 제시했을까? 체성분 결과지에 찍히는 체지방량이나 근육량만으로는 절대 체계적인 훈련을 구성할 수 없다. 이 고객은 부당한 제안을 받을 뻔한 사실을 설명을 듣고서야 안다.

　자신 있게 말하건대, 정확한 자가진단 없이 개인 레슨이란 있을 수 없다. 쓰다가 바꾸는 물건은 다를 수 있다. 예를 들면 핸드폰 색깔, 기능, 약정 등을 굳이 자세히 알아보지 않고 사는 일이다. 가격만 보고 "적당한 거 하나 주쇼." 할 수 있다. 물론 이런 사람은 거의 없으며 그래서 나는 더욱 모순적이라고 생각한다. 핸드폰은 쓰다가 바꾸면 그만이다. 그러나 우리 몸은 교체가 불가능하다는 것을 기억하자. 이런 이유로 더 꼼꼼히 체크하고 시작해야 한다. 전문가의 도움 없이 자가 진단하는 방법은 아래와 같다.

　1. 목적
　2. 훈련 가능 일수
　3. 훈련 가능 시간
　4. 훈련 환경

지금부터 '나만의 맞춤 훈련 프로그램'을 만드는 내용이 시작된다.

이 책을 통해 내가 전하고 싶은 가장 중요한 부분이다. A4 용지를 하나 준비하거나 스프레드시트 또는 핸드폰 메모장이라도 좋다. 준비한 양식을 편의상 계획서라고 하자. 방법은 쉽다. 계획서에 하나씩 적어가면서 따라하면 그만이다. 마침내 건강하고 멋진 몸으로 안내할 네비게이션이 완성된다.

목적

문자 그대로 훈련을 하는 이유가 무엇인지 파악하는 과정이다. 사람들은 대개 이 부분에서 '단순함의 함정'에 빠진다. 설명하자면 이런 것이다.

Q : 운동 왜 하세요?

A : 살 좀 빼보려고요.

이것이 바로 단순함의 함정이다. 이 함정에 빠지면 훈련을 꾸준히 하기가 어렵다. 이런 경우 운동을 시작하고 나서 살이 빠지지 않으면 실망하며 그만둔다. 살이 빠져도 문제다. 운동의 목적이 고작 살 빼기였으니 목적 달성 후에 운동을 지속할 동기를 잃는다. 이들은 봉인해제가 된 괴물 마냥 마음껏 먹고 마시며 날뛰다가 얼마 안 가서 다시 살을 빼러 온다. 깊게 생각하는 것을 회피하면서 나오는 단순함 때문에 생긴 실수다. 훈련 격언 중에 "Simple is best(간단할수록 최고다)."라는 말이 있는데, 이런 경우에는 단순함이 좋은 것이 못된다. 진정한 목적을 훼손했기 때문이다. 보통 고객의 90%는 이런 식이다. 그러나 공을 들여서 상담해 보면 살 좀 빼는 것이 진짜 목적이 아닌 경우가 100%에 가깝다. 내 경우 최소한 '왜?'를 두 번 정도는 이어간다. "살 좀 빼보려고요."라고 하면 '왜 살을 빼고 싶은지' 묻는다. 이때 "그냥 살을 빼고 싶은 거지, 이유가 뭐가 있어요?" 이러는 사람은 없다. 분명 깊은 이유가 있다. 아마 이 글을 읽고 있는 독자도 그럴 것이다. 단순함의 함정에 빠져서 지나칠 뿐이지 진짜 목적이 따로 있다. 사례를 하나 가져와 보자.

　풍성한 백발에 하이힐을 장착한 어른은 키가 150cm가 조금 넘었다. 주변에서 사업을 크게 하시는 분이었는데, 꼿꼿한 자세가 어딜 봐도 회장님 다웠다. 격에 맞게 차려입은 모습이 〈악마는 프라다를 입는다〉에서 미란다 역을 맡은 메릴 스트립(Meryl Streep)을 떠올리게 했다. 다행히 성격은 구수하다. "대표님! 나 살 빼야 돼." 빨간 립스틱 사이로 콧소리가 섞여 나왔다. "이미 충분히 마르셨는데 '왜' 빼시려고요?" 어른은 손사래를 치면서 첫 번째 '왜'에 대한 답을 했다. "요즘 배가 조금 나오더니 체력이 떨어지더라니까?" 말인즉슨 체력이 떨어지는 것이 뱃살 때문인 줄 아는 것이다. 보통 이런 경우가 많다. 이제 두 번째 '왜'가 필요한 타이밍이다.

　"'왜' 체력이 떨어지신다고 생각하세요?" 이때부터 대답은 바로바로 나오지 않는다. 본인도 거기까지는 생각해 본 적이 없기 때문이다. 몇 초가 흐르고 어른이 말씀을 이었다. "내가 예전에는 밤을 새우면서도 일을 했꼬등? 근데 요즘엔 6시만 넘으면 맥을 못 추네. 이거 체력이 떨어진 거잖아?" 그렇다는 대답과 함께 나는 3번째 '왜'를 드렸다. "여태 이룬 게 충분하신데, '왜' 일을 못 놓으세요?" 아직 막둥이가 장가도 안 가서 그렇단다.

제대로 알고보니 멋쟁이 어른의 운동 목적은 건강하게 오래 오래다. 필요한 것은 뱃살을 위한 훈련이 아니다. 체력 증진과 건강 관리에 도움이 되는 훈련이다. 현재 위치를 정확히 파악함으로써 자칫하면 엉뚱한 곳으로 찍을 뻔했던 목적지를 수정하게 되는 것이다. 단순함의 함정에 빠지지 않으면 이처럼 진실을 알 수 있다. 출발지가 명확해야 목적지가 또렷해진다. 스스로 "왜?"를 2번 정도는 물어보자. 진짜 목적을 알았다면 준비한 계획서에 첫 줄을 적을 차례다.

【예시】

목적 : 기대 건강수명 늘리기.

훈련 가능 일수

'200ml짜리 컵에는 500ml 물을 담을 수 없다.' 그럼에도 계속 부어댄다면 넘쳐흐르고 만다. 뒤처리가 더 큰 일을 만든다. 훈련도 이와 똑같다. 2018년 때 내 이야기를 떠올리면 이해가 쉽다. 충분히 튼튼한 몸을 가졌지만, 하루에 3시간 자고, 6시간 훈련하며, 14시간 일했으니, 넘쳐흘렀다. 결국 병원 신세를 졌고 지금도 무리하면 신장 수치가 치솟는다. 욕심내다가 뒤처리가 더 큰 일이 되었다. 사실이 이렇기에 '얼마만큼 하고 싶냐?'가 중요한 것이 아니다. '얼마만큼 할 수 있는가?' 이것을 아는 게 우선이다.

그중에 가장 먼저 생각해야 하는 것이 훈련 가능 일수다. 이것은 '일주일에 며칠 운동할 수 있는가?'라고 생각하면 쉽다. 체력이 같은 A와 B가 있다고 가정하자. 체력이 같으므로 몸은 감당할 수 있는 만큼만 좋아진다는 절대 원칙은 똑같이 적용된다. 이때 훈련 가능 일수는 다르다고 가정해 보자. A는 일주일에 3번 훈련이 가능하고 B는 6일 할 수 있다. 이에 따라서 A와 B의 훈련 프로그램은 달라져야 한다. 6일에 나눠서 하는 것과 3일에 몰아서 하는 것은 두 배 차이가 나기 때문이다. 같은 양의 훈련을 3일에 몰아서 하는 A에겐 운동이 식고문과 다를 게 없어진다. 초콜릿도 한두 개씩 나눠서 먹어야 맛있지 한 번에 50개씩 먹으면 고문이 된다. 훈련도 이와 똑같다. 같은 총량이라도 적당히 나눠서 하는 것과 몰아서 하는 것은 크게 다르다.

훈련 가능 일수를 정할 때는 보수적으로 접근해야 한다. '4일은 무조건 되고, 어찌어찌하면 5일도 가능할 것 같은데….'라는 생각이 든다고 해보자. 이런 경우 4일에 맞춰서 프로그램을 설계해야 한다. 빨리 좋아지고 싶은 마음에 욱여넣는다고 될 게 아니다. 이런 것을 정신력으로 퉁 치려고 하면 오히려 역효과가 난다. 그 정성으로 차라리 꾸준히 하는 것이 낫다. 목적 아래 두 번째 줄을 쓰고 다음으로 넘어가자.

【예시】

목적 : 기대 건강수명 늘리기

훈련 가능 일수 : 4일.

훈련 가능 시간

훈련은 여행과 닮은 점이 많다. 서론에 밝혔던 출발지와 목적지 개념이 특히 그렇다. 여행에서 그다음으로 중요하게 생각하는 건 시간이 될 수 있다. 출발지에서 목적지까지 몇 시간이 걸리는지 또는 목적지에서 얼마나 머물 건지 등이다. 일주일에 몇 번 할 수 있는가(훈련 가능 일수)를 알았다면, 한 번 할 수 있을 때 얼마만큼 할 수 있는가를 알아봐야 한다. 이것이 훈련 가능 시간이다. 훈련 가능 시간이 중요한 이유는 일상 때문이다. 먹고살기 바쁜 우리에게 운동이란, 어찌 보면 시간 잡아먹는 괴물이라고 볼 수 있다. 효과적인 웨이트 트레이닝 권장 시간은 40~60분이다(59). 이름 꽤나 날리는 코치들도 70분 이상은 추천하지 않는다고 하는 것을 보면 믿음이 가는 내용이다. 하루에 40~60분이 별거 아닌 것 같지만 따지고 보면 상당하다. 훈련을 위해 준비하는 시간, 이동하는 시간 등을 합치면 사실 최소 한 시간 반은 잡아먹는다. 24시간 중에 고작 한 시간 반이라고 무시하면 곤란하다. 온라인 코칭을 받는 이들 중 한 명의 사례를 보면 알 수 있다.

편의상 그를 H라고 하자. H의 알람시계는 5시 50분에 맞춰져 있다. 일어나면 곧장 집 밑에 헬스장으로 간다. 한 시간 정도 훈련을 하고, 9시까지 출근한다. 출근에 40분 정도 걸린다고 했으니 운동을 마치고 씻을 땐 아마 샴푸와 양치질을 동시에 할 것이다. 집을 나서면 H는 뜀박질로 출근길을 시작한다. 계획대로 전철에 타고 나서야 핸드폰으로 전자책을 보는 여유를 갖는다. 온라인 코칭이나 레슨을 하다 보면 대다수가 이렇게 산다. 한가해서 운동을 하는 사람은 거의 없다. 아이러니한 점은 바쁜 사람일수록 더 성실히 한다는 점이다. 그는 4년 동안 계획된 훈련을 놓친 적이 손에 꼽는다. 프로선수가 아니라면 이처럼 하루를 쪼개서 훈련하는 게 보통이다.

이렇기에 훈련 가능 시간을 먼저 알아야 한다. 대개 의욕이 앞서면 가당치도 않은 계획을 세우기 때문이다. 앞서 말했듯 많이 한다고 무조건 좋은 것이 아니다. 또 시간에 쫓겨서 계획한 훈련을 지키지 못한다면 상실감이 커진다. "내가 무슨 운동이냐, 돈이나 벌자."라면서 운동을 놓게 된다. 훈련할 수 있는 시간을 먼저 알아보자. 1시간이라면, 거기에 알맞은 계획을 짜야 한다. 많은 경우 일단 지르고 보는 경향이 있다. 이는 여행 중 이동시간도 모른 채 스케줄을 짜는 것과 같다. 30분도 문제없고, 60분도 좋다. 시간을 알아보고 프로그램을 설계하자. 계획서에 한 줄을 더 채울 차례다.

【예시】
목적 : 기대 건강수명 늘리기
훈련 가능 일수 : 4일
훈련 가능 시간 : 60분.

훈련 환경

2020년 여름, 나는 온라인 코칭에 관해서는 새파란 초보였다. 스프레드 시트를 띄워놓고 훈련을 설계할 때면 늘 고통이었다. 섣불리 시작하지 못하는 동안 애먼 검은색 커서만 깜빡이기를 반복했다. 당시에는 한 사람 것을 설계하는 데에 3~4시간이 걸렸다. 선물을 건네는 마음으로 고객에게 전달했다. "코치님 프로그램 봤는데요, 이 운동은 할 수 없습니다. 기구가 없어요." 헉, 훈련 환경을 고려하지 않은 것이다. A 헬스장에 있는 기구가 B 헬스장에는 없을 수 있다. 또는 기구 배치가 상당히 다를 가능성이 크다. 보조장치 역할을 하는 그립(grip)이나 소도구가 없는 경우도 있다. 홈짐(home gym, 집안에 간이식 헬스장을 꾸려놓은 것)은 특히 제한이 크다. 이런 것을 훈련 환경이라고 한다.

나는 이런 부분을 전혀 생각하지 않았기에 3~4시간 걸쳐 만든 프로그램을 다시 뜯어 고쳐야 했다. '잘못 넣은 운동 하나만 빼고 다른 걸 넣으면 되지 않느냐?'라고 말할 수 있다. 실정은 그렇지 않다. 같은 하체 운동일지라도 서서 하는 운동이냐 앉아서 하는 운동이냐에 따라서 다음날 훈련 구성이 달라진다. 이어서 다음날 운동을 바꾸면 또 그 다음날 운동도 바꾸어야 한다.

내 고객의 경우 레그 익스텐션이 문제였다. 이 운동은 앉아서 무릎을 구부렸다 펴는 운동인데, 꼭 기구가 필요하다. 이런 기구를 웨이트 트레이닝에서는 머신(machine)이라고 부른다. 고객의 훈련 환경 안에는 이 머신이 없었다. 나는 월요일에 배정 된 레그익스텐션을 빼고 스쾃을 넣었다. 그에 따라 화요일 운동도 바뀌었고, 수요일, 목요일도 바꿨다. 훈련 환경을 고려하지 않은 탓에 사서 고생한 꼴이다. 스스로 자신의 훈련 프로그램을 구성할 때는 얘기가 다를 수 있다. 이미 본인이 훈련 환경에 대해서 잘 알기 때문이다. 우리 헬스장에는 어떤 머신들이 있는지 또는 그립이나 소도구 비치 여부를 잘 안다. 이런 경우에는 나와 같은 에피소드가 생기지는 않는다. 그럼에도 생각해 봐야 할 것이 있다. 사용하고자 하는 머신의 인기다. 풀어서 말하자면, 내가 A머신을 쓰려고 할 때 다른 사람이 선점할 가능성이 얼마큼 인가를 생각해 봐야 한다는 것이다.

보통 헬스장에서는 벤치 프레스, 렛 풀 다운, 레그 익스텐션 등이 인기가 많다. 방금 얘기한 머신들 이름을 처음 들어봤어도 상관없다. 저녁 7~9시 사이에 헬스장에 가서 사람들이 줄 서있는 머신 5개를 고르면 그 중에 3개는 분명 언급한 머신들이다. 이렇게 인기가 많은 머신들은 당일 훈련 맨 처음 또는 마지막에 배치하는 것이 좋다. 애매하게 중간에 끼워 넣으면 흐름이 끊기기 때문이다. 그나마 맨 처음에는 진득히 기다렸다가 시작할 여유가 있어서 괜찮다. 이런 이유로 맨 처음을 추천한다. 차선책은 마지막인데, 중간에 끊기는 것보단 마무리하기 직전이 낫기 때문이다. 나처럼 성질이 급한 사람들은 중간에 흐름이 끊기는 것을 혐오하는 경향이 있다. 첨언하자면 그리 큰 차이는 없으니 조바심 낼 필요없다. 그럼에도 역시 훈련 환경을 염두하고 프로그램을 만드는 것은 최선이다. 자가진단 마지막 줄은 훈련 환경 점검이다.

【예시】

목적 : 기대 건강수명 늘리기

훈련 가능 일수 : 4일

훈련 가능 시간 : 60분

훈련 환경 점검 : 완료.

18

프로그램 디자인: 빈도

"見れば見るほど親しみが湧く (미레바 미루호도 시타시미가 와쿠)."는 "볼수록 정이 든다."라는 일본 격언이다. 이와 비슷한 격언은 '오래 볼수록 예쁘다'라는 말이 있다. 훈련과 꽤 닮았다. 훈련도 자주 하고, 꾸준히 오래 해야 비로소 의미가 있다. 이제부터 본격적으로 훈련 프로그램을 만들어보자. 가장 먼저 살펴봐야 할 부분은 빈도다. 빈도란, 일이 반복되는 도수를 의미한다. '얼마나 자주 하는가?'라고 생각하면 쉽다. 훈련 프로그램에서 빈도는 '일주일 안에서 목표로 한 근육을 얼마나 자주'라고 해석하면 된다.

하체 근육을 예로 들어보자. 일주일에 한 번 하체 훈련을 한다면, 하체 운동은 주1빈도다. 만약 일주일에 3번 하체 운동을 한다면, 주3빈도가 된다. 이쯤이면 이런 물음표가 생긴다. '일주일에 몇 번 하는 게

좋을까?'

2015년쯤부터 2020년 정도까지 한국을 비롯한 전 세계의 코치들도 같은 고민을 했다. 이럴 때는 반드시 서로 다른 주장이 팝콘처럼 튄다. 충돌은 언쟁으로 이어졌다. 수많은 현장가들이 온라인상에서 서로 멱살을 잡기 시작했다. 나도 그중 하나였다. 의견은 '높은 빈도가 좋다 vs 낮은 빈도가 좋다' 크게 두 가지로 갈렸다. 고빈도 파는 자주 적당히 해야 한다는 주의였고, 저빈도 파는 자주보다는 한 번 할 때 팔, 다리가 덜덜 떨릴 정도로 해야 한다는 것을 주장했다. 고빈도 파는 하루에 여러 부위 운동을 한다. 예를 들면, 월요일에 가슴과 어깨 팔 세 부위를 모두 하는 것이다. 반대로 저빈도 파는 하루에 한 부위 많아야 두 부위를 한다. 가슴근육 운동하는 날은 가슴만 하거나 가슴과 위팔세갈래근 정도로만 하는 방법이다. 핵심은 모든 훈련자의 시간은 한정되어 있다는 점이다. 누구나 하루에 할 수 있는 훈련량은 정해져 있다. 각자에게 1시간이 주어졌다고 가정해 보자. 저빈도 파는 가슴 근육만 1시간 동안 탈탈 털어내는 것이고 고빈도 파는 1시간 안에 가슴, 어깨, 팔을 골고루 적당히 하는 것이다.

이쯤에서 묻고 싶다. "어떤 게 더 좋아 보이세요?" 전사의 심장으로 탈탈 털어내는 것 vs 계산기 두드리듯 영악하게 하는 것. 내 경우에는 전자에서 후자로 넘어온 박쥐(?)다. 정확히 2010년~2018년 봄까지는 저빈도 파였고, 그 이후 고빈도 파로 넘어왔다. 두 개 모두를 경험해 보고 나서 최종 선택한 것이 고빈도라는 말이다. 이로써 어떤 것이 더 나은 선택인지 바로 알 수 있다. 전체 훈련량과 노력의 정도가 같다면 고빈도가 유리하다. 현장가와 이론가들이 합심하여 밝힌 사실(60, 61, 62, 63, 64)이다.

현장가들의 멱살잡이 판을 종결한 이 연구들은 저빈도 파의 반박을 어렵게 만들었다. 이 중 숀펠드(Schoenfeld) 박사와 다른 메타분석 연구들이(60, 61, 63) 너무 탄탄했기 때문이다. 적게는 수십 개, 많게는 수백 개의 연구를 집약해서 하는 것이 메타분석 연구다. 이 연구팀은 추가로 연구 품질까지 걸렀다. 질 낮은 한두 개 연구와는 비교할 수 없다는 의미다. 반박하려면 그만한 근거를 들이대야 하는데, 동등한 수준의 메타분석이 필요하다. 절대 한두 달 만에 할 수 있는 일이 아니다. 이 시기가 대략 2016년이다. 고빈도 파의 손을 들어주는 근거들이 나오자, 저빈도 파는 다시 두 개로 갈렸다. 나처럼 아집을 버리던가, '그래도 아니야!'를 외치며 저빈도에 머무르는 식이었다. 추가로 고빈도 훈련은 근육량 증가뿐만 아니라 근력 또한 효과적으로 증가시킨다(60, 63)고 하니 숀펠드를 비롯한 연구자들은 고빈도 파의 영웅이 아닐 수 없었다.

이쯤이면 이런 물음표가 생긴다. '그래서 일주일에 몇 빈도 하라고?' 영웅들이 주장한 고빈도란 정확히 2~3번이다. 쉽게 말해 같은 부위를 일주일에 2번 혹은 3번 반복하는 방법이다. 3번이라고 예를 들어보자. 월요일 '가슴, 어깨, 팔' 운동을 했다면 수요일과 금요일도 반복하는 식이다. 이것을 3빈도라고 한다. 여기에는 함정이 하나 있다. 주3빈도를 충족하려면 일주일에 최소 5일 훈련이 가능해야 한다는 점이다. 웨이트 트레이닝 마니아라면 문제없겠지만 대개 그렇지 않다.

5년째 호주에서 온라인 코칭을 받는 이가 있다. 가방 하나 메고 호주로 갔는데, 지금은 요식업 2개를 운영하는 셰프다. "일주일에 몇 번 훈련 가능하세요?"라는 질문에 그는 5~6번이라고 답했다. 당연히 요구에 맞춰서 프로그램을 만들어 제공했다. 안타깝게도 5년 중에 일주일에 5~6번, 3빈도가 지켜진 것은 절반이 되지 않는다. 그럼 셰프의 성실성을 의심해 봐야 할까? 홀연 단신으로 타국에서 일가를 이룬 그가 그럴 리 없다. 직원이 일을 빵꾸내면 달려가 땜빵하고, 사업을 하며 생기는 변수에 대처하다 보니 불가피했다.

이런 현장 경험을 비춰 봤을 때, 일반인의 일주일 훈련 가능 일수는 3~4번이 보통이다. 이에 따라 현실적으로 가능한 빈도수는 2번 정도다. '가슴, 어깨, 팔' 묶음이라면, 일주일에 2번 반복하는 것이다. 이로써 저빈도는 일주일에 한 묶음을 1번 하는 것이 되고, 고빈도는 2~3번이라고 깔끔하게 정리된다.

소개한 연구(60, 61, 62, 63, 64)의 결론과 현실성을 고려한다면 '일주일에 같은 부위 2번 할 수 있게 프로그램을 세팅하면 되겠구나!'라고 하며 고빈도 만만세를 외치게 된다. 그러나 아직은 확신하기 이르다. 2016년에서 3년이 흘러 2019년, 우리 영웅 숀펠드가 뒤통수를 탁 친다. "이보게 꼭 그런 건 아닐세. 다시 알아보니까 저빈도와 고빈도 간에 유의미한 차이가 없다네."(65)라는 것이다. 연구를 정리해 보면 다음과 같다. '고빈도는 효과적이었다. 그러나 이는 고빈도 훈련으로 인한 전체 훈련량 증가 때문이었다. 만약 주당 전체 훈련량이 같다면, 저빈도와 고빈도 효과는 비슷할 것이다.' 해석하면 훈련을 많이 할 수 있는 빈도를 선택하라는 뜻이다.

　이제 훈련 가능 일수와 훈련 가능 시간을 떠올려보자. 먹고 사느라 시간에 쫓기는 상황에서 '일주일에 한 번 몰아서 vs 두 번에 나눠서 하는 것'. 둘 중 선택해야 한다면 답은 후자다. 이제 안심하고 고빈도 만만세를 외쳐도 좋다. 보편적으로 주2빈도다. 이렇게 빈도에 대해서 정리하고 나면 분할이 다음 문제다. 언급되었던 '가슴, 어깨, 팔'과 같은 묶음 처리를 하는 것을 분할이라고 한다. 이 또한 현장 코치 간에 피 터지는 주제였다. 다음 챕터에서 알아보자.

【예시】

목적 : 기대 건강 수명 늘리기

훈련 가능 일수 : 4일

훈련 가능 시간 : 60분

훈련 환경 점검 : 완료

빈도 : 하체 운동 일주일에 2번(건강 수명을 늘리기 위해서는 하체 운동이 유리하다. 목적과 상황에 따라 상체가 될 수도 있다.)

19

프로그램 디자인: 분할

제대로 알지 못하면 오해하고 만다. 물론 단순한 오해까지는 문제가 되지 않는다. 자신이 모르는 것을 모르는 채로 타인의 견해를 조롱하는 게 문제다. 훈련 프로그램에서는 빈도와 분할 논쟁이 그랬다. 지금에야 나아졌지만, 2020년 쯤만 해도 특히 오해가 심했다. 분할은 익숙하게 퍼져있는 개념이지만, 빈도는 그렇지 않기 때문이다. 이전 장에서 말했듯이 빈도는 '얼마나 자주'라는 개념이다. 이번 주제인 분할은 다르다. 신체의 '각 근육 그룹을 나누고 묶음 처리한 상태'를 말한다.

우리 몸에 있는 근육을 그룹 지어 나누면 이렇게 된다. 가슴, 등, 어깨, 위팔두갈래근, 위팔세갈래근, 복근, 엉덩이, 넙다리네갈래근, 넙다리두 갈래근, 종아리 정도다. 더 세분화할 수 있지만 이것이 보통이다. 나열한 근육들을 이제 묶음 처리해 보자. 우선 '가슴'을 하나로 친다. '등'도 마찬가지다. 두 개의 묶음이 나왔다. 나아가 '위팔두갈래근과 세갈래근'을 그룹 지어주자. 세 번째 묶음이 나왔다. 이제 네 번째 '어깨와 복근'을 묶자. 마지막으로 '넙다리네갈래근과 두갈래근, 엉덩이 그리고 종아리'를 묶는다. 방금 우리는 몸에 있는 근육을 5개 묶음으로 나눴다. 이렇게 되면 총 5분할이라고 한다.

이 방법은 불과 4년 전까지만 해도 한국에서 가장 흔히 즐기는 분할법이었다. 보디빌딩 하면 대부분 5분할을 먼저 떠올렸다. 자고로 보디빌딩이란, 하루에 한 부위 많아야 두 부위만 골라서 탈탈 털리게 해야 한다라는 보편적 견해가 있었기 때문이다. 역시나 보편적 견해가 늘 옳은 것은 아니었다. 10시간 쯤 비행기를 타고 슈웅 날아가보자. 같은 시기에 영국, 미국, 호주, 캐나다 등에서는 5분할을 '브로 스플릿(bro split, 동네 형 분할법)'이라고 불렀다. 피트니스 선진국에서 '브로 사이언스(bro science)' 또는 '브로 스플릿(bro split)' 이런 식으로 'Bro'라는 말을 앞에 끼면 운동 좀한 동네 형이 알려줬다는 의미다. 전설로 내려오는 비과학적 방법이라고 해석할 수 있다. 나는 이것을 '사이비언스(사이비+사이언스)'라고 부르기도 한다. 그들은 왜 그렇게 부를까? 가장 큰 이유는 빈도에서 소개한 근거들(60, 61, 62, 63, 64, 65) 때문이다.

이 연구들을 한 문장으로 정리하면 다음과 같다. '총 훈련량이 같다면 큰 상관없지만, 같은 근육을 일주일에 최소 2번 이상 하는 것이 근력과 근육 성장에 좋다.' 훈련 가능 일수나 시간을 고려해 봤을 때, 열정적인 이들도 일주일에 4번 이상은 쉽지 않다. 현장에 있는 코치라면 100% 공감할 내용이고, 훈련자 대부분이 동의할 것이다. 내 경험상 보아도 헬스

마니아 혹은 선수가 아니라면 많이 해봐야 일주일에 4번이다. 이제 여기에 5분할을 적용해 보자. 고작해야 일주일에 1빈도가 가능하다. 어떤 근육 그룹은 다음 주로 넘어가게 된다. 주당 2빈도를 채우지 못할뿐더러 1빈도를 하기도 어렵다. 더 이상 설명할 필요도 없다.

이런 이유로 나를 비롯한 수많은 코치들은 저분할이 유리하다는 주장을 해왔다. 고빈도로 하려면 저분할해야 하기 때문이다. 특히 이 방법은 총 훈련량이라는 핵심을 공략하기도 좋다[65]. 과학을 맹신하라는 주장을 하고 싶지는 않다. 분명 개인의 직감이나 취향도 중요한 부분이다. 또 자연과학 이론은 언제든 뒤집어질 가능성이 있다. 그런 이유로 나는 당장 한 시간 뒤에라도 내 의견을 겸허히 바꿀 생각이 있다. 하지만 지금은 아니다. 아직은 수많은 대가들이 합심한 결과[60, 61, 62, 63, 64, 65]들을 뒤집을 수 있는 근거가 나오지 않았기 때문이다. 이것들이 부정당하기 위해서는 또 다른 수백 개 연구 결과들이 필요하다.

2020년, 나는 저분할을 지지하는 목소리를 높였다. 목에 힘을 준 이유는 다음과 같다. 훈련을 통해서 근육이 성장하려면 여러 가지 조건이 받쳐줘야 한다. 그중 하나가 단백 합성 신호인데, 이것을 담당하는 녀석이 mTOR이다. mTOR에 대해서 자세히 보면 서로 다른 기능을 수행하는 mTORC1과 C2 복합체로 구분할 수 있다. 여기서는 통합해서 봐도 무리가 없으니 그렇게 하기로 하자. 어차피 골격근 세포에는 둘 다 있다[66, 67].

mTOR는 '근육 만듭시다'라는 신호를 전달한다. 이 신호가 켜지려면 몇 가지 자극 조건이 필요하다. 우선 웨이트 트레이닝이다. 추가로 인슐린 분비, 충분한 필수 아미노산 등이 있다[66, 67]. 쉽게 말해 운동을 하고 충분한 식사 안에 단백질을 포함시키면 된다. 그 찰나에 스위치를 ON으로 바꾸는 것이 웨이트 트레이닝이라고 정리하면 된다. 이런 이유로 최우선 조건은 근력운동이다. 스위치가 켜지면 mTOR는 신호를 전달한다.

　신호가 전달된다고 해서 반드시 근 성장이 일어나는 것은 아니다. 충분한 영양소와 세포가 단백질을 만들기 좋은 환경인지도 관건이기 때문이다. 쉽게 말해 운동은 열심히 하고 제대로 먹지 않으면 근육은 생기지 않는다. 그럼에도 mTOR가 켜지면 근 성장 확률이 올라가는 것은 분명하다. 나는 이 사실을 배웠을 때, 24시간 mTOR를 켜두고 싶었다. 그렇게 되면 빨리 죽는다는 것은 나중에야 알았다[68, 69]. 다행이게도 mTOR는 항상 ON 상태로 있을 수 없다. 켜졌다가 꺼지는 것을 반복하고, 가급적이면 꺼져있는 것을 좋아한다. 우리 몸은 에너지 쓰는 것을 좋아하지 않기 때문이다[70]. mTOR의 단백 합성 신호에 따르려면 에너지가 많이 든다. 이런 이유로 스위치는 가급적 OFF 상태에 있기를 좋아한다. 우리 안에 깊게 뿌리내린 생존 본능이다.

　이런 이유로 장수를 주장하는 전문가들은 mTOR 활성화를 적대시한다. 그러나 단순히 기대수명 연장이 아니라 건강수명 연장에는 반드시 적당한 근육이 필요하다. 잘 먹고 잘 싸기 위한 신진대사 그리고 원하는 곳을 원하는 때에 갈 수 있는 이동능력, 모두가 근육이 하는 일이기 때문이다. 이는 현장 코치들과 의사, 전문가 의견이 모두 일치하는 부분이다. 게다가 워낙 신체활동이 적은 현시대를 살아가는 우리에게 근육량은 늘 큰 숙제다. 오히려 근력과 근육량이 너무 낮아서 빨리 죽을 위험에 놓이고 있다(71, 72).

한마디로 저분할 고빈도 웨이트 트레이닝은 mTOR 스위치를 자주 ON 상태로 놓아 근육 성장에 유리하다. 이것이 내가 저분할 훈련법을 주장했던 이유다. 가장 적은 분할법은 매일 전신 훈련을 하는 1분할이지만 시간적, 체력적으로 충족시키기 어렵다. 한 번 훈련할 때 전신을 다하려면 진도 빠지고 시간도 많이 걸리기 때문이다. 이것을 빼면 가장 저분할 고빈도에 적합한 것은 2분할이다. 당연히 나는 2분할을 추구했고, 설명한 mTOR 논리와 경험을 기반으로 목소리를 높였다. 그래서인지 유튜브에서 내 이름을 검색하면 항상 2분할이라는 수식어가 붙었다. 당연히 반기를 드는 이들이 있었다. 4분할, 5분할을 추종자가 가만히 있을 리 없다. 유튜브에서 '광호야2분할'이라는 키워드는 진흙탕 싸움의 서막을 열었다.

mTOR 활성화를 위해서 빈도를 높이기 위한 조건을 정리해 보자. 첫째, 자주 훈련해서 스위치를 켤 것. 둘째, 세포로 영양소 이동이 되도록 목표 근육을 자주 사용하기. 셋째, 충분한 필수 아미노산과 영양 섭취. 크게 보면 이렇게 세 가지다. 이를 위해서 저분할 방법을 사용하여 고빈도를 노린다.

이런 생리학적 논리를 깡그리 무시하는 방법이 있다. mTOR 스위치를 거의 상시 ON 상태로 만드는 것이다. 안드로겐(남성 성호르몬, 테스토스테론으로 잘 알려져 있음)을 외부 주입하면 된다. 고환, 부신 등에서 생성되는 양에 더해 강제로 몸에 더 넣어준다. 물론 의사의 처방을 받지 않는 한 불법이다. 외국에서는 합법적이므로 이들을 케미컬 보디빌더라고 부른다. 안드로겐 사용은 총싸움에 탱크를 끌고 나오는 것과 같다. 투닥거리는 소총수들 사이로 대포를 날리는 격이다. 우선 안드로겐은 mTOR를 자극하여 근육 성장을 촉진한다. 추가로 근세포에서 영양소를 사용하고 에너지 생산을 증가시킨다[73, 74]. 이 작용은 포도당 흡수와 이용 능력을 향상시키는데[75], 근육 성장과 세포 대사에 전폭적인 지지 조건이 된다. 탱크 부대에 보급 지원이 붙은 것과 같다.

　이런 이유로 안드로겐은 근 성장을 위한 마법의 약으로 불린다. 만약 이런 마법의 약이 있다면 저분할, 고빈도 따위는 필요 없어진다. 안드로겐 주입으로 인해 mTOR 자극에 필요한 대부분 조건을 충족하기 때문이다. 소총수의 고군분투가 무색해지는 순간이다. 이런 사실은 저분할 훈련 효용가치가 케미컬 보디빌더들에게는 떨어진다고 해석된다. 반대로 안드로겐을 외부 주입하지 않는 내추럴 보디빌더들에게는 필수라는 뜻이다. 우리에겐 탱크나 보급 부대 따위는 없기 때문이다.

　이런 이유로 나는 2분할에 내추럴 운동법이라는 키워드를 붙였다. 마법의 약이 없는 이들의 시행착오를 줄여주고 싶었다. 마음이 앞선 것이 나중에 문제가 됐다. 목소리를 크게 내다보니 무리를 했다. "4, 5분할은 로이더(케미컬 보디빌더)의 운동법이다."라는 새빨간 맛의 단어들을 썼다. 얼마 안 가 '광호야2분할' 옆에는 '내추럴 운동법'이라는 키워드가 붙기 시작했고, 내게는 두 부류의 적이 생겼다. 케미컬 보디빌더와 4, 5분할 신봉자들이다. 이들은 로이더와 내추럴 운동법이라는 말 때문에 오만상을 찌푸렸다. 진흙탕 싸움을 2 대 1로 하게 된 꼴이다. 케미컬 보디빌더들은 "내추럴 운동법 같은 건 없다."라며 내게 주먹을 날렸다. 4, 5분할 신봉자들은 "그럼 내가 로이더라는 거냐?"며 발길질을 했다. 맞고만 있을 수는 없었다.

"케미컬에게는 마법의 약이 있으니 mTOR 스위치를 항상 ON으로 둘 수 있다. 하지만 내추럴들은 아니다. 오로지 훈련을 통한 자극으로 mTOR를 자주 켜줘야 한다. 따라서 2분할은 내추럴들에게 효용가치가 더 크다. 이런 이유로 내추럴 운동법이라고 말했다. 물론 케미컬도 2분할 효과를 볼 수 있다. 그러나 그들에게는 선택사항이고, 내추럴에게는 필수 사항이다."

이것이 내 나름 해명이었다. 추가로 소개했던 연구 결과들을(60~75) 덧붙였다. 먹혔을까? 그랬다면 진흙탕 싸움이 시작되지도 않았을 것이다. 그들은 "보디빌딩은 실전이다. 건방지게 같잖은 논문 들이대지 마라."라고 반박했다. 논문을 들이대지 말라는 것이 나는 어이없었다. "당신들이 체중 × 1.8~2배 섭취하는 단백질 가이드도 연구에서 비롯된 것이다. 입에 달달한 논문은 받아들이고 쓴맛 나는 논문은 같잖은 것인가?" 나는 이렇게 말했다. 여기서 끝나지 않고 치고받기는 계속되었다. 그 후에는 모든 말싸움이 그렇듯이 같은 주장만 맴돌았다. 결국 그들 중 일부는 꼰대라는 지적질을 당했고, 나는 오만하다는 비난을 받았다. 승자는 없었다.

다음은 4, 5분할 신봉자들과의 싸움이다. 이들 중 내추럴 보디빌더들 목소리가 컸다. 특히 그들은 4, 5분할은 로이더 운동법이라는 내 말에 민감했다. 이로 인해 고분할 훈련을 하는 자신들이 로이더 취급을 받는다고 생각했다. 어딘지 이상한 논리였지만, '또' 설명할 필요는 있다고 생각했다. "4, 5 분할하면 로이더라는 게 아니다. 고분할 훈련 효과는 로이더에게 괜찮기 때문에 이렇게 말했다." 역시 먹히지 않았다. 나는 아직도 이 부분이 답답하다. "개는 소뼈를 씹어 먹는다."라는 사실이 "소뼈를 씹어 먹으면 개다."로 해석된 꼴이기 때문이다. 심지어 인스타그램 DM으로 이런 메시지가 온 적도 있다. "당신 때문에 4, 5분할 하는 내 회원들이 '저 로이더 아닌데 왜 이렇게 시켜요?'라고 한다. 어쩔 거냐?" 담당 회원이 불만을 말하면 자신이 가진 지식으로 설득하면 될 일이다. 메시지를 전한 트레이너는 나 때문에 자신이 피해를 보고 있다고 말했다. 그가 아직 트레이너를 하고 있을지 의문이다. 이렇게 여러 부류가 동시에 나를 걸어찼다.

진흙탕 싸움의 피날레는 조리돌림이었다. 연예인의 성형 전 사진을 가지고 조롱하는 것과 비슷했다. 그들은 내 과거를 들췄다. 2019년 WNBF 싱가포르 대회는 상황이 좋지 않았다. 프로 카드를 따긴 했지만 내 몸 상태는 썩 별로였다. 심지어 무대 상태도 좋지 않았다.

이런 조건에서는 찰나에 촬영된 것들이 흑역사가 된다. 그중 하나를 건진 이들은 '2분할 하면 이렇게 된다'라는 프레임을 씌웠다. 이건 그들에게 훌륭한 먹잇감이 되었다. 자고 일어나면 인터넷 어딘가에 올라가 있었다. 내 이름(광호)과 라임(rhyme)을 맞춰 생선 광어 사진을 갖다 붙이기도 했다. 제대로 나온 사진이나, 현재 몸 상태로 반박해도 무의미했다. 당시 2달간은 인스타와 유튜브에 주로 해명하는 내용을 올렸던 것 같다. 추가로 연구 결과들이나 2분할 비포 애프터, 경험, 성적 같은 것들을 내

세웠다. 그 마저도 또 하나의 놀림감이 될 뿐이었다.

　논리가 먹히지 않는 이 싸움도 같은 결과에 도달했다. 사람들을 그들을 꼴통이라고 불렀고, 나는 몸 안 좋은 선수가 되었다. 그 뒤로 조리돌림에 탑승한 얼굴없는 이들은 "몸으로 증명해 보라."며 나를 닥달했다. 딱히 그래서 한 것은 아니지만, 1년 뒤에 나는 2021년 한 해 동안 11개 대회에서 21번의 1등을 했다. 논란의 진흙탕 싸움은 그렇게 끝이 났다. 실기는 이론을 존중할 때 비로소 가치가 생긴다.

　분할에 대해서 여러 사례와 설명을 늘어놓았지만, 한 문장으로 정리할 수 있다. 대다수에겐 저분할 훈련이 유리함. 이렇게만 해두고 다음 페이지의 이미지를 제공할까도 싶었다. 그렇게 한다면 독자 중 한 사람과 다시 진흙탕 싸움을 했을 수도 있다. 불충분한 설명은 늘 오해를 낳으니까 말이다.

　이제 분할 방법에 대해서 정리하고 끝을 맺자. 개념과 원리를 알았으니 써먹을 차례다. 우선 근육의 크기 순서대로 나열해야 한다. 정통적으로 보면 '허벅지 앞쪽-허벅지 뒤쪽/엉덩이-등-가슴-팔-종아리-어깨-복근' 순서대로 놓는다. 더 잘게 쪼개서 나열할 수도 있고, 비교적 최근에는 다른 순서도 추천되고 있다[76]. 그럼에도 이해가 쉽고 현장에서 즐겨 쓰는 것은 추천하는 순서다.

　동의가 된다면 계획서를 다시 꺼낸다. 우선 ㄹ을 크게 그리자. 설명한 2분할부터 보면 첫 번째 그림과 같다. 만약 일주일에 4일 이상 훈련할 수 있는 사람은 3분할까지 허락된다. 그 이상의 분할은 굳이 하고 싶다면 마음대로 해도 좋다. 다만 나는 하지도 않고 시키지도 않는 방법이라서 설명할 수 없다. 2분할이든 3분할이든 구성하는 방법은 복잡할 게 없다. ㄹ을 따라서 사다리 타기 하듯이 큰 근육부터 적어나가면 끝이다. 1분이면 끝나는 작업이니 따라하는 것을 추천한다. 정 귀찮으면 찰칵 찍어두면 된다.

예시처럼 ㄹ자를 따라 내려오면 뚝딱이다. Day 1, Day 2를 월, 화요일이라고 가정해 보자. 2분할 예시에서는 월요일 '허벅지 앞, 가슴, 팔, 복근'을 공략하는 훈련을 하면 된다. 화요일에는 '허벅지 뒤/엉덩이, 등, 종아리, 어깨'다. 3분할도 같은 식으로 정한다. 3분할 예시를 추가한 이유는 다양한 옵션을 제공하기 위해서다. 웨이트 트레이닝 특징은 프로그램을 따라 루틴을 반복하는 것이다. 장점이 더 많지만, 단점이라고 한다면 쉽게 지루해질 수 있다는 점이다. 다양한 선택권을 쥐면 지루함을 방어할 수 있기에 옵션을 추가했다. 핵심은 '목표 근육 그룹을 가급적 많이, 주 2회 이상'이므로 만약 일주일에 6일 정도 훈련 가능하다면 3분할도 써먹기 좋은 방법이다.

진지하게 1년 이상 훈련해온 사람들은 이런 ㄹ방식이 어색할 수 있다. 2분할이라고 해도 보통 상체-하체 조합에 익숙하기 때문이다. 3분할의 경우는 Push-Pull-Leg라고 해서, 밀 때 쓰는 상체 근육을 Day 1, 당기는 상체 근육은 Day 2 그리고 하체 운동을 Day 3에 하는 것에 익숙하다. 연관성 있는 근육끼리 묶음 처리하는 방식이다. 각자 취향에 따라 선택은 자유다. 다만 내가 ㄹ자 방식을 추천하는 이유는 각 근육이 에너지를 잡아먹는 정도가 다르기 때문이다. 에너지는 훈련할 때도 쓰이지만 회복에도 쓰인다.

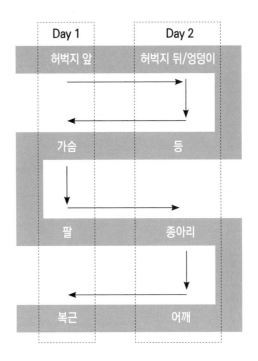

※ 점선 안이 당일 훈련 부위다.

이 에너지를 쌀이라고 해보자. 밥해주는 엄마는 간(*liver*)이고 밥 먹는 자식들은 각각 근육들이다. 이 녀석들은 크기 순서대로 밥을 많이 먹는다. 큰 근육은 밥을 많이 먹고, 작은 근육은 그렇지 않다. 허벅지 앞쪽 근육이 한 끼에 밥 5공기를 먹는다면 복근은 1공기 먹는 셈이다. 우리가 섭취할 수 있는 음식은 한정적이다. 오늘 에너지를 많이 쓴다고 1만 kcal를 먹을 수는 없기 때문이다. 이것이 의미하는 바는 사용할 수 있는 에너지도 한정적이라는 뜻이다. 밥을 지을 수 있는 쌀 양은 정해져 있지만 엄마 (간)는 좋으나 싫으나 일한 자식에게는 밥을 해주게 되어있다. 핵심은 쌀 양처럼 엄마 에너지도 한정적이라는 점이다.

이런 생리학적 사실을(77) 2분할에서 익숙했던 '상체-하체'에 적용해보자. 월요일에 상체 훈련을 하면 가진 쌀로도 충분하고 엄마도 너끈한 상황이다. 상체 근육들은 합쳐봤자 하체 근육들에 비해 작기 때문이다. 기껏해야 밥 1~2공기 먹는 녀석들이다. 그날 수고한 자식들이 모두 충분히 먹을 수 있다. 문제는 화요일이다. 이때는 기본적으로 밥을 3~5공기 먹는 녀석들이 일하는 날이다. 월요일에 비해 차이가 크다. 그에 비해 쌀 양과 엄마 에너지는 월요일과 같다. 이로써 일한 자식들이 먹을 쌀이 모자라게 되고, 엄마는 밥해주다가 지치게 된다. 심한 에너지 소비 등락은 회복에도 영향을 미친다. 화요일 훈련 후 기진맥진한 상태가 되고 이 상태로 수요일 훈련을 맞이한다. 충분히 회복되지 못했으니 빌빌거리면서 겨우 수요일 훈련을 마치게 된다. 이에 따라 목요일 컨디션은 좋을 수 있다. 수요일날 에너지를 많이 쓰지 못했기 때문이다.

이런 식의 등락 반복은 어떤 날 훈련은 잘되고, 다른 날은 망치게 된다. 영양 배분도 고르지 못해서 근육 성장에 영향을 줄 수 있다. 이런 이유로 ㄹ자 방식의 2분할을 추천한다. 밥을 많이 먹는 자식과 적게 먹는 자식들을 적절히 섞어야 한다. 쌀 소비량을 고르게 만들고 엄마 부담을 줄여주기 위함이다.

나는 훈련이 옷 입는 것과 많이 닮았다고 생각한다. 남이 보기에 "너는 빨간색이 잘 어울린다."라고 할지라도 내가 파란색이 마음에 드는 것은 어쩔 수 없다. 또 "청바지에는 흰색 면 티가 딱이지"라고 한들, 나는 셔츠가 좋을 수도 있다. 이런 이유로 꾸준히 훈련하는 이들은 타인 지적에 민감하다. 패션 지적질과 비슷하게 느낀다. 내가 하고 싶은 말은 제아무리 메타분석 논문과 사례 또는 근거를 들이대어도 한계가 있다는 점이다. 파란색이 마음에 들고 셔츠가 잘 어울린다는 생각은 논리로 바꿀 수 있는 것이 아니다. 우리는 엑셀 시트가 아니라 사람이라서 그렇다. 사람의 주관적인 성향을 설득으로 뒤집는 것은 거의 불가능에 가깝다. 어울리지 않는 옷을 입었다고 해서 무조건 패션 테러리스트라고 할 수는 없다. 훈련도 그렇다. 근거가 빈약한 분할 방법으로 훈련한다고 해서 잘못됐다고는 할 수 없다. 당사자는 보편적 다수에 해당하지 않을 수 있고, 논문은 항상 반대 의견이 존재하기 때문이다. 이것이 분할법을 가지고 투닥거리며 배운 부분이다.

다만 오답은 분명히 있다. 결혼식장에 츄리닝과 슬리퍼를 신고 간다거나 체육대회에 정장과 구두 차림을 하고 가는 것을 예로 들 수 있다. 이것은 패션 선호도와는 다른 문제다. 자리에 맞지 않고 때에 맞지 않는 꼴이다. 훈련 또한 이런 오답의 영역이 존재한다. 분할법도 그렇고 운동 자세가 특히 그렇다. 소개한 방법은 자리와 때에 맞는 옷차림 가이드 정도다. 결혼식장에 남색 정장을 입든 갈색 정장을 입든, 체육대회에 빨간색 운동화를 신든 흰색을 신든, 그것은 본인 마음이다. 부디 이번 챕터가 훈련 지적질이 아닌 분할 가이드가 되길 바라는 마음이다. 나는 당신의 패션을 존중한다.

이쯤에서 중간 정리를 한번 해보자. 맞춤 훈련 프로그램을 만들기 위해서 자가 진단을 했다. 일주일에 며칠 훈련이 가능한지, 한 번 할 때 얼마큼 할 수 있는지가 특히 중요하다. 나아가 효율성을 올리기 위해 빈도가 핵심인 이유에 대해서 살펴봤다. 빈도에 대해서 이해했다면, 그날 어느 부위를 훈련해야 하는지 정하는 게 분할법이다. 여기까지가 지금껏 알아본 내용이다.

이제 빈도와 분할에서 언급됐던 핵심 중 '많이'라는 것을 기억할 차례다. 자주 하는 것이 좋은 이유는 많이 할 수 있기 때문이다. 양이 같다면 효과는 차이가 거의 없다[65]. 쉽게 말해 훈련은 부족하지 않을 만큼 충분히 해야 한다는 뜻이다. 얼마큼을 표현할 때, 이것을 훈련량(volume)이라고 한다. 여기에 가장 큰 영향을 미치는 것이 세트(set)다. "스쾃 몇 세트 해?"할 때, 그 세트가 맞다. 여기에도 물론 가이드가 있다. 다음 챕터에서는 이것을 살펴보자. 아! 그전에 계획서는 이제 하나의 표가 된다. 2분할을 기준으로 보면 다음과 같이 완성된다.

목적 : 건강 수명 증진 / 훈련가능: 4일 / 훈련 가능 시간: 60분 / 훈련 환경 점검: 완료 / 빈도: 같은 부위 주당 2회 / 분할: 2분할	
첫째날	허벅지 앞, 가슴, 팔, 복근
둘째날	허벅지 뒤/엉덩이, 등, 종아리, 어깨
셋째날	허벅지 앞, 가슴, 팔, 복근
넷째날	허벅지 뒤/엉덩이, 등, 종아리, 어깨

20

프로그램 디자인: 세트

2010년 처음 훈련 일지를 쓰기 시작했다. 한편에 메모된 것을 보면 "팔운동 6세트는 모자란 것 같다." 또는 "하체 운동 30세트는 많은 것 같다." 등이 적혀 있었다. 너무 적게 하면 효과가 없을 것 같고, 반대로 넘치면 더 큰 문제라는 것을 직감적으로 알았던 모양이다. 이런 고민은 꽤 오래 이어졌다. 스스로 하기 힘든 숙제 같은 기분이었다. 기억 맞다면 그 답답함은 2020년쯤까지 이어졌다. 10년이 지나도 숙제는 풀리지 않았다. 내가 둔했던 것도 한몫 하지만 정보를 캐낼 창구가 그리 많지 않은 이유가 컸다. 도대체 몇 세트를 해야 딱 좋을지 늘 고민이었다.

분할 챕터에서 말했듯이 각 근육은 필요한 에너지 양 자체가 다르다. 그렇다면 부위별로 권장되는 세트도 다를 것이라는 예상을 할 수

있다. 넘치지도 모자라지도 않는 훈련량! 이것은 궁금한 것을 넘어 갈
망 대상이었다. 콜럼버스에게 신대륙이 그런 것이었다면, 내겐 부위
별 권장 세트가 그랬다. 그 당시에는 관련 정보가 미국, 호주 쪽에서만
흘렀다. 초록색 창을 뒤지고 책을 펴도 국내에는 그런 것이 없었다. 당
장은 감으로 해결했고, 어떨 때는 선후배들에게 귀동냥을 했다. 그때
마다 훈련 프로그램은 썼다 지웠다를 반복했다. 이번 주에는 20세트
를 했다가 다음 주에는 15세트로 바꾸는 식이었다. 눈 가리고 술래잡
기하듯이 알아갔다. 주섬주섬 담아두는 지식의 파편이 모이면 그 힘이
제법 세진다.

  2020년, 끙끙대던 고민이 드디어 해결된다. 분야를 막론하고 공
통점이 있다. 바로 진취적이고 똑똑한 소수가 있다는 점이다. 그들
은 늘 새롭고 성공적인 발견을 다수와 나눈다. 웨이트 트레이닝 분야
도 소수의 학자와 현장가들의 합심으로 신세계가 열렸다. 이들은 신
체 각 부위별로 추천하는 세트 수를 정리했다. 그중 돋보이는 지침
은 마이크 이스라텔(Mike Israetel) 박사의 것이다. 그는 공동 창립한 RP
Strength[78]와 진행한 연구[79, 80]들 그리고 출판한 E-Book[81]을 통
해 다음과 같이 정리했다. 가슴 근육은 주당 12~20세트가 적당하다.
넓은 등 근은 주당 14~22세트, 허벅지 앞쪽은 8~12, 뒤쪽은 6~10
이다. 어깨(각 부위)는 16~22, 위팔두갈래근은 14~20, 세갈래근은
10~14, 승모근은 12~20이다. 이 외에도 많은 석학들이 비슷한 가이
드를 제시했다. 여기서 그치지 않는다. 거인들의 어깨 위에 올라타려
던 이들이 나서기 시작했다. 그들은 석학들이 제시한 문헌, 강의, 소설

미디어에서 언급한 내용을 종합해서 표로 정리했다.

표를 확인하기 전에 알아두면 좋을 것이 있다. MV(*maintenance volume*), MEV(*minimum effective volume*), MAV(*maximum adaptive volume*), MRV(*maximum recoverable volume*)이다. 외우려고 하지 말고 일단 들어두면 된다. 어차피 답은 간단히 내려진다. 이것들은 각 근육에 권장되는 세트 수를 필요에 따라 표현한 것이다. 큰가슴근을 예로 들어보자. 우선 MV는 근육량 유지에 권장되는 세트 수다. MV가 8이다. '큰가슴근의 근육량을 유지하려면 일주일에 8세트를 하면 되는구나.'라고 이해하면 된다. 그다음은 MEV이다. 최소한의 효과(근육 성장)를 보기 위해서 권장되는 세트 수다. 10세트라고 적혀있다. 큰가슴근의 성장을 노린다면 최소한 일주일에 10세트는 하라는 뜻이다. 다음은 가장 중요한 MAV이다. 보통 수준에서는 이것만 알아둬도 무방하다. 이것은 최대한의 적응을 일으키는 주당 세트 수다. 지금 주제에서 말하는 적응은 근육 성장이다. 12~20세트라고 적혀있는 것을 볼 수 있다. '큰가슴근 성장은 일주일에 12~20세트 할 때 반응이 가장 좋았다'라고 머릿속에 넣어두면 된다. 단순히 근육량을 유지하는 것이 아니라 성장을 원하는 사람은 주목할 부분이다.

MAV만큼은 조금 더 알아보자. 권장 수치에 따라 1주 차에는 12세트부터 시작해서 올려가도 좋다. 혹은 중간값인 16세트부터 시작해도 괜찮다. 4주간 훈련 계획을 잡았다면, [1주 차는 12세트/2주 차 14세트/3주 차 16세트/4주 차 18세트]로 예를 들 수 있다. 또는 16세트부터 시작했다면, [1주 차 16세트/2주 차 17세트/3주 차 18세트/4주 차

19세트]도 방법이 될 수 있다. 어떻게 할지는 자신의 목적과 상황에 따르면 된다. 다 귀찮고 모르겠으면 이처럼 MAV만 따라도 큰 탈은 없다. 이것이 간단히 내릴 수 있는 답에 가장 가깝다.

또 하나 핵심은 낮게 시작해서 점점 늘려가는 것이다. 무한대로 늘릴 수는 없으니 중간중간 디로드(deload)를 섞어준다. 리프레시(refresh)하기 위함이다. 디로드에 대해서는 나중에 자세히 다룬다. 어쨌든 핵심은 'MAV를 따라 매주 점점 세트를 늘려가라'이다. 마지막은 MRV이다. MRV는 최대 회복 가능 양이다. 신체는 감당 할 수 있는 만큼만 좋아진다고 했던 것을 떠올려 보자. 여기서 감당이란, 회복이다. 정리해 보면 근육 성장을 위해서는 신체 회복이 우선이다. 사람의 회복 능력은 한계가 있어서 소화해낼 수 있는 훈련량도 한계점이 분명 있다. 그 한계치에 도달하기 전까지는 많이 할수록 근육은 성장하지만, 상한치를 넘어서면 도리어 퇴화한다. MRV는 이 상한치를 나타낸 수치다. 이렇게 이해하면 된다. '큰가슴근은 보통 일주일에 22세트가 최대치다.' 큰가슴근의 주당 빈도는 1.5~3번 추천되고 있다. MAV를 따라서 큰가슴근을 일주일에 16세트 하겠다고 가정해보자. 추천 빈도에 따르면 16세트를 3번 혹은 2번에 나눠서 하면 된다. 2빈도를 택했다면, 하루에 8세트씩이다.

이쯤에서 고백할 것이 2개 있다. 강의 때도 자주 말하는 부분이다. 첫째, 이것은 굉장히 새로운 것도 아니고 내가 창조한 지식도 아니다. 글을 쓰는 이 시점으로부터 7년 전 혹은 그전부터 해외에서는 충분히 알려졌다. 심지어 아래 표 또한, 소개한 석학들이 만든 것이 아니라는 말이 있다. 그들이 정리한 아티클을 보고 헬스 마니아들이 만들었다고 한다. 안타까운 것은 나는 비교적 뒤늦게 알았다는 점이다. 더 안타까운 것은 아직도 국내 수많은 운동 지도자들은 이것을 모른다는 점이다. 그들은 눈을 가리고 더듬어 가며 훈련하고 있다. 심지어 많은 사람들이 그런 이들에게 돈을 주고 코칭을 받는다. 현장에 있는 사람으로서 참 개탄스러운 일이다. 반드시 이런 내용을 따라야 하는 것은 아니지만 알고 거르는 것과 몰라서 못하는 것은 큰 차이가 있다. 훈련은 명확한 기준을 가져야 시행착오가 줄어든다.

두 번째 고백은 이것은 참고 자료일 뿐이라는 것이다. 특히 초반에 '도대체 얼마큼 운동해야 하나?'라는 고민을 덜어주는 데 적합하다. 이를 넘어서 절대 지표로 여기면 곤란하다. 나는 처음 이 가이드를 접했을 때 보물지도가 생긴 기분이었다. 이대로만 하면 세계 대회에서 금메달을 걸 것이라는 상상도 잠깐 했다. 이미 알겠지만, 그런 아름다운 일은 일어나지 않는다. 개인이 소화해낼 수 있는 훈련량은 유전 요소, 일상 스트레스, 직업 형태, 훈련 경력, 운동 기술 등에 따라 달라지기 때문이다. 이것이 보편적 다수를 대상으로 한 가이드가 무조건 내게 황금 열쇠가 될 수 없는 이유다. 그러나 나는 여전히 이 가이드를 참고한다. 특히 처음 작업을 시작하는 고객에게 적용하기 좋은 참고 자료가 된다. 기준을 가지고 시작하고 점점 대상에게 적당한 훈련량을 찾아간다. 그러다 보면 개인에게 쏙 맞는 주당 세트 수가 정해진다. 보는 이들도 이런 식으로 활용하기를 추천한다.

이후에 2,500개의 문헌을 긁어모아 그 중에 14개를 추려 분석한 논문이 나왔다. 18~35세 훈련 경력자들을 대상으로 6주간 실험했다. 체계적인 검토 내용은 "실패 지점에 근접한 세트가 유의미한 근 성장을 만들어낸다"는 것이다[82]. 꽤 빡세게 해야 근성장 위한 세트로 쳐 준다고 이해하면 쉽다. 웜업(warm-up)한답시고 몇 번 들었다 내린 것은 세트로 쳐주지 않는다. 주당 세트 수 가이드만 따르고 대충 하지 말라는 뜻이다. 웜업을 제외한 본 세트(working-set)는 꽤 힘들어야 한다. 그리고 본 세트만 세트로 계산한다. 보통 표와 같은 꿀팁을 주면 그것만 지키면 된다는 기대를 한다. 이상적인 주당 세트도 중요하지만 열심히 하는 것은 더 중요하다.

이 부분에 대해서도 차차 알아볼 예정이다. 그전에 표를 참고해서 훈련 계획서의 완성도를 높이자. 계획서 예시에는 독자가 알기 쉽도록 일상에서 흔히 쓰는 말로 근육을 기입했다. 근육의 정식 명칭을 달달 외운다고 해서 몸이 더 빨리 좋아지는 것은 아니다. 그럼에도 근육의 생김새를 보는 것은 분명 도움이 된다. 이를 위해서 검색을 해야할 텐데, 일상 언어를 그대로 검색창에 입력하면 원하는 결과를 보기 어렵다. 따라서 표에는 정식 명칭을 우선하여 적었고, 그 밑에 일상 용어를 추가했다. 이제 계획서 모양새가 점점 프로그램다워지고 있다. 근육 별 최초 세트 수는 MAV를 따랐고, 종아리만 MEV 기준으로 설정했다.

근육별 적정 주당 세트 수

	유지 가능 양 MV	최소 효과 양 MEV	최대 적응 양 MAV	최대 회복 가능 양 MRV	주당 빈도 (Frequency, Time Per Week)
배곧은근(ABS, 복근)	0	0	16~20	25	3~5
종아리(Calves)	0~6	8	12~16	20	2~4
위팔두갈래근(Biceps, 알통)	0~6	8	14~20	26	2~6
위팔세갈래근 (Triceps, 팔 뒤쪽)	0~4	6	10~14	18	2~4
큰가슴근(Chest, 가슴근육)	8	10	12~20	22	1.5~3
넓은등근(Back, 흔히 광배근 이라고 부른다. 등 바깥쪽)	8	10	14~22	25	2~4
세모근 앞쪽 (Front Delt, 어깨 앞쪽 근육)	0	0	6~8	12	1~2
세모근 바깥쪽 (Side Delt, 어깨 바깥쪽 근육)	6	8	16~22	26	2~6
세모근 뒤쪽 (Rear Delt, 어깨 뒤쪽 근육)	0	8	16~22	26	2~6
등세모근(Traps, 흔히 승모근 이라고 부른다. 등 가운데와 위쪽 에 있다.)	0	0	12~20	26	2~6
넙다리네갈래근 (Quad, 허벅지 앞)	6	8	12~18	20	1.5~3
넙다리두갈래 근 (Hamstring, 허벅지 뒤)	4	6	10~16	20	2~3
볼기근(Glutes, 엉덩이)	0	0	4~12	16	2~3

맞춤 훈련 계획서

목적 : 건강 수명 증진 / 훈련 가능: 4일 / 훈련 가능 시간: 60분 / 훈련 환경: 양호 /
빈도: 주 2회 / 2분할

	목표 근육	세트			
첫째날	허벅지 앞	6			
	가슴	6			
	팔 뒤쪽	5			
	복근	8			
둘째날	허벅지 뒤/엉덩이	5			
	등 바깥쪽	7			
	종아리	4			
	어깨 바깥쪽	8			
셋째날	허벅지 앞	6			
	가슴	6			
	팔 뒤쪽	5			
	복근	8			
넷째날	허벅지 뒤/엉덩이	5			
	등 바깥쪽	7			
	종아리	4			
	어깨 바깥쪽	8			

※ 빈칸들은 걱정할 필요 없다. 앞으로 빼곡해질 테니까.

21

프로그램 디자인: 운동 종목

누구나 처음 시작할 때 이런 생각을 한다. '뭐 부터 해야 하지?'. 멍하니 있다가 남들이 하는 것을 대충 따라 하거나 인터넷에서 봤던 익숙한 운동을 고른다. 관례에 따라 억지로 하는 것과 비슷한 셈이라 재미도 의욕도 꺾인다. 운동 종목을 고르는 방법은 의외로 간단하다. 꼭 해야 하는 운동은 없다.

3대 운동 스쾃(squat), 데드리프트(deadlift), 벤치프레스(bench press)를 성전처럼 여기는 경우를 자주 본다. SNS와 3대 500의 폐해 중 하나다. 좋은 운동들이지만, 역도 선수나 파워 리프터가 아니라면 꼭 해야 하는 운동은 아니다. 특히 몸을 만드는 과정이라면 답은 간단해진다. 목표 근육을 정하고 거기에 맞는 운동 종목을 고르면 된다. 개인의 취향을 따라 운동 종목을 고르는 것을 선호도 존중이라고 한다. 이는 훈

런 지속성에 큰 영향을 준다. 선호도가 존중되면 오래 하게 된다는 뜻
이다. 꾸준히 해야 몸이 좋아지든 힘이 세지든 할 것 아닌가. 골고루 하
는 것보다 취향이 먼저인 것은 이런 이유 때문이다. 하고 싶은 것만 한
다고 해도 안하는 것보단 훨씬 낫다.

　1~3년 정도 웨이트 트레이닝을 해온 사람은 이쯤에서 고개가 끄덕
여진다. 반면에 경력이 1년 미만이거나 이제 막 시작한 사람들은 물음
표가 또 하나 생긴다. '그래서 어떤 운동을 하라는 건지?' 꾸준히 해야
만 취향도 생기는 법인데 사실 초보자는 그런 게 있을 리 없다. 음식 맛
을 모르는 이가 뷔페에 간 꼴이다. 어떤 걸 집어야 할지 모른 채 음식
주변을 빙빙 돌기만 한다. 헬스장에서도 곁눈질 하면서 이러고 있을
게 뻔하다. 이런 이들에겐 셰프의 코스요리가 필요한 상황이다. 현장
에서는 담당 트레이너가 대상의 특이사항들을 알고 있기 때문에 이런
역할이 가능하다. 어떤 목적이 있는지, 어디가 불편한지, 어떤 근육이
약한지 알고 있기 때문에 훈련자에게 맞는 코스요리를 내어줄 수 있
다. 반대로 개인의 특성을 모른다면 운동 종목 추천은 불가능에 가깝
기도 하다. 이런 이유로 운동 종목 가이드를 제시하는 것을 망설였다.
글로 설명하기 참 애매한 부분이라고 생각했다. 독자가 어떤 개별성을
가지고 있는지 알 길이 없기 때문이다.

　그럼에도 불구하고 대략적인 가이드 만이라도 적어보기로 했다. 이
것마저 없다면, 헬스장을 서너 바퀴 빙빙 돌다가 트레드밀(러닝머신)이
나 하고 집에 갈 것이 뻔하기 때문이다. 추천하는 방법은 과학적인 근
거를 뾰족히 제시하긴 어렵다. 대신 공부했던 내용과 가르치며 쌓아

온 경험을 기반으로 적었다. 유형은 크게 두 개로 나눈다. 둘 다 초보지만, A 유형은 상대적으로 힘이 약하고 마른 편에 속하는 이들이다. B 유형은 살집은 좀 있지만, 비교적 힘은 쎈 사람들이다. 이 중간에 있는 초보자는 선택에 있어 좀 더 자유롭다. 이런 분류는 보는 사람에 따라 달라질 수 있으니 수치적인 기준을 보탠다. 헬스장에 가면 쉽게 체성분 측정을 할 수 있는데, 결과지를 보면 명확히 알 수 있다. 골격근량과 BMI(체질량지수)가 표준 미만이면 A형이다. B형에 속하는 사람들은 골격근량과 BMI가 표준 이상이다. 체지방률은 두 가지 유형 모두 표준 이상일 가능성이 높다. 아직 체계적인 훈련을 해보지 않았고, 딱히 식단 관리도 신경쓰지 않으며 살아왔을 가능성이 높기 때문이다. A형은 근육량 미달 때문에 체지방률이 높고, B형은 지방량 과다가 원인이 된다. 앞서 말했듯 살이 잘 붙는 체질이기도 하고 대체로 먹는 양이 많기 때문이다. 이들은 겉모습이나 운동하는 것을 보고도 분류가 가능하다.

레슨했던 사람 중에 은행원이 있었다. 군대에서 깔짝 해본 것 말고는 웨이트 트레이닝을 해본 적 없는 사람이었다. 남성 10명이 오면 그중 6명은 이렇다. 웨이트 트레이닝 쌩초보임에도 몇 가지 운동은 나와 다루는 무게가 비슷했다. 힘이나 근육량에 타고난 부분이 있는 것이다. 두툼한 얼굴에 넉넉한 몸매를 가지고 있던 그의 근육량은 표준 이상이었고, 체지방률은 35%였다. 남성 표준에서 한참 벗어난 체지방률이다. 그가 B형의 대표적인 케이스다.

오후 2시만 넘으면 쓰러질 것 같았다는 주부를 떠올려 보자. 오전 일과를 마치면 체력이 방전되는 사람이다. 내가 그녀를 또렷하게 기억하는 이유는 극적인 변화 때문만이 아니다. 정말 이럴 수가 있나 싶을 정도로 근육량이 적었던 이유도 크다. 10년이 넘는 경력 동안 봐왔던 사람들 중에 다섯 손가락 안에 꼽힌다. 그녀의 체지방률이 28% 찍힌 것을 보고 눈을 비볐던 기억이 있다. 경도 비만 수치이기 때문이다. 키가 170cm에 54kg인 사람이 체지방률이 28%가 나온 것이다. 말랑말랑한 젓가락 같은 그녀를 누가 비만으로 보겠는가? 대체로 A형들은 이런 겉모습을 가졌다. 이들은 운동할 때 특징이 있다. 무거운 것을 끔찍히 싫어한다. 자신의 몸무게 빼고는 다 무겁다고 말하는데, 이것은 연기가 아니다. 정말 그만큼 힘이 없다. 운동하는 모습은 마치 종이인형 같이 펄럭이는 느낌이다. 박력이라고는 먼지만큼도 없다. 인내심이 필요한 케이스다. A형들은 대개 달팽이 기어가듯이 좋아진다.

앞으로 말 할 기계(machine)와 프리웨이트(free weight)에 대해서 짚고 넘어가자. 기계는 헬스장 기구라고 알고 있는 것이다. 앞으로 편의상 머신이라고 하자. 머신들은 보통 앉거나, 눕거나, 엎드려서 운동하게 되어있다. 크게 신경쓰지 않아도 밀고 당길 수 있는 구조이고 비교적 부상으로부터 안전하다. 핀을 꽂거나 빼서 무게를 쉽게 조절할 수 있는 형태가 있고 원판(plate)을 추가해서 무게를 조절하는 타입이 있다. 둘 다 머신이라고 부른다. 프리웨이트는 바벨(barbell)이나 덤벨(dumbbell)을 말한다. 옛날에는 역기나 아령이라고 흔히 불렀다. 여담이지만 요즘 저렇게 말하면 옛날 사람 취급받는다. 프리웨이트는 한 번에 보다 많은 근육을 쓸 수 있다는 장점이 있다. 대신 자세 조절이 어렵고 상대적으로 부상 위험이 좀 더 높다. 머신이나 프리웨이트 특징에 집중하되 부상이라는 단어는 듣고 넘기자. 부상은 도구보다는 자세의 영향을 많이 받는다. 머신을 사용한다고 해서 다치지 말란 법은 없으며 프리웨이트를 한다고 무조건 다치는 것도 아니다. 내게 맞는 무게와 자세가 절대적 요소다. 명확한 전달을 위해 부상이라는 단어를 썼지만 항상 주의하되 겁먹을 필요는 없다. 쫄지 마라. 인간은 생각보다 강하다.

A형은 머신의 비중을 70%로 잡고 프리웨이트는 30% 정도를 잡는다. 이렇게 시작하고 점점 비율을 반대로 바꾼다. 머신 30% 프리웨이트 70%를 약 6개월에 걸쳐서 점점 맞춰나간다. A형의 대표적인 문제는 근육량 부족이다. 나아가 개별 근육에 힘이 들어가는 자극을 잘 잡아내지 못한다. 근육량 자체가 적기 때문에 그에 따른 대사 스트레스 감지도 약한 케이스다. 머신은 상대적으로 프리웨이트에 비해서 이런 국소적인 자극을 잡아내기 유리하다. 또 프리웨이트에서 바벨은 기본 무게가 20kg인 점을 고려한다. 누군가는 별 거 아니라고 생각할 수 있지만, 이 무게는 운동을 처음 시작하는 A형에게 만만치 않다. 반면 머신은 무게 최소 단위가 낮다. 이런 이유들을 종합해서 A형에게는 설명한 가이드를 추천한다.

B형의 시작은 정확히 반대다. 시작은 머신 30% 프리웨이트 70%로 잡는다. 이들은 대체로 힘이 좋기 때문에 바벨에 무게를 추가하지 않는 한 큰 부담이 되지 않는다. 따라서 자세 조절이나 운동 강도가 용이하다. 추가로 이들의 주된 문제인 살집이 있다는 것에 주목해 보자. 이들에게 좋은 해결책은 신체 전반적인 에너지 소비를 늘려주는 것이다. 프리웨이트는 한 동작에서 참여하는 근육이 많다는 점을 떠올려

보자. 따라서 B형에게는 프리웨이트 비중이 많은 것이 낫다. A형은 초보자 구간에서 점점 비중을 변경시킨다고 했다. B형은 그런 것이 없다. 중, 상급자가 되기 전까지는 머신 30%, 프리웨이트 70% 비율을 유지하는 것을 추천한다.

초보자에게 권장해줄 만한 머신은 레그 익스텐션(leg extension), 레그 컬(leg curl), 랫 풀 다운(lat pull down), 레그 프레스(leg press), 체스트 프레스 머신(chest press machine), 로우 머신(row machine)이다. 프리웨이트는 스쾃(squat), 벤치 프레스(bench press), 데드리프트(deadlift), 런지(lunge), 바벨 로우(barbell row), 오버 헤드 프레스(over head press), 풀 업(pull up)을 우선 추천한다. 초보자는 만년 초보자가 아니다. 가이드를 참고해서 경력을 쌓아가다 보면 중급자로 넘어간다. 그때부터 취향이 생기고 목적이 또렷해진다. 뷔페를 제대로 즐길 준비가 된 것이다.

예시를 참고해서 자신이 원하는 대로 변형해도 좋다.

맞춤 훈련 계획서

목적 : 건강 수명 증진 / 훈련 가능:4일 / 훈련 가능 시간: 60분 / 훈련 환경:양호 /
빈도: 주 2회 / 2분할

	운동 종목	목표 근육	세트
첫째날	스쾃	허벅지 앞	6
	벤치 프레스	가슴	6
	덤벨 킥백	팔 뒤쪽	5
	크런치	복근	8
둘째날	데드리프트	허벅지 뒤/엉덩이	5
	랫 풀 다운	등 바깥쪽	7
	스탠딩 카프레이즈	종아리	4
	덤벨 래터럴 레이즈	어깨 바깥쪽	8
셋째날	래그 익스텐션	허벅지 앞	6
	체스트 프레스 머신	가슴	6
	케이블 푸시다운	팔 뒤쪽	5
	크런치	복근	8
넷째날	런지	허벅지 뒤/엉덩이	5
	풀업	등 바깥쪽	7
	스탠딩 카프레이즈	종아리	4
	덤벨 래터럴 레이즈	어깨 바깥쪽	8

22

프로그램 디자인: 운동 순서

태어나 처음 보디빌더를 봤을 때 부럽다는 생각보단 '사람이 저렇게도 될 수 있구나' 싶었다. 키는 많이 쳐줘야 165cm쯤이었다. 양쪽 어깨 근육과 승모근은 얼굴과 크기가 같았는데 저러다가 얼굴이 근육 속에 파묻혀 버리는 것 아닌가 생각이 들었다. 내 허리와 굵기가 같은 허벅지 때문에 반바지가 항상 말려 올라갔다. '이 사람 말만 잘 들으면 이렇게 될 수 있는건가?' 그런 생각을 했다.

강사이기도 했던 그는 항상 큰 근육을 노리는 바벨 운동이 먼저라고 가르쳐주었다. 대표적으로 스쾃(squat), 벤치 프레스(bench press), 데드 리프트(deadlift)다. "힘이 넘칠 때 큰 운동에서 중량을 많이 다뤄야 돼." 그는 매번 비슷한 말을 반복했다. 나는 메모장에 그대로 적었다. 바벨 운동을 먼저 시작할 것.

교육과정이 끝나고 트레이너를 시작했다. 항상 오후 6시쯤 오는 회원이 있었는데, 나는 속으로 그에게 로보캅이라는 별명을 붙였다. 어느 한 곳 튀지 않게 발달한 몸과 각진 턱은 영락없이 로보캅이었다. 키도 나와 비슷했기에 닮고 싶은 몸이었다. 주말을 빼곤 매일 로보캅 회원을 마주쳤다. 나중에는 말도 트고 이런저런 얘기를 많이 해줬는데, 보디빌더였다는 것도 알게 되었다. 그 후로 종종 같이 운동을 했다. 특히 하체 운동할 때면 꼭 서로를 찾았다. 지독한 고통일수록 나누자는 마음이었다. 운동 선배인 그가 리드 했다. 그는 항상 머신 운동을 먼저 하고 바벨 운동으로 넘어갔다. 강사에게 배웠던 것과는 반대인 셈이다. 그 점이 독특하다고 느껴서 이유를 물었다. "머신으로 고립적인 자극을 주고 큰 운동으로 넘어가야 발달이 잘 돼." 그때는 또 그 말에 고개가 끄덕여졌다. 메모장에 다시 적었다. 머신운동 먼저 할 수도 있음.

지나고 나니 운동 순서란, 귀에 걸면 귀걸이 코에 걸면 코걸이 같다는 생각이 들었다. 그 후로 꽤 오랫동안 이런 고민에 젖어서 지냈다. 단순히 경험에 기대어 주장하는 것 말고 근거가 있을 것 같았다. 꽤 오래 지나고 나서야 해답을 얻었다. 역시나 해답의 길은 지식의 거인들이 이끌어 준다.

그중에서 마이크 이스라텔(Mike Israetel)은 보디빌더이자 스포츠 생리학 박사다. 나는 그를 작은 거인이라고 부른다. 지식의 크기도 한몫 하지만 사실 겉모습 때문이다. 키가170cm인데 체중이 100kg쯤 된다. 이 상태에서 복근은 또렷하고 팔과 다리에는 새끼손가락 굵기 만한 힘줄이 돋아있다. 나는 그가 바벨과 펜을 양손에 쥔 점이 흥미로웠고, 저서 3권을 번역해서 가지고 있기도 하다. 자료들이 들어있는 폴더명은 '라텔이 형'이다.

우리 라텔이 형은 저서 《근비대의 과학적 원칙(Scientific Principles Of Hypertrophy Training)》(83)을 통해 운동 순서에 관한 아이디어를 공유했다. "운동 순서를 정하기 전에 먼저 알아봐야 할 것은 약점 부위다. 자신의 약점 부위를 최우선시해야 한다. 이를 위해서는 훈련 초반에 진행해야 하며, 가장 많은 훈련량을 배정하는 것을 추천한다." 이러한 그의 견해를 뒷받침해 주는 자료도 있다. 연구들을 종합한 아티클에서는 "초반에 배치된 운동은 훈련량과 수행력을 충족시키기 유리하다."라고 했다. 추가로 메타분석 연구(84, 85)에서는 "훈련 초반에 배치한 운동은 기여하는 근력 향상이 유의미했다."라고 했다.

이쯤이면 발달시키고 싶은 부위를 먼저 하는 것에 확신을 갖게 된다. 하지만 어떤 주장에는 늘 반대 의견이 있기 마련이다. 같은 연구(85)에서 운동 순서에 따라 근력은 차이가 있지만, 근육량에는 차이가 없었다고 밝혔다. 또 노인 여성을 대상으로 한 연구(86)에서도 운동 순서에 따른 근육량 증가 효과는 비슷하다고 했다. 종합해 보면 근력 증가에는 운동 순서가 중요하지만, 근육량 증가에는 큰 영향을 주지 않는다고 말할 수 있다. 그렇다면 "약점 부위를 먼저 훈련하라."고 했던 라텔이 형의 멱살을 잡아야 할지 포옹을 해줘야 할지 헷갈리기 시작한다.

나는 개인적인 경험을 보태어서 이렇게 정리했다. "약점 부위가 개입되는 운동을 훈련 초반에 하자." 이로써 약점 부위에 근력이 증가하면 점진적으로 더 많은 훈련량을 채울 수 있다. 100kg로 하던 것을

120kg로 하게 되기 때문이다. 100kg를 드는 사람과 120kg를 드는 사람의 근비대 가능성은 당연히 후자가 높다. 따라서 운동 순서를 조절하는 것은 근육량 증가에도 이점을 줄 수 있다.

이쯤에서 주의사항이 있다. 아티클과 연구를 기반으로 정리된 내용들은 대상자의 수준이나 성향 또는 목적에 따라서 달라질 수 있다. 가령 노인 여성을 대상으로 하지 않았거나, 5년 이상의 훈련자로만 피험자를 구성했으면 또 다른 결과가 나왔을 수도 있다. 이런 이유로 나는 언제든지 정리한 내용을 뒤집을 마음이 있다. 어떤 거인이 또 다른 해답의 길로 이끌지 모르기 때문이다. 그전까지는 정리한 내용을 계속 써먹을 생각이다. 아무래도 좋다는 식으로 팽개쳐 두기엔 현장에서 효과를 계속 보고 있다. "약점 부위를 먼저 하라." 훈련이 익숙한 사람이라면 이쯤에서 고개가 끄덕여진다. 반대로 초보자라면 물음표만 맴돌 뿐이다. "약점? 그래서 어떤 운동부터 하라고?" 이제 그것을 알아보자.

운동 종목처럼 순서를 정하는 것도 무조건은 없다. 반드시 이렇게 하라는 답을 내리기엔 변수가 넘쳐난다. 목적에 따라서도 달라질 수 있고, 개인의 회복력이 미치는 영향도 상당하다. 무엇보다 선호도 차이도 심하다. 햄버거 세트를 시켜놓고 감자튀김부터 먹는가, 햄버거부터 먹는가를 두고 고민하는 것과 비슷하다. 중요한 건 과하지도 모자라지도 않게 먹는 것이다. 무얼 먼저 먹는지에 대한 고민은 그 다음이다. 그럼에도 아직 딱히 자신만의 스타일이 없는 초보자에겐 가이드는 큰 도움이 된다.

이제부터 가이드를 정리해 보자. 마치 햄버거 가게 테이블에 붙어

있는 '양념 감자를 먹는 법' 같은 것이다. 초반에 배치된 운동은 훈련량과 수행력 증가에 유리하다[84]는 아티클을 떠올려 보자. 자신이 신경 쓰고 있는 부위가 있다면 관련된 운동을 먼저 하는 것이 유리하다는 말이다. 엉덩이 근육을 발달시키고 싶다고 가정해 보자. 이런 경우 엉덩이 근육이 참여하는 운동을 먼저 하면 된다. 이런 식의 가이드를 주면 꼭 이런 대답이 돌아온다. "저는 전부 다 약점인데요." 보통 초보자들이 이렇다. 이들에겐 큰 근육에서 점차 작은 근육으로 뻗어나가는 운동 순서를 추천한다.

이유는 크게 세 가지다. 첫째는 큰 근육을 기르는 게 몸을 바꾸기 유리하기 때문이다. 신경생리학적으로 신선한 상태에서 하는 운동이 효과가 좋으므로[85], 근육량을 올리거나 살을 빼려는 목적에는 이런 방법이 알맞다. 두 번째 이유는 큰 근육을 발달시키는 동작에서 대부분 작은 근육도 쓰인다는 점이다. 예를 들면 턱걸이라고 알고 있는 풀 업(pull up)이 그렇다. 주로 넓은 등근을 발달시키려는 목적이 있지만, 필연적으로 팔꿈치 굽힘근들이 같이 훈련된다. 우리 대부분은 제한된 시간과 에너지 안에서 훈련한다. 그런 이유로 이 방법이 보편적인 가이드로 적당하다. 마지막 이유는 큰 근육 운동이 대체로 어렵기 때문이다. 아침 7시에 일어나서 밤 11시에 잠드는 이가 있다고 가정해 보자. 이 사람이 정신적, 신체적으로 가장 에너지가 넘치는 시간은 높은 확률로 오전이다. 하루의 초반부에 머리를 많이 쓰는 작업이나 체력적으로 부담되는 어려운 일을 하는 것이 낫다. 훈련도 이와 같다. 초반에 어려운 운동을 하는 것이 능률 면에서 이점이 크다. 종합해서 쉽게 정리하면 다음과 같다.

약점 부위 보완을 원한다면 해당 부위 운동을 먼저 한다. 딱히 그런 것이 없고 초보자라면 큰 근육에서 작은 근육 순서로 운동을 정한다. 갑자기 물음표가 하나 생길 수 있다. '큰 근육은 뭐고 작은 근육은 뭐지?' 집중해서 읽고 있다면 분할 편에서 말한 바 있다는 걸 눈치챌 수 있다. 추가로 아래 제시할 계획표를 참고해서 운동 순서를 정하면 된다. 한 발 더 나아가면 큰 근육을 고른 후에 운동 순서가 헷갈릴 수 있다. 예를 들면 가장 먼저 큰 근육인 넙다리네갈래근을 골랐는데, 스쾃(squat)을 먼저 해야 하는지 레그 익스텐션(leg extension)인지 아리송한 경우다. 운동 종목 챕터에서 설명한 A, B 유형을 벗어나 일반적인 기준으로 보자. 이럴 때는 스쾃이 먼저다. 우선 바벨을 사용하는 프리웨이트이기에 균형을 유지하는 것이 어렵다. 나아가 동작이 크다. 복잡하고 사용하는 근육이 많은 운동이다. 그에 비해 레그 익스텐션은 앉아서 무릎을 구부렸다 펴는 게 고작이다. 사용하는 근육도 넙다리 네갈래근 한 그룹뿐이다. 대개 머신(machine) 운동들이 이렇다. 이런 이유로 운동 순서에서는 가급적 바벨과 덤벨을 사용하는 프리웨이트를 먼저 두고, 머신 종류는 나중에 하는 것을 추천한다. 권장 사항에 보태어 운동 종목에서 설명한 A 또는 B 유형에 맞출 수도 있다. B는 조정할 필요가 없다. 만약 A형에 속하거나 목표 근육 자극을 느끼기 어렵다면 머신을 먼저 다루고 프리웨이트로 넘어가도 좋다.

초보는 만년 초보가 아니다. 이런 방식을 따라 6개월 정도 하다 보면 자기만의 방법이 생긴다. 세트 메뉴에서 감자튀김을 먼저 먹는다거나 햄버거를 먼저 먹는 나만의 루틴(routine)이 생기는 것과 같다. 또는 햄버거 안에 감자튀김을 끼워서 먹는 독특한 스타일이 생길 수도 있다. 자기만의 루틴이 생기려면 자주 먹어보는 것이 우선이다. 훈련도 이처럼 가이드를 발판 삼아 웨이트 트레이닝을 자주 해보길 바란다. 조금 더 욕심부려 보자면 개인만의 취향이 생기는 것도 응원한다. 재미는 그때부터다.

맞춤 훈련 계획서

목적 : 건강 수명 증진 / 훈련 가능:4일 / 훈련 가능 시간: 60분 / 훈련 환경:양호 /
빈도: 주 2회 / 2분할

	운동 종목	목표 근육	세트			
첫째날	스콰	허벅지 앞	6			
	벤치 프레스	가슴	6			
	덤벨 킥백	팔 뒤쪽	5			
	크런치	복근	4			
	행잉 레그 레이즈	복근	4			
둘째날	데드리프트	허벅지 뒤/엉덩이	5			
	풀업	등 바깥쪽	4			
	랫 풀 다운	등 바깥쪽	3			
	스탠딩 카프 레이즈	종아리	4			
	바벨 오버헤드 프레스	어깨 앞, 바깥쪽	4			
	덤벨 래터럴 레이즈	어깨 바깥쪽	4			
셋째날	스콰	허벅지 앞	3			
	래그 익스텐션	허벅지 앞	3			
	체스트 프레스 머신	가슴	6			
	케이블 푸시다운	팔 뒤쪽	5			
	크런치	복근	4			
	행잉 레그 레이즈	복근	4			
넷째날	런지	허벅지 뒤/엉덩이	3			
	레그컬	허벅지 뒤	2			
	풀업	등 바깥쪽	4			
	랫 풀 다운	등 바깥쪽	3			
	스탠딩 카프 레이즈	종아리	4			
	바벨 오버헤드 프레스	어깨 앞, 바깥쪽	4			
	덤벨 래터럴 레이즈	어깨 바깥쪽	4			

※ 지금까지 알아본 내용을 반영한 '맞춤 훈련 계획표' 예시다.

23

프로그램 디자인: 피로도 관리

근육량 증가 라는 결과물을 보기 위해서 걸리는 기간은 최소 6~12 주다[87]. 반대로 100m 달리기 같은 경우는 여성 평균 14초 만에 결과를 볼 수 있다[88]. 이런 차이점 때문에 전략도 완전히 달라야 한다. 웨이트 트레이닝에서 자주 나타나는 문제는 근육량 증가 작업을 100m 달리기처럼 한다는 점이다.

2018년에 내가 그랬다. 그때 내 증상은 오버 트레이닝(over training)이었다. 다리가 질질 끌리는 느낌이 나거나 감정 기복이 널뛰고 식욕이 하늘 끝까지 치솟았다. 정말이지 하얗게 불태워진 느낌이다. 이런 잿더미가 되는 이유는 휴식이 부족하거나 적게 먹는 것이 전부가 아니다. 방금 말했듯 불필요한 전력 질주를 하는 것도 크게 한몫 한다. 돌이켜 보면 나는 청량감을 위해서 훈련하는 사람이었다. 훈련의 목적

은 활활 태워지고 남은 나를 보며 흡족해하는 것이 아니다. 훈련의 목
적은 발전이다. 훈련에 대한 보상이 오버트레이닝 증상으로 찾아올 때
상실감은 실수로 도미노가 무너지는 느낌이다. 마침내 운동이 미워지
는 지경에 이르는데, 부디 독자들에게는 그런 일이 없길 바란다. 이런
마음을 담아 피로도 관리에서는 할 말이 많다.

　프로그램 설계에서 피로도 관리 도구는 대표적으로 RPE(rating of
perceived exertion)가 있다. 우리말로는 '운동 자각도' 정도로 알아두면 된
다. 이 말도 외울 필요는 없다. 훈련자 입장에서는 맥락만 이해하면
그만이다. 운동 중 강도를 스스로 판단하는 주관적 방법인데 1~10
을 기준으로 한다. 예를 들어 1이면 '힘든지도 모르겠다'이고 10이면
'더 이상 단 한 개도 할 수 없다'로 이해하면 쉽다. 비슷한 개념으로는
RIR(repetitions in reserve)가 있다. 직역하면 '예비 반복수'인데, 우리말로
들을수록 오히려 더 헷갈릴 수 있다. 그러니 굳이 한국어로 해석해서
머리에 담아 두려고 하지 말자. RIR로 외우고 개념을 정리하는 것이
정신건강에 이롭다.

　RIR은 보통 0~5를 기준으로 둔다. 5 RIR이면 '간신히 5개 정도 더
할 수 있는 상태'이고 '0 RIR은 더 이상 반복할 수 없는 상태'다. 이 또
한 주관적인 운동 강도 자각을 따른다(89, 90). 이런 점에서 RPE를 거꾸
로 한 것이라는 설명이 많다. 1 RIR=9 RPE, 3 RIR=7 RPE. 이런 식
이다. 집중해서 읽고 있는지 점검해 보자. 0 RIR은 몇 RPE일까? 답은
10 RPE다. 속으로 다른 답을 했다면 문단의 처음으로 돌아가 다시 읽
어야 한다. 그만큼 훈련에서 중요한 개념이다. 추가로 알아볼 내용이

있다. 사실 RIR이 RPE를 거꾸로 한 것이라는 설명은 직감적이지만 정확하지는 않다. 몇 년 전에는 나 또한 그렇게 설명했고 유튜브에도 흔적이 남아있다. 그러나 깊게 알고 보면 이 둘은 다르다. 재미로 알아 두자.

'체지방 감량 훈련 설계', 이 강의를 듣고 싶어서 콜로라도 볼더로 날아갔다. 현장 강의 중에 카쎔(*Kassem*)은 새하얀 셔츠 다림질하듯이 개념을 정리했다. "10개 정도의 반복수에서는 2 RIR이 8 RPE가 맞 습니다. 하지만 20개 정도의 반복수에서 2 RIR은 9.5 RPE 정도가 됩 니다." 당연히 내가 '왜?'라고 안 할 리 없지 않은가, 돌아오는 답은 이 랬다. 우선 10개 정도의 반복수는 무게가 높고, 20개 근처는 무게가 낮 다. 무게가 높으면 신체가 대사피로 벽에 부딪히기 전에 예비 반복수 한계에 부딪힌다. 쉬운 표현으로 하자면 체력은 남는데 힘이 딸려서 들지 못하는 상황이다. 반대로 무게가 낮으면 신체가 대사피로 한계에 도달할 만큼 오래 할 수 있다. 무게가 가볍기 때문에 남은 힘으로 어떻 게든 반복수는 채울 수 있지만 체력의 고갈 시점은 역전된다. 대사피 로가 누적되어 왔기 때문이다. 쉽게 말해 힘과 체력 모두 한계에 부딪 힌 경우다.

이렇기에 같은 RIR에서 느끼는 RPE는 반복수와 누적된 피로에 따 라 다르다. RIR과 RPE를 처음 들어본 사람은 이쯤에서 '뭐라는 거 야?'라는 생각이 들 수도 있다. 그냥 그렇게 넘겨도 좋다. 일반적으로 몸과 건강을 관리하는 입장에서는 같다고 알아두어도 무리가 없다. 어 차피 비슷한 것이니 RPE만 가지고 이야기해 보자. RPE를 도구 삼아 피로도를 관리하는 것은 선택사항이 아니다. 이것은 레이싱과 비슷하다. 어떤 구간에서 빠르게 달릴지 또는 속도를 줄여야 하는 코너는 어디인지 계획하는 것과 같다. 사전에 이런 기준이 없다면 빠르게 달려야 할 때를 놓쳐 원하는 결과를 얻지 못할 수 있다. 또는 속도를 줄여야 하는 구간에서 되려 가속하다가 코너에 처박힐 수도 있다. 가속을 하지 않고 사리는 것은 '몸이 좋아지지 못한다'로 이해하면 된다. 매번 피로도 핑계를 대며 열심히 하지 않았다는 뜻이다. 반대로 불필요한 가속으로 사고가 나는 것은 오버트레이닝으로 인해 건강이 망가진 것과 같다. 우리 목적은 두 극단 사이에서 원하는 결과를 얻는 것이므로 줄다리기가 필요하다. 절묘한 밀고 당기기 위해서 필요한 것이 RPE다. 이것을 프로그램에 집어넣음으로써 훈련 목적을 영리하게 달성할 수 있다. 속도를 내야할 때와 줄일 때를 구분짓는 도구다.

근육량 증가의 대장은 훈련량(volume)이라고 했다. '감당이 된다면' 많이 할수록 그만큼 좋아진다는 뜻이다. 훈련량이라는 것을 100m 달리기와 마라톤 그리고 국토대장정으로 치환해 보면 '이동한 거리'다. 셋 중에 어떤 것이 가장 많은 거리(훈련량)를 이동하는 것은 국토대장정이다. 그 이유는 모든 구간에서 전력 질주를 하지 않기 때문이다. 이로써 엄청난 거리 이동이 가능해진다. 웨이트 트레이닝으로 보면 상당한 훈련량을 쌓는 셈이다. 이쯤이면 낮은 RPE로 많은 양을 채워야겠다고 생각할 수 있다. 높은 RPE로는 많은 훈련량을 쌓기도 전에 퍼진다고 확정할 법하다. 아직 단정짓기는 이르다. 국토대장정은 많은 거리를 이동하는 만큼 시간도 오래 걸린다. 이 또한 피로에 크게 한몫 할 수 있다. 추가로 근육 성장에는 최적의 RPE가 있다는 점을 고려한다면 마냥 낮은 RPE로만 훈련할 수는 없다[91, 92]. 시간 단축과 효율이 필요하기에 우리는 RPE를 수치화시킨다. "여기서는 속도를 늦춥시다." 또는 "힘을 쥐어짜냅시다!" 같은 신호다. 곧장 결론부터 알아보자. 근력과 근육량 증가를 위한 적정 RPE는 7~8이다[91]. 거의 모든 운동을 간신히 3~2개 더 할 수 있을 때 멈추는 방법으로, 적당한 근육의 피로를 유발하여 성장을 도모한다.

이쯤에서 "RPE 10까지 몰아붙이고 그만큼의 성장을 얻는 게 더 좋은 것 아니냐?"라는 반문이 생길 수 있다. 운동을 1세트만 한다는 전제를 깔면 그것이 맞다. 그러나 1세트가 아닌 여러 세트를 했을 때는 다른 답이 나온다. '1세트 vs 여러 세트' 중 어떤 것이 나은지 실험한 결과[93]에 따르면 3~6세트를 추천한다. 여기까지 내용을 정리해 보면 3~6세트를 하되 최대한 많은 훈련량을 채우는 것이 목표가 된다. RPE는 특히 이 부분에서 빛난다.

여러분이 스쾃(squat) 총 4세트를 한다고 가정하자. 이때 강도는 10개를 간신히 해낼 수 있는 무게이고 세트 간 쉬는 시간은 3분이다. 1세트부터 4세트에 이르기까지 모두 RPE 10(최대 노력)으로 하면 1세트는 당연히 10개를 한다. 3분을 쉬고 2세트를 다시 RPE 10으로 하면 7개 정도로 떨어진다. 3세트는 많이 쳐줘야 5개다. 마지막 4세트는 보통 4~5개 정도로 그친다. 거의 그럴 리는 없지만 후하게 쳐줘서 5개라고 하자. 이런 전개를 부정하려면 둘 중 하나에 해당해야 한다. 최대 노력의 기준을 모르거나 아니면 인간이 아니어야 한다. 인간은 힘을 쓸수록 점점 출력이 떨어진다. 또 최대 노력으로 힘을 소진하면 그 감소 폭이 커진다. 이것은 생리학적으로 명백한 사실이다. 운전하는 내내 가속 페달을 최대로 밟아서 빠르게 소진되는 연료와 비슷하다.

앞선 스쾃 예시에서 총 4세트를 모두 RPE 10으로 하면 결괏값은 27개가 나온다. 이제 각 세트에서 피로도 조절을 하는 예시를 들어보자. 모든 세트를 RPE 8로 설정이다. 1세트에는 8개를 한다(최대 노력으로 10개 할 수 있는 무게를 2개 더 할 수 있을 때 멈추는 것이므로). 2세트 째는 보통 동일하게 8개를 한다. 완전히 고갈시키지 않은 힘은 쉬는 시간 동안 완충되기 쉽기 때문이다. 나아가 피로로부터 회복하는 기전은 가진 힘을 탈탈 털었을 때(RPE 10)보다 적당했을 때(RPE 8)가 유리하다(92). 이런 사실은 3세트에도 적용된다. 3세트에는 7개 정도를 하게 된다. 마지막 세트는 보통 6~7개로 마무리한다. 적게 잡아서 6개라고 치자. 이로써 총 29개를 하게 된다. 모든 세트 RPE 10으로 한 방법은 27개였다. 27 vs 29이다. 혹시 지금 '겨우 2개 더?'라는 생각을 했나? 만약 훈련을 딱 한 개의 운동 종목만 하는 사람이라면 이렇게 생각해도 좋다. 그러나 훈련은 여러 가지 운동으로 구성된다. 각 종목에서 누적된 2~3개의 훈련량이 일주일에 걸쳐 쌓였을 때를 생각해 보자. 한 달은 어떻고 3달은 또 어떤가? 500원짜리를 모아서 100만 원을 만드는 효과와 같다. RPE를 활용한 피로도 조절은 이런 힘을 가졌다. 이런 훈련 기법을 이용한다고 하면 대개 다음과 같이 말을 한다. "죽어라 밀고 당겨도 좋아질까 말까 한데, 얄궂게 피로도 조절이 가당키나 한가?" 실제로 내가 들었던 말이다.

대개의 사람들이 사실에 대한 판단을 할 때 특징이 있다. 지식보다는 경험을 기반으로 한다는 점이다. 신념이란 그런 식으로 자리 잡게 되는데 문제는 그것이 아집이 되어버릴 때다. 개인 소장하는 신념이야 어쩔 수 없지만 아집은 해롭다. 건강한 사실에 관심을 두려는 기회에 훼방을 놓기 때문이다.

2020년쯤 국내에서 RPE는 생소했다. 해외 피트니스 자료에 관심 있는 사람들 정도만 아는 내용이었다. RPE에 대해서 말하면 "그게 뭔데?"라는 대답이 10명 중 9명에게서 나왔다. 실상이 그렇기에 반감이 심한 것은 당연했다. 그들에게 "훈련에서 피로도 관리를 위해 RPE라는 척도를 사용해야 합니다. 운동 중 일부러 1~3개 더 할 수 있을 때 멈추고 다음 세트를 기약하세요. 더 많은 훈련량을 채울 수 있고, 회복과 적응에도 도움이 됩니다." 이러한 사실은 중요하지 않았다. 그저 "나는 매 세트마다 전력 질주를 했고, 살아남았다. 강해졌고, 근육은 더 커졌다."와 같은 개인의 경험이 더 중요했다. 나는 이 내용을 정리해서 유튜브에 올렸다. 영상이 올라가고 한동안 시끄러웠다. 수시로 댓글이 달렸다. '○○○ 님이 그딴 거 없다는데요?'라는 식이다. 또는 '□□□ 선수는 그런 거 없이도 몸이 좋기만 한데, 그건 어떻게 설명할 거냐?' 마치 옥수수 낱알 맺히듯이 생겨났다. 이건 마치 '우리 엄마가 야채 먹기 싫으면 먹지 말랬는데요?' 또는 '우리 삼촌은 야채 안 먹어도 건강한데요?'라는 것과 같았다.

소란은 여기서 끝나지 않았다. 보디빌딩 분야에서 소위 말하는 선배님들이 묵직한 목소리를 더 했다. "이 운동은 99% 실전이다." 이쯤에서 이마를 탁 칠 때가 되었다! 이게 바로 정확히 브로사이언스 한국 버젼이다. 당연히 이런 주장에 SCI급 논문이나 아티클은 없었다. 그럼에도 선배님들의 퍼포먼스는 팔로워들을 전염시키기에 충분했다. 그들은 이때다 싶어 선배님 지원 사격을 시작했다. 표적은 당연히 내 계정 댓글 창이었다. "보디빌딩은 실전이라고 하더라, 몸이나 더 만들고 와라." 마치 우사인 볼트 코치에게 '100m를 9초 대에 달리면 당신 말을 믿겠다.'라고 하는 꼴이다.

이런 식이라면 온 우주를 통틀어 엘리트 선수들은 코치를 둘 수 없다. 그런 이유로 나도 실전으로 보여주고자 마음 먹었다. 내가 주장한 피로도 관리 방법을 적용하여 훈련했다. 11개월을 준비해서 2021년에 13개 대회를 나갔고, 21번 금메달을 걸었다. '봤냐? 이게 맞다니까?' 하는 소심한 반항이었지만 효력은 없었다. 선배님들 커리어에 비해 보잘것 없다는 것이 그 이유였다.

그 후로 아집이란 DNA 같은 것이라고 느꼈다. 그것은 타인의 설득으로 바뀔 수 있는 것이 아니다. 비로소 다시 태어나야 가능한 것이었다. 상황이 그렇게 흘러가자 들을 사람은 듣고 말 사람은 말아라는 식으로 나는 흑화(?)했다. 그럼에도 이 기회를 빌어 다시 글로 남긴다. 아직 중립을 유지하고 있는 사람들이 있을 거라는 희망 때문이다. 분명 그들은 브로 사이언스가 아닌 진짜 사이언스를 즐길 자격이 있다. 여기까지 보면 그들은 아집이고 나만 맞는 것처럼 포장된다. 오해가 없도록 밝히자면 나 또한 아집일 수 있다. 단, 그렇게 되려면 제시한 메타분석 연구들을[89, 90, 91, 92, 93] 업어치기할 수 있는 자료가 필요하다.

추가로 내가 인터뷰했던 세계 내추럴 보디빌딩 챔피언들은 모두 RPE 사용에 고개를 끄덕였다. 이 사실이 뒤집어지려면, 그들의 퍼포 먼스와 주장도 묵살되어야 한다. 이 모든 것이 이뤄지면 달라진 사실 을 인정하고 수정된 정보를 공유할 생각이다.

RPE에 대한 오해는 RPE 7~8 정도만 쓴다고 생각하는 점이다. 모 든 운동에서 힘을 아끼는 방법이라고 여기는 것이다. 아니다. RPE는 10까지 있다. 10이면 500만 원을 준다고 해도 더 이상 반복할 수 없는 상태다. 스쾃으로 예를 들면 이번에 앉았다가는 일어날 수 없는 지경 까지 몰렸을 때를 뜻한다. 이로써 근육량 증가에 필수조건인 공격적인 실패 지점 접근을 충족하게 된다. 마치 레이싱 대회에서 마지막 가속 찬스를 맞이했을 때 가속페달을 끝까지 밟는 것과 같다.

운동에서 RPE 10에 도달하면 심장 박동이 머리까지 울리고 바닥에 주저앉게 된다. 마비가 된 듯한 다리는 벌벌 떨린다. 다음에도 이런 자 극을 예상하고 신체는 대비책을 마련한다. 근육을 더 강하고 크게 만드 는 것이다. 이것이 최적의 RPE 활용법이다. 대개 오해가 생기고 핀잔 이 난무하는 이유는 RPE 7~8만 생각해서다. 그들은 죽을 둥 살 둥 해 도 모자랄 판에 힘을 아끼면서 하냐고 말한다. 그 말속에는 '초짜 주제 에 꼼수 부리지 마라.' 같은 뜻이 담겨있다. 마치 100억 자산가가 연봉 3천만 원인 사람에게 '그 연봉에 지금 잠이 와?'라고 하는 셈이다. 서러 워서 살겠나. 이것이 이슈화되면 100억 자산가는 사회적으로 매장당할 게 뻔하다. 그러나 유독 국내 피트니스 문화는 다른 세상이다.

어쨌든 먹히지는 않겠지만 반박해 보자. 최적의 RPE 활용법을 붙여보는 것이다. 다시 스쾃(squat)을 예시로 가져와 보자. 총 4세트에서 피로도 조절을 하는 방법이었다. 초반 3번의 세트는 RPE 8로 설정하고 마지막 4세트 째에는 RPE 10으로 가보자. 1세트 8개, 2세트 8개, 3세트 7개로 떨어지게 되어있다. 대망의 마지막 RPE 10 세트에서는 몇 개를 할까? 100만 원 내기를 했다고 상상해 보라. 아무리 힘이 떨어지고 있음을 감안해도 7개는 하게 되어있다. 내가 임의로 숫자를 조작한 것이라고 생각할 수 있다. 허나 이런 전개를 부정한다면 실전 경험을 의심해 봐야 한다. 14년 동안 내가 직접 운동하고 가르쳐 본 경험상 빗나가는 사례는 10번 중에 1번 정도였다. 아울러 세계의 석학들이 자료도 제시해 주고 있다(82~93).

다시 본론으로 돌아가 보자. 이런 전개는 모든 세트를 RPE 8로 세팅했을 때보다 1개를 더 한 꼴이 된다. 나아가 RPE를 쓰지 않고 매번 최대 노력을 기울인 것과는 3개 차이가 난다. 그날 운동 종목 5개를 했다고 가정해 보자. 15개 차이가 난다. 평균적으로 50kg의 무게로 운동을 했다고 가정하면 신체가 받아들인 자극은 525kg이다. RPE를 영리하게 활용함으로써 그렇지 않았을 때 보다 525kg를 더 들어젖힌 셈이다. "자, 이제 꼼수는 누가 부리고 있는 거지?"

이쯤이면 RPE를 찬양하는 환청이 들려온다. 이럴 때 특히 주의해야 한다. 당신이 믿는 신과는 다르게 RPE는 만능이 아니다. 피할 수 없는 함정이 있는데, RPE는 주관적이라는 점이다. 누군가의 RPE 10과 나의 RPE 10은 다를 수 있다. 실제로 신경계나 근육의 피로가 최대치에 도달하지 않았음에도 운동을 중단하는 경우가 있다는 뜻이다. 근력이 똑같은 A와 B가 스쾃을 하고 있다고 가정하자. 두 사람 프로그램에는 RPE 10이 동일하게 적혀있다. 같은 100kg로 A는 10개, B는 9개를 했다. '근력이 같다며 왜 결과는 달라?' 근력은 같을지라도 근육 피로 감지력이나 고통을 견디는 정신력은 다르기 때문에 이런 경우가 발생한다. 반론을 주장하는 이들이 특히 거슬려 하는 부분이 이런 점이다. 각기 다른 자각도 통제를 걸고 넘어진다. 쉽게 말해 사람마다 피로에 대해서 다르게 느끼기 때문에 RPE를 정해준다는 것은 부질없다고 한다. 또 다른 주장은 초보자는 매번 실패지점까지 하더라도 대미지(damage)가 크지 않다는 점을 말한다.

하나씩 살펴보자. 사람마다 다르게 느끼는 것은 맞다. 이 부분을 커버하기 위해 우리는 객관성이라는 조건이 필요하다. 우리 목적은 보다 더 많이 효율적으로 하는 것이고, 이를 위한 수단으로 RPE를 보고 있다. 이에 대한 답은 프로그램 작성을 해보면 쉽게 나온다. 기록해 둔 무게와 반복수를 가지고 저번 주와 이번 주를 비교하는 방법이다. 저번 주에 스쾃 4 세트를 100kg로 RPE 7, 8, 8, 10로 훈련했다고 가정해 보자. 각 세트에서 7, 7, 7, 8을 했다면 총 반복수는 29개다. 이번 주에는 같은 설정으로 32개를 채웠다고 해보자. 이것이 의미하는 바는 저번 주에 주어진 훈련으로부터 충분히 회복하고 적응했다는 뜻이다. 피로도 조절이 적당했다고 판단한다. 이 시점에 근력과 근육량 증가에 더 욕심을 낼 것이냐, 유지할 것이냐에 따라 이번 주 설정을 다르게 하면 된다. 만약 욕심을 낸다면 이번주 RPE 설정은 8, 8, 9, 10이 될 수 있다. 유지하기로 정했다면 동일하게 RPE 7, 8, 8, 10로 진행하면 된다.

이처럼 객관성을 가지면 얼마든지 '더 효율적으로 많이'라는 목적을 달성할 수 있다. 여기서 객관성의 기준이란 사람이 느끼는 정도가 아니다. 숫자로 표시하는 수치화된 RPE다. 추가로 얼마든지 조정이 가능하도록 5~10까지 선택폭을 넓게 갖는다(보통 5 미만은 웨이트 트레이닝에서 권장되지 않는다). 이쯤이면 귀가 따갑다고 느낄 수 있겠지만 그래도 짚고 넘어갈 것은 분명히 하자. "초보자는 매번 실패 지점까지 하더라도 대미지가 크지 않다." 이런 주장은 정리가 필요하다. 이는 초보자는 상급자에 비해서 근수축 효율성이 떨어진다는 사실로부터 나온 말이다.

근수축 효율성이란, 한 번 근육을 쥐어짜내고 되돌아가면서 발생하는 출력과 스트레스다. 이 능력이 초보자가 현저히 딸리는 것은 맞다. 그렇기 때문에 그들은 발생하는 대미지가 덜하다고 말한다. 그럼 매번 실패지점까지 해도 될까? 그건 아니다. 먼저, 우리 목적은 대미지 주기가 아니라 대미지로부터 회복하고 적응하는 것이다. 따라서 선제조건인 회복을 고려해야 한다. 이때 생각해볼 것은 개인의 회복력이다. 특정 극단에 해당되지 않는 이상은 상급자가 초보자에 비해서 더 좋다. 정리하자면, 초보자는 받는 대미지도 덜하지만, 회복력도 낮기 때문에 봐가면서 자극을 주어야 한다는 뜻이다. 이때 필요한 것이 수치화된 피로도 조절 도구 RPE다. 또 다른 이유도 있다. 매번 실패 지점을 도달시키면 운동 학습이 불리해진다[94, 95]. 여기서 말하는 학습이란, 스쾃 자세를 배우는 단계라고 생각하면 쉽다. 굳이 레퍼런스(reference)를 달고 있지만 사실 경험으로도 알 수 있다.

"스쾃 동작에서 앉을 때는 허벅지를 적당히 벌리고 발의 아치를 유지해야 해. 이때 허리는 굽으면 안 된다." 이런 정보가 주어졌다고 가정해 보자. 눈이 반쯤 돌아갈 정도로 호흡이 차고 다리에 진동이 오는 상태에서 이것이 생각나고 몸으로 수정이 될까? 불가능에 가깝다. 상급자는 이런 정보가 이미 학습되어 있다. 따라서 실패 지점으로 밀어부쳐도 요구되는 자세가 반자동적으로 나온다. 그에 비해 초보자는 다르다. 실패 지점에 근접하면 종이인형이 바벨을 들고 춤추는 것을 볼 수 있다. 이들에게 힘든 상황에서 익숙하지 않은 자세를 잡는 것은 100m 전력질주를 하면서 책을 읽는 것과 같다. 이것이 초보자에게도 RPE 조절이 필요한 이유다. 그럼에도 불구하고 밀어붙이면 다치거나, 배우지 못하거나 오버트레이닝에 도달한다. 또는 셋 다 일 수도 있다.

이제 막 웨이트 트레이닝에 뛰어들었다면 RPE 10이 어떤 느낌인지 모른다. 이것을 느끼기 위한 방법은 의외로 간단하다. 흔히 깔렸다고 하는 경험을 해보면 쉽다. 깔렸다는 것은 더 이상 밀거나 당길 수 없어서 실패한 시점이다. 스콰트로 치면 바벨을 얹은 채 주저앉은 자세이고, 팔굽혀펴기(push up)라면 힘이 다해서 바닥에 철푸덕 엎드려진 상태다. 하나의 예시일 뿐 스콰트나 벤치 프레스, 데드리프트 같은 운동으로 실험하는 것은 위험하다. 비교적 안전한 머신 운동으로 경험해보는 것을 추천한다. 분명히 할 것은 '엄~청 힘들다'와 '깔리는 것'은 다르다는 점이다. 힘든 것은 RPE 7 이나 10이나 매한가지이고, 깔리는 것은 RPE 10을 넘어섰을 때다. 보통 초보자들이 지적을 받는 것은 RPE 7~8쯤 인데, 10이라고 착각하는 점이다. 이 점을 경계하자. 매번 전력 질주 하는 것도 나쁘지만 뛰어야 할 때 걷는 것도 좋지 않다. 스스로 등에 채찍질을 하는 듯한 이런 자학(?)적인 경험을 통하면 RPE 10의 느낌을 알 수 있다. 머신에서 갈려보기를 제대로 맛봤다면 그 다음 단계로 넘어갈 준비가 된 셈이다.

훈련 기간을 나타내는 주기화는 크게 3가지로 구분한다. 6개월 ~12개월 또는 그 이상 묶음은 대주기라고 한다. 2~6주 안팎은 중주기다. 몇 일~1주의 계획은 소주기로 표현한다(96). 이는 문헌마다 조금씩 차이가 있으니 집착할 필요는 없다. 코치가 아니라면 대충 듣고 흘리자. 우리가 집중할 부분은 1주~6주다.

개인 환경에 따라서 얼마든지 조절 가능한 부분이지만(자가진단 챕터를 기억하자), 6주로 예를 들어보자. 이 기간을 전반기와 후반기로 나눈다. 1~3주는 전반기이고, 4~6주는 후반기다. 전반기에는 RPE 설정을 비교적 보수적으로 가져간다. 단, 놀고 먹는 기간은 아니기 때문에 근성장을 자극하면서도 공격적이지 않게 설정한다. 추천하는 수치는 RPE 7~8이다. 예를 들면 스쿼트 100kg로 4세트를 RPE 7~8로 하는 것이다. 이에 따른 반복수를 프로그램에 적어가면서 훈련하면 된다. 후반기에 해당하는 4~6주 차는 RPE 8~10으로 설정한다. 우리 계획은 6주 기간 동안 열심히 하는 것이었으므로 결승선이 보이기 시작해서 스퍼트(spurt)를 올리는 식이다. 이렇게 RPE를 사용하는 것을 추천한다. 노력의 정도를 조절하면서 가능한 많은 훈련량을 충족하고 때가 되면 최대 노력을 기울이는 방식이다. 정해둔 대로 달려왔다면 6주차 훈련을 마쳤을 때, 노곤노곤한 느낌이 든다. 자고 일어나면 베개가 침 범벅이 되어 있을 수도 있다. 또는 낮 시간에 꾸벅꾸벅거리기도 하고 데이트보다는 잠이 땡기는 그런 느낌이다. 체력이 바닥을 보이는 시점이 온 상태다. 혹시나 '나는 맨날 그런데.'라는 생각이 든다면 만성 피로이므로 빨리 운동하는 것이 답이다. 어쨌든 이쯤에서 디로드(deload)라는 것을 취할 때다. 쉽게 말하면 고속도로 휴게소 같은 개념이다. 질주한 엔진을 잠시 식혀 주고 기름도 넣고 호두과자도 한 봉지 사먹는 그런 시기다. 이 부분은 나중에 자세히 다룬다.

마지막으로 RPE 활용을 한 문장으로 정리하자면 이렇다. '적당히 해야 좋아지지, 과하면 망가진다.' RPE도 물론 계획표에서 한 자리 차지한다. 이 다음 챕터는 '몇 개를 해야 적당할까?'에 대한 내용이 준비되어 있다.

맞춤 훈련 계획서

목적 : 건강 수명 증진 / 훈련 가능:4일 / 훈련 가능 시간: 60분 / 훈련 환경:양호 /
빈도: 주 2회 / 2분할

	운동 종목	목표 근육	세트	RPE	
첫째날	스쾃	허벅지 앞	6	7	
	벤치 프레스	가슴	6	7	
	덤벨 킥백	팔 뒤쪽	5	8	
	크런치	복근	4	8	
	행잉 레그 레이즈	복근	4	9	
둘째날	데드리프트	허벅지 뒤/엉덩이	5	7	
	풀업	등 바깥쪽	4	8	
	랫 풀 다운	등 바깥쪽	3	8	
	스탠딩 카프 레이즈	종아리	4	8	
	바벨 오버헤드 프레스	어깨 앞, 바깥쪽	4	8	
	덤벨 래터럴 레이즈	어깨 바깥쪽	4	9	
셋째날	스쾃	허벅지 앞	3	7	
	래그 익스텐션	허벅지 앞	3	8	
	체스트 프레스 머신	가슴	6	8	
	케이블 푸시다운	팔 뒤쪽	5	8	
	크런치	복근	4	9	
	행잉 레그 레이즈	복근	4	9	
넷째날	런지	허벅지 뒤/엉덩이	3	7	
	레그컬	허벅지 뒤	2	8	
	풀업	등 바깥쪽	4	8	
	랫 풀 다운	등 바깥쪽	3	8	
	스탠딩 카프 레이즈	종아리	4	8	
	바벨 오버헤드 프레스	어깨 앞, 바깥쪽	4	8	
	덤벨 래터럴 레이즈	어깨 바깥쪽	4	9	

24

프로그램 디자인: 반복 범위

"오늘은 하체 운동 하실게요. 첫 운동 종목은 스쾃입니다. 총 4세트 하실 건데, 첫 세트는 RPE 7로 가시죠."라고 하면 바로 시작하는 고객은 드물다. 꼭 이어서 들어오는 질문이 있다. "근데 몇 개 해요?" 꿈에서 나올 정도다. 무게는 이미 정해져 있고 RPE 7이라고 했다면 사실 몇 개 할지는 해봐야 알 수 있다. 예를 들면 이런 상황이다. 100kg으로 무게를 설정했고 간신히 3개 더 할 수 있을 때 멈추라고 한 셈이다. 그건 10개가 될 수도 있고, 12개가 될 수도 있다. 사실은 이렇지만 명백히 이건 지식의 저주다. 숙련자만 추론해낼 수 있는 흐름이지 초보자에게는 어렵다. 나아가 또 하나 오류가 있다. 이런 전개는 목표 반복 범위에 적당한 무게를 이미 알아야 한다는 점이다. 이 또한 숙련자만 가능하다. 핵심은 몇 개 할지를 알아야 무게를 정할 수 있다는 것이다.

이런 이유로 훈련 프로그램에서 몇 개 할지 먼저 계획해야 한다. 무게는 그 다음이다. 이때 몇 개를 반복 범위 설정이라고 한다. 여행 가서 며칠 있다가 올지 정하는 것과 같다. 물론 바람 따라 기분 따라 있다가 올 수도 있다. 대신 그러려면 시간과 돈이 짜증날 만큼 많아야 한다. 훈련에서도 시간과 에너지가 무한대라면 '일단 Go!' 정신으로도 할 수 있다. 그러나 나를 포함한 대개는 그렇지 않다. 이것이 우리가 프로그램에서 반복 범위를 알아야 하는 이유다.

보통 반복수에는 익숙하지만, 반복 범위에는 어색해한다. 보통 그게 그거인 줄 아는데 이 둘은 엄연히 다르다. 반복 범위와 반복수의 차이는 문자가 그대로 보여준다. 반복수란 딱 하나의 선택지가 주어진다. 예를 들면 '10개'다. 6이 될 수도 있고, 8이 될 수도 있다. 추천하지는 않지만 100개도 가능하다. 이처럼 선택지는 무한대에 가깝다. 이런 방식은 각 세트 별로 정해둔 반복수를 채우면 목표를 완수한 셈이다. 예시로 보면 정확히 10개를 한 것이다.

반복 범위는 '10~12개'와 같은 식의 범위로 제시된다. 8~10이 될 수도 있고 12~15가 될 수도 있다. 목표를 완수하는 기준은 같다. 정해진 범위 내에 반복수를 채우면 된다. 다른 점은 범위로 주어졌기 때문에 선택지가 여러 개라는 점이다. 8~10개로 예를 들면, 8개를 해도 되고, 9개 또는 10개를 해도 된다. 이로써 하나의 세트를 계획대로 마칠 수 있다. 여기까지만 보면 반복 범위 필요성에 대해서 의심이 생긴다. 나아가 불만을 갖는 경우도 있다. 강제성을 좋아하는 사람들은 '그냥 쉽게 하나로 정해주지.'라는 생각을 하는 것이다. 한편으로는 8~10이라는 범위를 보고는 '굳이 힘들게 10개 채우지 않아도 되네? 8개만 해도 계획대로 따른 거잖아?'라는 식의 유혹에 흔들린다. 그러나 반복 범위 하나만 보고 필요성을 판단하면 안 된다. 다른 변수들과 합쳐봐야 한다.

변수들 중에서 세트와 RPE 그리고 무게만 끌어와 보자. '스쾃-100kg-4세트-RPE 8' 프로그램에 이렇게 적혀 있다고 가정한다. 여기에 '10개'라고 반복 범위가 아닌 반복수를 정했다. 자, 이제 운동 시작! 앞으로 무슨 일이 일어날지 예상을 할 수 있으면 감이 빠른 독자다. 별 감흥이 없다면 실제 사례를 통해 접근해 보자. 강제성을 좋아하고 성격이 급한 여성 회원이었는데 직업은 수학 강사였다. 직업에서부터 이미 딱 떨어지는 것을 좋아한다고 볼 수 있다. "쌤! 그냥 '10개' 이렇게 정해주면 안 돼요?" 식당에서 손님이 왕이듯 훈련에서는 훈련자가 왕이다. "당연히 맞춰드리죠. 그럼 다음 세트는 무슨 일이 있어도 '10개' 하세요. 아시겠죠?" 그녀는 짧고 굵게 답하고는 다음 세트를 시작했다. 운동 결과는 어떻게 나왔을까?

첫 번째 세트 당연히 딱 정한대로 완수했다. 50kg를 짊어지고 RPE 8에 따랐고, 목표로 했던 '10개'를 채웠다. 반복수의 함정은 두 번째 세트부터 나타난다. 물론 10개를 할 수 있다. 그러나 RPE 8을 어기게 된다. RPE 챕터에서 말했듯이 우리 지구인은 드래곤볼에서 나오는 초사이어인이 아니다. 반드시 갈수록 체력이 소진되고 힘이 떨어진다. 이에 따라 두 번째 세트에서는 10개를 성공하되 RPE 9쯤에 가게 되어있다. 반복수 10개를 지키기 위해서 프로그램 계획 중 RPE를 어긴 꼴이다. "회원님, 지금 RPE 8 아닌 것 같은데요? 딱 보니까 9 아니면 10인데?" 그녀는 멋쩍은 웃음으로 퉁쳤다. 문제는 여기서 끝이 아니다. 나머지 3, 4세트에는 그나마 지켜왔던 10개라는 반복수도 어기게 된다. 결국 힘이 다한 것이다.

우리 지구인은 정신력으로 근력을 만들어낼 수 없기에 필연적으로 나오는 현상이다. 분노한다고 머리카락이 노랗게 변하고 힘이 수십 배로 오르지 않는다(드래곤볼 초사이어인 특징이다). 대략 세 번째 세트는 RPE 10으로 해도 8개 정도에 그친다. 네 번째 세트에서는 말할 것도 없다. "그냥 '10개' 정해달라면서요." 그 후로 레슨 중에 반복 범위 논쟁은 없었다.

계획을 어기기 위해서 세우는 사람은 없다. 프로그램도 계획대로 하고 그에 맞는 효과를 얻기 위해서 설정한다. 반복수가 아닌 반복 범위 사용을 추천하는 또 하나의 이유는 실용성 때문이다. 어찌 보면 계획을 잘 지키기 위한 준수성보다 더 강력하다.

반복 범위에 대한 선택지는 크게 3개로 제시할 수 있다. 6~9개, 8~12개, 12~15개이다. 제시된 반복 범위는 각각 어울리는 짝이 있다. 6~9개는 근력 운동에 알맞다. 8~12개는 근육량 증가를 노릴 때 잘 어울리고, 12~15개는 근지구력 및 운동 자세를 학습하는 데에 유리하다(97, 98, 99). 이는 각 연구결과들과 내 경험에 비춰 추천한다. 몇 번이나 반복해서 말할 테지만 어디까지나 보편적 다수를 위한 기준이다. 더 깊이 들어가면 개인의 유전적 특성, 최근 훈련 동향, 세트의 결합 방법 등을 따진다. 간략히 설명하고 넘어가자.

유전적 특성은 사람마다 타고난 근섬유 타입을 고려한다는 것이다. 쉽게 잘 커지는 근육이 있고 더딘 근육이 있는데 속근과 지근이라고 한다. 웨이트 트레이닝만 두고 보면 속근이 매력적이라고 생각할 수 있다. 지근은 왠지 억울한 느낌이다. 이런 오해는 근육이란 자고로 크고 빨라야 좋다는 생각에서 비롯된 것이다. 좋은 근육이란, 오랫동안 지속하는 능력도 포함되어야 한다. 사실 이런 능력이야말로 일상과 더 맞닿아 있다. 흔히 '실전 근육', '노가다 근육' 능력이 바로 지근의 역할이다. 따라서 속근과 지근 중에 어떤 것이 더 우세하다고 할 수 없다. 속근을 많이 가지고 태어난 사람은 반복 범위가 높은 쪽으로 가는 것을 추천한다. 지근이 많은 사람은 반복 범위가 낮은 쪽으로 설정하는 것이 좋다. 건강의 균형을 맞추기 위함이다. 대체로 타고난 부분은 뭘 해도 좋아진다. 훈련으로 약점을 보완하는 전략이라고 생각하면 쉽다. 이로써 건강과 체력에 완전함을 노린다.

이렇게 짝어진 이유는 각각 운동 콘셉트(concept)에 특성이 있기 때문이다. 여기서 말하는 특성이 바로 언급했던 에너지 시스템이다. 이것은 신체가 운동을 위한 에너지 생산 연료를 탄수화물, 지방 중 어느 쪽에 비중을 두는가를 나타낸 개념이다. 특히 운동 지속시간과 휴식에 따라서 크게 달라진다(100). '그런 게 있구나.' 하고 넘겨도 좋다. 훈련에서 이런 특성은 무게에 반비례한다. 무게가 무거워지면 반복수는 내려가고, 가벼워지면 반복수는 올라간다.

이것을 부정할 수 있다면 당신은 초사이어인이다(혹시 꼬리가 있는지 찾아봐라). 이런 이유들이 반복 범위 추천에 녹아있다. 근력 운동을 위해서는 비교적 다른 콘셉트에 비해 무겁게 훈련해야 하고, 근지구력은 꽤 오랫동안 운동 동작을 이어가야 하기 때문에 가벼워야 한다. 이에 따라 근력운동은 반복 범위가 짧고, 근지구력은 길다. 초보자가 자세를 학습하려면 6~9개보다는 12~15개가 유리한 점도 고려할 만한 부분이다. 노래를 한 번 불러본 사람과 열 번 부른 사람 중 누가 더 잘 할 확률이 높을까? 답은 너무나 뻔하다. 그렇다고 노래를 100번 부르면 목이 쉬어서 오히려 좋지 않을 게 뻔하다. 이와 같은 논리라고 생각하면 쉽다. 여기서 노래 100번이란, 하나의 운동에서 30~50번을 반복하는 것을 말한다. 이런 이유에서 우선 12~15개 범위로 자세를 익힌 후에 점차 무게를 올려나가자.

초보를 졸업하면 추가적인 디테일이 필요하다. 그때가 왔을 때, 프로그램을 사용했던 사람과 아닌 사람은 차이가 크다. 디테일을 더 하려면 이미 프로그램에 익숙해야 하기 때문이다. '고기도 먹어본 놈이 먹는다'라는 격언이 딱 맞는 순간이다. 디테일한 프로그램은 정체기를 뚫는 데에 강력한 무기다. 한 번 더 정리하고 마지막 진도를 나가보자. 근력 증가=6~9개, 근육량 증가=8~12개, 근지구력 증가=12~15개다(97, 98, 99).

이해가 쉽도록 6~9와 12~15만 가져와서 비교한다. 훈련자 상태나 에너지 시스템도 고려해야 하지만 각 반복 범위에 어울리는 운동들이 있다. 결론부터 말하면 6~9는 동작이 큰 바벨 운동에 알맞고, 12~15는 동작이 단조로운 머신 운동에 적당하다. 예를 들면 스쾃 같은 운동에는 6~9개 반복 범위가 어울린다. 똑같은 넙다리네갈래근 운동일지라도 12~15개 반복 범위는 레그 익스텐션이 적당하다. 이유는 신경학적 효율성 때문이다. 단편적으로 알고 있는 것처럼 운동은 근육만으로 이루어지는 것이 아니다. 뇌의 분석과 처리를 따라 신경계의 명령으로 이뤄진다. 이때 신경계가 근육을 조절하고 신호를 주는 능력을 신경학적 효율성이라고 한다. 운동 자세 조절은 신경학적 효율성에 따라서 정해진다고 봐도 무방한 셈이다(101). 대개 초보자는 이 능력이 떨어진다.

스쾃처럼 바벨을 사용하고 동작이 크며, 개입되는 관절 개수가 많은 운동은 신경학적 요구도가 높다. 앞서 이것을 복잡성이 높은 운동이라고 설명한 적이 있다. 이렇게 복잡성이 높은 운동은 12~15개 반복을 하기엔 꽤 도전적인 과제가 된다. 특히 초보자에게 심하다. 이런 이유로 복잡성이 높은 운동은 충분한 무게로 6~9개 범위를 추천한다.

레그 익스텐션은 상당히 간단한 운동이어서 신경학적 요구도가 낮다. 쉽게 말해 복잡성이 낮고 단순성이 높다. 이런 운동은 반복 범위가 12~15개처럼 높아도 문제될 게 없다. 이점을 살려서 많은 반복을 통해 근육의 피로를 유발하기에 적당한 운동이다. 이러한 보편적 가이드는 개인에 따라 달라질 수 있고 목적에 맞춰 바꿀 수 있다. 바벨 운동을 12~15개로 할 수 있고, 머신 운동을 6~9개로 할 수도 있다.

예를 들면 라면 끓이기와 비슷하다. 물 500ml에 수프 하나를 넣고 끓인다고 가정하자. 여기에 청양고추를 더해서 먹거나 우유를 섞어 먹는 것과 같은 취향은 얼마든지 더할 수 있다. 반복 범위 설정도 이와 비슷하다. 여러 변수와 취향에 따라서 변형을 줄 수 있다. 절대 규칙은 없는 셈이다. 다만 초보가 첫 발을 떼는 것과 고수의 변형에는 모두 기준이 필요하다. 그 중심 역할을 해주는 것이 프로그램이다. 반복 범위 가이드를 표로 나타냈고, 그 밑에는 이를 반영한 맞춤 훈련 계획표 예시다.

6~9개	8~12개	12~15
근력 운동(최대하)	근육량 증가	근지구력, 자세 학습
바벨, 덤벨	혼용 가능	머신(Machine)
복잡성 높은 운동	혼용 가능	복잡성이 낮은 운동
스콧(squat) 데드리프트(deadlift) 벤치 프레스(bench press) 오버 헤드 프레스(over head press) 등	혼용 가능	레그 익스텐션(leg extension) 힙 쓰러스트(hip thrust) 렛 풀 다운(lat pull down) 암 컬(arm curl) 등

맞춤 훈련 계획서

목적 : 건강 수명 증진 / 훈련 가능:4일 / 훈련 가능 시간: 60분 / 훈련 환경:양호 / 빈도: 주 2회 / 2분할

	운동 종목	목표 근육	세트	RPE	반복 범위
첫째날	스콧	허벅지 앞	6	7	6~9
	벤치 프레스	가슴	6	7	6~9
	덤벨 킥백	팔 뒤쪽	5	8	8~12
	크런치	복근	4	8	12~15
	행잉 레그 레이즈	복근	4	9	12~15
둘째날	데드리프트	허벅지 뒤/엉덩이	5	7	6~9
	풀업	등 바깥쪽	4	8	6~9
	랫 풀 다운	등 바깥쪽	3	8	12~15
	스탠딩 카프 레이즈	종아리	4	8	12~15
	바벨 오버헤드 프레스	어깨 앞, 바깥쪽	4	8	6~9
	덤벨 래터럴 레이즈	어깨 바깥쪽	4	9	8~12
셋째날	스콧	허벅지 앞	3	7	6~9
	레그 익스텐션	허벅지 앞	3	8	12~15
	체스트 프레스 머신	가슴	6	8	12~15
	케이블 푸시다운	팔 뒤쪽	5	8	8~12
	크런치	복근	4	9	12~15
	행잉 레그 레이즈	복근	4	9	12~15
넷째날	런지	허벅지 뒤/엉덩이	3	7	8~12
	레그컬	허벅지 뒤	2	8	12~15
	풀업	등 바깥쪽	4	8	6~9
	랫 풀 다운	등 바깥쪽	3	8	12~15
	스탠딩 카프 레이즈	종아리	4	8	12~15
	바벨 오버헤드 프레스	어깨 앞, 바깥쪽	4	8	6~9
	덤벨 래터럴 레이즈	어깨 바깥쪽	4	9	8~12

25

프로그램 디자인: 휴식 시간

우리 몸에는 먹을 것을 주면 돈으로 바꿔주는 은행이 3개 있다. A 은행은 40만 원을 준다. 대신 하루 만에 뚝딱 바꿔주는 특징이 있다. 다음 B 은행은 이틀 정도를 기다려야 하지만 300만 원을 준다. 마지막 C 은행은 무려 1,000만 원을 준다. 다른 은행에 비해서 각각 25배, 3.3배를 받지만, 5일 정도 기다려야 한다. 자, 당신이 돈이 절실한 상황이라면 어떤 은행을 찾을까? 답은 '글쎄'다. 급전이 필요하다면 어쩔 수 없이 A 은행을 이용해야 한다. 받는 총액은 적지만 일단 급하게 써야하는 경우다. 딱히 분초를 다투는 상황은 아니지만, 그렇다고 여유를 부리기도 어렵다면 B 은행이 적당하다. 시간이 넉넉하다면 1초도 고민할 것 없이 C 은행이 최선이다. 이쯤에서 하이파이브, 짝. 우리는 방금 운동 생리학 기초인 에너지 시스템 중 일부를 터득했다.

　앞서 말한 은행은 인체 에너지 시스템이고 돈은 에너지다. 돈을 소비하는 것은 신체활동이다. 우리는 섭취한 음식과 물, 산소를 에너지로 바꿔 운동한다는 말이다. **A: 무산소 해당작용, B: 유산소 해당작용, C: 유산소 지방산 산화 작용**인데, 보통은 베타 산화라고 말한다[102, 103]. 추가로 음식을 주지 않아도 바로 돈부터 내어주는 은행도 있지만 나중에 갚느라 더 많은 돈이 든다. 사채업자라고 생각하면 쉽다. 굳이 생리학 용어로 설명하면 ATP, ATP-PC 시스템이다. 여기까지가 인체 에너지 시스템이고, 운동 생리학 전공을 할 게 아니라면 듣고 넘겨도 좋다. 이번 주제인 휴식 시간을 이해하는 데에는 이 정도면 충분하다.

　에너지 시스템은 훈련 안에서 반대로 작용되는 경향이 있다. 운동에서 사채업자나 A 은행을 이용해야 하는 급박한 상황이면, 휴식 시간은 반대로 넉넉히 주어져야 한다. 무겁게 하거나 빠르게 하는 운동을 할 거라면 휴식 시간이 넉넉히 필요하다는 말이다. 그 중간 정도로 운동한다면 B 은행을 이용한다. 운동 중에 C 은행을 이용하는 상황이면 운동이 가볍거나 느리다는 뜻이다. 이때는 휴식 시간이 짧아도 지속적인 수행이 가능하다. 지금까지 설명한 에너지 시스템 체계는 시소를 떠올리면 쉽다[104, 105, 106]. ATP, 무산소, 베타산화 등 복잡한 용어를 기억할 필요 없이 이 한 문장이면 충분하다. '운동 강도가 높으면 휴식 시간은 길다. 운동 강도가 낮으면 휴식 시간은 짧다.' 지구인이라면 거부할 수 없는 인체 생리다.

　이 개념을 그대로 가져와서 휴식 시간 배정에 쓰면 된다. 아직 조금 헷갈릴 수 있으니 풀어서 설명해 보자. 이 책에서 초점을 두고 있는 웨이트 트레이닝에서 무게는 항상 반복 범위와 반비례한다. 무거워지면 반복 범위는 작아진다. 반대로 휴식 시간과 무게는 비례한다. 무거운 무게를 다루는 운동은 휴식 시간이 길고, 가벼우면 짧다. 이전 챕터에서 정리한 반복 범위를 떠올려 보자. '6~9, 8~12, 12~15'이다. 내용에 따르면 6~9개 하는 운동은 12~15개에 비해서 무거울 것이다*(그래야 한다)*. 무게가 올라가면 휴식 시간도 올라간다. 따라서 6~9 반복 범위를 가진 운동은 휴식시간이 길고, 12~15 범위는 그에 비해 짧게 된다.

추가로 각 반복 범위에 추천한 운동들을 생각해 보면 같은 답이 나온다. 6~9는 대체로 운동의 복잡성이 높은 운동들이었다. 그에 비해 12~15 범위에 어울리는 운동들은 복잡성이 낮았다. 복잡성이 높으면 신경계의 피로도가 심해진다[107]. 이에 따라 회복을 위한 휴식시간도 넉넉히 주어져야 한다. 반복 범위가 낮고 무거우며 자세 조절이 어려운 운동은 휴식시간을 길게. 반복 범위가 높고 비교적 가볍고 자세 조절이 쉬우면 휴식 시간은 짧게. 이렇게 정리해 두면 쉽다. 이쯤이면 궁금증이 생긴다. '그래서 길고 짧음이 도대체 얼마큼인데?' 이제 그 부분을 알아볼 차례다.

2010년 5월, 우리에게 그는 황제와 같은 존재였다. 그가 근엄한 목소리로 말한다. "1분 30초." 황제 스스로 정한 다음 세트까지의 휴식 시간이었다. 그 시간 동안 황제는 가끔 왕의 가르침을 하사했다. "1분 30초, 딱 이 정도가 좋아. 스쾃같이 힘든 운동은 2분 정도가 적당하고." 황제의 운동을 참관하던 교육생들은 글썽이며 고개를 끄덕였다. '성은이 망극하옵니다.'라는 표정이었다. 다음 날 교육생끼리 삼삼오

오 모여서 운동할 때면 그 누구도 1분 30초를 넘기지 않았다. 심지어 나는 더 심했다. 그 후로 몇 년 동안 1분 30초를 어명처럼 여겼다. 거의 모든 운동 쉬는 시간을 1분 30초로 하는 것이었다.

눈치챘겠지만 황제는 운동 순서 챕터에 나온 프로 보디빌더 강사다. 갓 태어난 오리는 처음 보는 것이 어미인 줄 안다고 한다. 눈을 뜨자마자 농부의 장화를 보면 그것이 어미인 줄 알고 내내 따라다니는 것이다. 지금 생각해 보면 그때 우리는 갓 태어난 오리와 같았다. 처음 본 보디빌더이자 강사의 '휴식 시간=1분 30초'라는 가르침이 절대원칙처럼 여겨지는 게 당연했다.

시간이 흐르고 나는 장화와 어미를 분별할 수 있게 되었다. 과학이 제시해 주는 휴식시간은 황제의 어명과는 조금 달랐다. 최대, 최대하 근력을 사용하는 운동은 3~5분이 적당하다[108]. 그가 말했던 "힘든 운동은 2분 정도가 적당하고."와는 확실히 차이가 있다. 근육량 증가와 근력을 동시에 기르는 운동도 권장되는 휴식시간은 2~3분이다[109]. 만약 근지구력 향상을 목표로 한다면 60~90초가 유효하다[110]. 아마도 황제는 본능적으로 이 중간 어디쯤에 이끌렸던 것 같다.

이런 부분이야 사람에 따라 다를 수도 있고, 과학이 제시한 권장 휴식 시간도 언젠간 바뀔 가능성이 있다. 그러나 장화를 어미로 착각하는 새끼 오리가 되기 싫다면 과학에 귀 기울이는 것이 옳다. 검증된 제시 방법을 따르고 나서 그 후에 점점 개인화시키는 것을 추천한다. 종합해서 쉽게 보면 이렇다. 반복 범위 챕터에서 말한 6~9개를 할 때는 휴식시간이 3~5분 추천된다. 근육량 증가를 노리는 8~12개는 90초

~2분이고, 근지구력을 위한 12~15개는 60~90초다. 이어지는 계획표로 정리하면 다음 페이지의 표와 같다.

휴식 시간은 제시된 방법대로 따라해본 후에 얼마든지 개인화해도 좋다. 수정하는 기준은 이어지는 내용을 따르면 된다. 프로그램 디자인 강의에서 공통적으로 받는 질문이 있다. "3~5분 또는 90초~2분은 선택지가 너무 넓은데요." 특히 근력운동에 해당하는 휴식시간 3~5분은 확실히 그렇다. 3분을 쉬어도 범주 안에 들어오는 것이고 5분이어도 마찬가지기 때문이다. 이럴 땐 기록을 들여다보면 쉽다.

월요일이라고 가정해 보자. 데드리프트를 100kg으로 6~9개씩 3세트하는 날이다. 첫 번째 세트에 9개를 하고 나서 3분을 쉬었다. 두 번째 세트를 들어갔는데 5개를 했다면 반복수가 예상에 비해 뚝 떨어진 셈이다. 또 6~9개라는 범위 안에 들지도 못했다. RPE를 잘못 체크(check)했을 수도 있지만, 대개 휴식 시간 부족일 가능성이 크다. 이런 경우에는 쉬는 시간을 30초 늘린다. 3분 30초를 쉬고 다음 세트를 진행해 보는 것이다.

이제 세 번째 세트를 해보자. 직전 세트 5개보다 높거나 유지된 결과를 본다면 1~2세트로 넘어갈 때, 3분이라는 휴식 시간이 부족했던 셈이다. 이런 경우에는 다음 주 월요일 또는 다른 날 진행하는 데드리프트에서 휴식 시간을 3분 30초로 수정한다. 만약 3분 30초를 쉬었는데도 반복수가 또 한 번 뚝 떨어질 수 있다. 또는 같은 반복수(5개)에서 느끼는 피로도가 확연히 높다면 이럴 때는 쉬는 시간을 조금 더 늘려준다. 4분으로 조정하고 다시 같은 방식으로 점검해 보는 식이다.

맞춤 훈련 계획서

목적 : 건강 수명 증진 / 훈련 가능:4일 / 훈련 가능 시간: 60분 / 훈련 환경:양호 /
빈도: 주 2회 / 2분할

	운동 종목	목표 근육	세트	RPE	반복 범위	휴식 시간
첫째날	스쾃	허벅지 앞	6	7	6~9	3분
	벤치 프레스	가슴	6	7	6~9	3분
	덤벨 킥백	팔 뒤쪽	5	8	8~12	2분
	크런치	복근	4	8	12~15	1분
	행잉 레그 레이즈	복근	4	9	12~15	1분
둘째날	데드리프트	허벅지 뒤/엉덩이	5	7	6~9	3분
	풀업	등 바깥쪽	4	8	6~9	3분
	랫 풀 다운	등 바깥쪽	3	8	12~15	1분 30초
	스탠딩 카프 레이즈	종아리	4	8	12~15	1분
	바벨 오버헤드 프레스	어깨 앞, 바깥쪽	4	8	6~9	3분
	덤벨 래터럴 레이즈	어깨 바깥쪽	4	9	8~12	2분
셋째날	스쾃	허벅지 앞	3	7	6~9	3분
	레그 익스텐션	허벅지 앞	3	8	12~15	1분 30초
	체스트 프레스 머신	가슴	6	8	12~15	1분 30초
	케이블 푸시다운	팔 뒤쪽	5	8	8~12	2분
	크런치	복근	4	9	12~15	1분
	행잉 레그 레이즈	복근	4	9	12~15	1분
넷째날	런지	허벅지 뒤/엉덩이	3	7	8~12	2분
	레그컬	허벅지 뒤	2	8	12~15	1분 30초
	풀업	등 바깥쪽	4	8	6~9	3분
	랫 풀 다운	등 바깥쪽	3	8	12~15	1분 30초
	스탠딩 카프 레이즈	종아리	4	8	12~15	1분
	바벨 오버헤드 프레스	어깨 앞, 바깥쪽	4	8	6~9	3분
	덤벨 래터럴 레이즈	어깨 바깥쪽	4	9	8~12	2분

간단히 정리하면 수행력을 기준으로 휴식 시간을 조정한다. 몸을 빚어가는 과정에서 마법의 화살은 없다. 한방에 과녁 정중앙에 꽂히리란 기대는 접어야 한다는 뜻이다. 같은 작업을 반복해 나가면서 내게 맞는 무게, 휴식 시간 등을 찾아나가야 한다. 만약 마법의 화살 같은 비법이 있었다면 세상 사람들은 모두 몸짱이어야 한다. 관련해서 조금 다른 상황도 있다. 3분을 쉬어도 6개를 하고, 4분을 쉬어도 6개를 하는 경우다. 물론 무게와 RPE 설정이 잘 되었다는 전제가 붙어야 한다. 운동생리학에 따르면 설명이 어려운 특이 사례지만 가끔 이런 사람이 있다. 경험상 보면 50명 중에 3명 정도였다. 이런 경우라면 3분을 쉬는 것이 낫다. 이유는 크게 두 가지다. 시간을 아낄 수 있다는 것이 첫 번째이고, 같은 훈련량이라면 밀도가 높은 것이 근육량 증가에 유리할 수 있기 때문이다(111). 잠깐 '밀도가 뭐지?'라고 생각할 수 있겠다.

데드리프트를 5개씩 3세트로 총 15개 한다고 가정하자. 1개 반복하는 데 3초가 걸린다면 1세트는 15초가 소요된다. 3세트, 총 15개를 완수하는 데는 45초가 걸린다. 이때 쉬는 시간을 각 세트 당 4분을 잡는다면 15개를 완수하는 데에 총 8분 45초가 걸린다. 만약 쉬는 시간을 3분으로 잡으면 45초+6분^(3분씩 2번)이 된다. 6분 45초다. 같은 15개를 2분 더 빠르게 했으므로 후자의 훈련 밀도가 더 높다고 정의한다. 같은 훈련량을 더 빨리 마치면 시간도 벌고 근육량 증가에 도움 되는 호르몬 반응도 이끌어낼 수 있어서 좋다. 이쯤이면 '좋았어. 내일부터 모든 휴식 시간을 줄이겠어.'라고 할텐데 같은 훈련량이라는 조건을 잊으면 안 된다. 괜히 쉬는 시간을 줄여서 15개 할 것을 12개밖에 하지 못하면 오히려 손해다.

　이쯤에서 다시 떠올리자. 근육량 증가에 대장은 훈련량이다. 훈련 프로그램에서 쉬는 시간은 훈련자 의견을 가장 많이 반영하는 부분이다. 따라서 얼마든지 조정해도 좋다. 대신 러키펀치나 마법의 화살을 기대하지 말고 꾸준한 반복 작업을 통하는 것이 좋다. 쉬는 시간 챕터는 역시 인체 에너지 시스템이나 ATP 대사 또는 운동생리학에서 근거를 가져왔다. 여기에 더불어 개인화시키는 방법은 내 경험을 가이드로 삼았다. 참고하되 맹신하면 안 된다. 그래도 어지간하면 잘 먹힐 거라고 자부한다. 14년 동안 시행착오라는 펀치를 수없이 얻어맞고 나름 개발한 적중률 높은 화살이다.

26

프로그램 디자인: 디로드

서기 192년 로마 제국의 어린 황제 코모두스(*Commodus*)는 대규모 싸움판을 벌인다. 14일간 자신을 중심으로 벌인 검투사 경기였다. 노예들이나 참가하는 경기에 황제가 뛰어든 목적은 대중의 환심이었다. 코모두스는 다양한 동물들을 비롯해 코뿔소를 활로 쏘아 죽이는 등의 퍼포먼스를 보여줬다. 이때 참가 당한 노예들은 맹수에게 찢겨지거나 검투사에게 베어 죽음으로써 피와 죽음의 수단으로 쓰였다. 대규모 경기는 코모두스의 정치적 몰락으로 이어졌지만, 당시 로마 전역에서 이 장관을 보기 위해 몰려들었다(112).

이런 사실을 비춰보면 1832년 전이나 지금이나 사람들은 싸움 구경에 열광한다. 그래서 싸움 이야기를 하나 더 준비했다. 고리타분한 설명만 읽으면 재미없으니까. 피로도 관리 챕터에서는 질척였던 싸움을 소개했다. 이번에는 그보다 더 재밌는 것을 얘기할까 한다. 대놓고 걸어오는 싸움보다 더 기분 나쁜 것은 뒷담화를 통한 시비다. 대다수 싸움의 서막이 이 부분에서 열린다. 프로그램 디자인 강의 중이었다. 수강생 중 하나가 손을 번쩍 들고 말했다. "○○○이 그러는데 '열심히 밀고 당길 시간도 부족한 판국에 무슨 디로드냐? 요령 피울 생각 말고 하나라도 더 해라. 그런 거 알려주는 애들이 너네 눈탱이 치는 거다.'라고 하던데요?" 여기서 그런 거 알려주는 애들 중 하나가 나였다. 머릿속에서 굵직한 실 하나가 툭 끊기는 느낌이 들었다. 비속어가 목구멍까지 차올랐지만 삼켰다. 나름 고고한 척하는 게 내 이미지였으니까.

일단 디로드가 뭔지부터 알아보자. 프로그램 디자인 강의 거의 끝부분에서 디로드에 대해 배운다. 디로드는 쉽게 말해 잠깐 쉬었다 가는 거라고 생각하면 된다. 이 정도 겉핥기 개념으로는 충분히 오해할 수 있다. "것 봐 그냥 쉬고 싶어서 하는 거라니까?" 이런 식이다. 하지만 더 들어볼 필요가 있다.

디로드는 중주기에 포함되어 있는 기간인데 보통 일주일을 잡는다. 중주기를 6주로 잡았다면 5주 동안은 분노의 질주를 한다. 이 기간은 축적 주간이라는 이름이 붙는다. 축적 주간 동안 어금니를 꽉 물고 티셔츠를 땀으로 적셨다면, 그간 쌓인 피로를 씻어내야 한다. 지구인은 손오공도 아니고 기계도 아니기 때문이다. 다음 축적 주간을 위해서 회복해야 한다. 이때 일주일 디로드를 넣어 중주기 6주를 완성한다. 고루한 격언을 대자면 '일보후퇴 이보전진'인 셈이다. 이것이 디로드가 필요한 이유다. 사실 딱 이 정도면 내가 울컥하지도 않는다.

　　디로드의 또 다른 매력은 민감성 조절이다. 설명을 위해서 익숙한 인슐린을 예로 들어보자. 인슐린 저항성은 질리게 들어봤을 것이다. 인슐린이 필요 이상으로 자주 과다 분비되기 때문에 이에 대해 혈당을 흡수하는 조직이 둔감해진 것을 인슐린 저항성이라고 한다. 이와 반대인 인슐린 민감성을 올리기 위해서 우리는 애를 쓴다. 민감성이 올라가면 혈당을 쭉쭉 빨아들일 수 있게 되기 때문이다[113, 114]. 이제 눈치챘을 것이다.

　　설명한 인슐린을 훈련으로 바꾸면 디로드의 두 번째 매력을 알 수 있다. 디로드는 훈련에 대한 민감성을 조절하여 신체가 훈련 효과를 잘 받아들이도록 해주는 방법이다. 아무리 맛있는 것도 맨날 먹으면 감흥이 없는 것과 같다. 내 라면 사랑을 예로 들 수 있다. 나는 라면 없으면 못 산다. 물이 살짝 적게 끓여진 라면에 꼬들꼬들한 면발은 정말 못 참는다. 그런데 만약 한 달 내내 라면을 먹는다고 가정해 보자. 라면이 맛있게 느껴질리 없다. 매번 같은 자극으로 인해서 둔감해졌기 때문이다. 형편이 넉넉지 않을 때 일주일 정도 그렇게 해본 적이 있다. 매일 인상을 구기고 궁시렁거리며 라면을 먹었다. 노란 양푼 냄비, 눌어붙은 손잡이, 학이 그려져 있는 은색 젓가락. 얼마나 질렸으면 아직도 잊지 못한다.

　　이렇듯 훈련도 매번 같은 것만 하면 질릴 수밖에 없다. 여기까지 들으면 '그건 네 생각이고.'라고 할 수 있겠다. 연구 결과도 충분히 있다. 디로드는 피로 관리에 도움을 주는 것은 물론이오, 능동적인 회복을 위한 생화학 경로를 활성화시킨다[115]. 또 운동 수행능력을 증가시키고 오버트레이닝을 방지하는 효과가 있다. 이는 다음 훈련 주기에서 더 나은 성과를 낼 수 있게 돕는다. 논문 제목이 한 문장으로 정리하고 있다. "총을 재장전하기 전까지는 또 다른 총알을 쏠 수 없다(116)." 사실이 이런데 그런 뒷담화를 당했으니 나는 욱하지 않고 버틸 수 없었다. 억울할 새도 없이 곧이어 2차전이 시작됐다.

 "죽어라 하는 선수들이나 디로드가 필요하지 일반인이 무슨 디로드야. 사치 부리고 있네." 이것이 뒷담화 버전 2였다. 선수는 신격화하고 일반인은 콜로세움 노예 취급을 하는 이들을 보면 가끔 과거가 의심스럽다. 디로드는 선수가 아닌 일반 사람들에게도 유용한 도구다. 우선 일반인은 훈련으로 인한 대미지가 적다는 오해부터 풀어야 한다. 이런 말이 나온 이유는 운동 고수는 100kg로 10개를 하는 반면에 초보자는 50kg로 10개를 하기 때문이다. 하나의 예시이지만, 정말 이 정도 차이가 난다. 사실이 이렇다 보니 '고작 그 정도 하면서 쉬려고?' 라는 식의 말을 하는 것이다.

 내가 피로와 회복 관계에 대해서 말한 부분을 다시 떠올려 보자. 우리가 피로를 느끼고 과훈련(over training)을 겪는 것은 훈련량에 따라서 결정되는 것이 아니다. 개인의 회복력에 따라 결정된다. 쉽게 말해 '훈련량이 상당한데? 디로드가 필요하다.' 이게 아니다. 훈련량이야 어쨌든 '충분히 열심히 해서 피로가 쌓였다. 디로드가 필요하다.' 이렇게 해석해야 한다. 몸이 좋아지고 운동 수행력이 나아지는 시스템은 '훈련-적응'이 아니다. '훈련-회복-적응'이다. 이 중간에 있는 회복을 돕기 위해서 디로드를 한다. 회복이 있어야 적응도 가능하다. 위 예시를 다시 가져와 보자. 운동 고수의 회복력이 1,200이면 100kg로 10 개(1,000의 대미지라고 가정)를 해도 과훈련이 아니다. 회복력이 200 남기 때 문이다. 반면에 초보자는 운동 수행능력만큼 회복력도 낮다. 회복력이 450 정도라고 가정해 보자. 50kg로 10개를 해서 500의 대미지 밖에 받지 못하더라도 과훈련 증상을 느낄 수 있다. 회복력이 남기는커녕 −50이기 때문이다.

이처럼 피로 관리가 필요하냐 그렇지 않느냐는 개인의 회복력에 따라서 결정된다. 간단하게 정리하면 이렇다. 디로드는 개인이 가진 회복 한계치에 근접할 정도로 열심히 했는가에 따라서 결정된다. '몇 kg 들었어?' '몇 세트했길래?' 이런 수행 결과물만 가지고 잣대를 들이대서는 곤란하다. 이것이 프로그램이라는 도구를 사용하는 또 하나의 이유다. 자신이 가진 능력치에 맞춰 가려면 적당한 형식과 체계가 필요하다. 나는 지금까지 늘어놓은 디로드의 필요성을 검투사의 무기처럼 사용했다. 콜로세움 대신 SNS에서 휘저었는데, 그때마다 벽에 대고 말하는 기분이 들었다. 그들의 반론은 늘 한결같았기 때문이다. "그럴 시간에 하나라도 더 하라니까?" 이런 호전적 성향을 보면 코모두스의 과시욕과 꽤 닮았다는 생각이 든다. 역시 1832년이 지나도 사람은 바뀌지 않는다.

디로드가 일반 사람들에게 유용한 또 다른 이유는 운동에 매진하는 삶이 아니기 때문이다. 그렇다면 운동에 삶을 바친 엘리트 선수들은 필요없느냐는 반문이 생길 수 있다. 노노(No No), 성능이 입증된 신개발 무기가 나오면 군인 손에 먼저 들어가듯이 디로드도 그렇다. 나는 11

년 동안 축구 선수를 하고 축구 코치를 했다. 운 좋게 한국과 브라질에서 다양하게 배웠는데, 각 나라 스타일이 지구 반대편을 실감할 정도로 다르다. 그럼에도 통하는 것이 있었다. 디로드 방식이다. 축구에서는 시합을 앞두고 훈련량과 강도를 최고치까지 끌어올린다. 그러다 시합 5~7일 전부터 부하를 점점 줄인다. 이윽고 이틀 전과 하루 전에는 훈련량과 강도를 확 떨군다. 이것을 스포츠에서는 테이퍼링(tapering)이라고 한다. 피로 관리를 통해서 경기력을 최대로 끌어올리는 방법이다 (117, 118). 이것이 곧 디로드이며 엘리트 스포츠에서부터 충분히 검증되어 온 훈련 방법 중 하나다.

보통 일주일로 주어지는 디로드는 라면 끓이기 만큼이나 쉽다. 크게 세 가지 방식이 있다. 1. 훈련량을 줄이는 법, 2. 운동 강도를 줄이는 방법. 이 방법들은 운동 시간이 1/2 정도로 확 줄어든다. 일상에서 눈꺼풀이 무겁거나, 입맛이 없을 때, 또는 일이 바빠서 훈련 시간을 줄여야 할 때 쓰면 딱이다. 예시로 보면 간단하다. 이번 달 마지막 주에 야근이 잦을 것 같다면 세 번째 주까지는 분노의 질주 텐션(tension)으로 달려라. 정말 내일이 없는 사람처럼 훈련하는 것이다. 이후 맞이한 마지막 주는 디로드를 거치면서 피로도 관리와 시간, 체력 관리를 하면 된다. 마지막 3번째 방법은 3일 또는 일주일을 통째로 쉬는 것이다. 헬스장 근처에도 가지 말아야 한다. 이 방법은 운동에 권태가 왔을 때도 쓰기 좋다. 원래 놀 궁리에는 머리가 잘 돌아가는 법. '휴가 때 쓰면 되겠구먼?' 정확히 맞췄다. 방법은 비슷하다. 계획한 휴가 전까지 이 세상 쇳덩이는 다 들어버리겠다는 마음으로 훈련한다. 이후 3~7일간 마

	축적 주간(훈련에 열을 올리는 기간) 4~8주를 보내고 일주일 간 디로드에 들어간다. (충분한 피로가 느껴지면 그 다음 주에 디로드를 계획하자.)	
방법 1	훈련량 50% 줄이기 (예 : 스쾃 10개 4세트→스쾃 5개 4세트 또는 스쾃 10개 2세트)	피로감이 높고 훈련 시간을 줄여야 하는 경우
방법 2	훈련 강도 50% 줄이기 (예 : 데드리프트 100kg 10개 4세트→데드리프트 50kg 10개 4세트)	아직 자세 연습이 많이 필요한 경우
방법 3	3~7일 완전 휴식 (예 : 3일은 월화수 또는 목금토 중 골라서 디로드)	일상에서 눈꺼풀이 무겁거나 휴가를 가는 경우

음껏 휴가를 즐기며 디로드하면 된다. 자, 그럼 이쯤에서 질문. 야근을 하지 않거나 휴가를 가지 않는 일반인 본 사람? 디로드는 365일, 훈련을 위해 살아가는 선수만 쓰는 것이 아니다. 처음 말했듯이 운동 초보나 일반인에게도 디로드는 꿀단지 같은 아이템이다.

드디어 아래 <맞춤 훈련 계획서>를 완성했다. 계획표를 따라 훈련하면서 그날그날 회색 칸에 해당하는 무게와 반복수를 기록한다. 흰색 칸에 적힌 변수들은 훈련 전에 미리 정해두는 것들이다. 1주 차부터 시작하여 목표로 한 중주기를 한주씩 채워 나간다. 주마다 RPE. 무게, 세트를 조금씩 늘려 나가는 식으로 훈련하며 자극과 피로를 쌓는다. 충분한 훈련을 통해 디로드가 필요한 때가 오면 가이드를 따라서 1주간 디로드를 진행한다. 그 후 다시 두 번째 중주기에 들어간다. 이쯤이면 처음 시작했을 때보다 운동 수행력이 나아져 있을 것이다. 특히 다루는 무게가 오른다. 그 무게를 살려서 두 번째 중주기에 들어가는 방식으로 반복한다.

예를 들어 첫 번째 중주기를 1~6주 하고 디로드를 했다고 가정해

맞춤 훈련 계획서

목적: 건강 수명 증진 / 훈련 기능: 4주 / 훈련 가능 시간: 60분 / 훈련 환경: 양호 / 빈도: 주 2회 / 2분할

	운동 종목	목표 근육	세트	RPE	반복 범위	무게	반복수 기록	휴식 시간
첫째날	스쿼트	허벅지 앞	6	7	6~9			3분
	벤치 프레스	가슴	6	7	6~9			3분
	덤벨 킥백	팔 뒤쪽	5	8	8~12			2분
	크런치	복근	4	8	12~15			1분
	행잉 레그 레이즈	복근	4	9	12~15			1분
둘째날	데드리프트	허벅지 뒤/엉덩이	5	7	6~9			3분
	풀업	등 바깥쪽	4	8	6~9			3분
	핫풀 다운	등 바깥쪽	3	8	12~15			1분 30초
	스탠딩 카프 레이즈	종아리	4	8	12~15			1분
	바벨 오버헤드 프레스	어깨 앞, 바깥쪽	4	8	6~9			3분
	덤벨 래터럴 레이즈	어깨 바깥쪽	4	9	8~12			2분
셋째날	스쿼트	허벅지 앞	3	7	6~9			3분
	레그 익스텐션	허벅지 앞	3	8	12~15			1분 30초
	체스트 프레스 머신	가슴	6	8	12~15			1분 30초
	케이블 푸시다운	팔 뒤쪽	5	8	8~12			2분
	크런치	복근	4	9	12~15			1분
	행잉 레그 레이즈	복근	4	9	12~15			1분
넷째날	런지	허벅지 뒤/엉덩이	3	7	8~12			2분
	레그컬	허벅지 뒤	2	8	12~15			1분 30초
	풀업	등 바깥쪽	4	8	6~9			3분
	스탠딩 카프 레이즈	등 바깥쪽	3	8	12~15			1분 30초
	바벨 오버헤드 프레스	종아리	4	8	12~15			1분
	덤벨 래터럴 레이즈	어깨 앞, 바깥쪽	4	8	6~9			3분
		어깨 바깥쪽	4	9	8~12			2분

보자. 1주 차 때 60kg으로 시작한 스쿼이 6주 차 때는 70kg이었다면 두 번째 중주기 1주 차에는 70kg으로 시작하는 방법이다. 이로써 건강하고 멋진 몸을 찾아가는 명확한 지도가 완성되었다. 이제 여행의 첫발을 내딛는 일만 남았다. 그런데 유산소 운동은 어떻게 하냐고?

27

귀찮은 유산소 운동

12살 때부터 축구 선수로 지내며 평생 달릴 것을 몰아서 뛰는 기분이었다. 운동장은 당연하고 대학교 캠퍼스, 산, 농장, 하천 둘레길 심지어 눈밭을 달리기도 했다. 선수를 그만 둘 때쯤 보니까 무릎 연골판이 거의 다 닳아 있었다. 축구 코치까지 그만두면서 결심했다. '앞으로 내가 스스로 유산소 운동 할 일은 없을거다.' 트레이너를 막 시작했을 때 선배가 해준 말도 나를 부추겼다. "너처럼 마른 애는 유산소 하면 근육 잘 안 커." 182cm에 70kg이면 저런 말을 들을 만도 했다. 여성 회원들은 트레이너 구분에 차별이 없다. 큼직하거나 얄쌍한 것에 상관없이 운동한 티가 나는 번듯한 청년이면 대접해준다. 반대로 남자 회원은 그렇지 않다. 본인보다 근육이 작다고 생각하면 트레이너로 인정하지 않는다는 분위기를 팍팍 풍긴다. 인사를 받는 자세부터가 다르다. 그 당시 내가 인사하면 양반이 노비 대하듯이 했고, 팔뚝이 미사일만 한 선배가 인사를 하면 맞절을 해댔다. 그때마다 묘한 패배감과 서러움이 들었다. 그래서 더더욱 유산소 운동을 하지 않았다.

유산소 멀리하기는 10년 정도 이어졌다. 심지어 19년도에는 대회 준비 중에도 유산소 운동을 단 1분도 하지 않았다. 보통 보디빌더들이 그나마 유산소 운동을 하는 때는 대회 준비 기간 동안이다. 지방을 태우려는 목적인데, 나는 그마저도 하지 않았던 것이다. 온전히 10년 전 선배 말 때문은 아니었다. 나름 검증해 보고 싶은 것이 있어서였다. 유산소 운동을 하지 않아도 지방 감량이 잘 되는지 알고 싶었다. 결과는 그럴 수 있다로 증명됐다. 유산소 운동 없이 체지방률 3%에 도달했다. 그렇다면 나는 앞으로 유산소 운동을 더욱이 할 필요가 없다는 생각이 들었다. 살 빼려는 목적으로나마 했던 것이 그 효용가치마저 잃었던 것이다. 그렇게 한 발짝 더 유산소 운동과 멀어졌다. 여전히 지긋 지긋 한데 잘 됐다는 생각이 들었다.

그때쯤 밈(meme) 하나가 가슴을 파고들었다. 머리통만 한 가슴 근육과 복근을 뽐내는 A가 왜소한 B에게 훈계하는 내용이었다. 말풍선에는 이렇게 쓰여 있었다. "난 날지 않아, 그거 유산소잖아." 나는 무릎을 탁 쳤다. 역시 새나 사람이나 큰 근육을 갖기 위해서 유산소는 필요 없는 것이었다. 아, 밈 속의 A와 B는 비둘기였다. 그 사실이 마음에 좀 걸렸지만 A와 신념이 통한다는 마음이 더 컸다. 비둘기면 뭐 어떤가? 유산소가 근 손실을 유발한다면 새와 사람 모두에게 나쁜 것은 마찬가지다. 애초부터 유산소 운동을 하기 싫은 마음이 응원받는 기분이었다. 그렇게 1년, 2년 유산소와는 등 돌리고 지냈다. 단풍이 피었다가 떨어지는 계절이었다. 야채를 거부하는 어린아이처럼 '유산소 싫어!' 증상에 대반전이 오는 사건이 하나 생긴다.

"와드(WOD, 오늘의 운동이라는 크로스핏 용어) 한 판 하십니까?" 음흉한 미소를 지으면서 점장이 물었다. 우리 헬스장(gym)은 크로스핏(crossfit)이 가능하도록 도구와 공간을 마련해뒀다. 가끔 트레이너끼리 짝지어서 커피 내기 WOD를 하곤 했는데, 그날은 점장이 내 지갑을 노렸던 것 같다. 나는 내기에 이길 자신이 있었다. 크로스핏 와드(WOD)는 그때그때 다르지만, 보통 심폐지구력이 관건이다. 심폐지구력이 좋으면 가장 기본을 갖춘 셈이기에 어떤 와드가 나와도 유리하고, 반대라면 곤란해진다. 나란 남자는 한때 장소를 가리지 않고 오지게 뛰었던 사람이다. 와드는 줄넘기, 달리기, 턱걸이, 바벨 운동 조합이었다. 줄넘기, 달리기는 축구선수 때 웃으면서 하던 운동이었다. 턱걸이와 바벨 운동도 충분히 익숙하다. 공짜 커피를 마실 생각으로 와드를 시작했다.

5분이 지날 때쯤, 심장이 입 밖으로 튀어나올 수도 있겠다는 생각이 들었다. 평소에 스쿼을 140kg를 메고 해도 가뿐한 다리가 고작 운동장 한 바퀴 거리를 달리자 후들거렸다. 통통 잘도 튀어 오르게 해주던 종아리 근육도 탄성을 잃었다. 와드가 끝나고 목에서 피 맛이 났다. 와드는 20분짜리였는데 처음 5분을 빼고 나머지 15분 동안은 바닷속에서 뛰는 기분이었다. 터지지 않는 호흡, 순환되지 않는 근육 피로, 별로 한 것도 없는데 터질 것 같은 심장. '언제부터 이렇게 망가진 거야?' 그러고 보니 안 찌던 곳에 살이 붙는 것도 같았다. 심폐지구력이 엉망이 된 나, 옆구리에 살이 차오르는 나, 이건 내가 알던 내가 아니었다.

"인간이여, 심폐지구력이 좋아지고 싶은가?"

"네."

"그럼 그렇게 도와주지, 혹시 살도 빼고 싶은가?"

"네!"

"그럼 그것도 가능하게 해주지."

"신이시여, 감사합니다!"

"나는 신이 아니라 미토콘드리아일세."

주로 모계 유전자를 많이 받는(119) 미토콘드리아는 정말 신에 가깝다. 신체는 약 30조개 세포로 이뤄진 유기체라는 것을 기억할 것이다. 심장도 심장세포로 이루어져 있는 것이고 폐도 그렇다는 말이다. 근육도 당연히 근육 세포로 이루어져 있다. 이런 세포에 에너지를 공급하는 게 미토콘드리아다. 세포 기능에 따라서 조직의 기능이 정해진다고 봐도 무리가 없다. 미토콘드리아의 에너지 공급 능력에 따라 신체 기능에 차이가 난다는 말이다. 그렇다고 현재 자신의 체력을 엄마탓 하지는 말자.

원활한 세포 기능을 위해서는 세포 안에 단백질들이 열심히 일해야 한다. 핵심은 그 녀석들이 절대 공짜로 일하지 않는다는 점이다. 반드시 에너지라는 대가를 지불해 줘야 일한다. 미토콘드리아는 주로 산화적 인산화 과정을 통해 에너지를 공급한다. 산소를 써서 에너지를 만든다고 이해하면 쉽다(120). 무산소가 아닌 유산소 상황이어야 하는 것이다. 일상에서 꼼지락 것부터 크로스핏 같은 고밀도 훈련까지 미토콘드리아가 중역을 맡는다는 뜻이다. '오 신 이시여.' 이참에 잘 봐달라고 기도라도 올려야 할까 싶겠지만 그런다고 해결될 문제는 아니다. 미토콘드리아도 기능이 좋아지려면 훈련이 필요하다. 특히 적당한 산화 스트레스를 주는 것이 좋은데, 대개 유산소 운동이 여기에 속한다[121].

내 어머니는 중학교 때 육상 선수였다. 뜬금없는 엄마 자랑이 아니다. 미토콘드리아는 모계 유전을 받는다는 말을 떠올려 보자. 내가 동네방네 잘 뛰어다니다가 축구 선수가 되었던 것은 어찌 보면 자연스러운 흐름일지도 모른다. "선수가 스포츠를 선택하는 것이 아니라, 스포츠가 선수를 선택하는 것이다."라는 말을 떠올려보자. 이 격언은 스포츠 심리학과 코칭 분야에서 널리 인정받고 있다. 대개 특정 운동을 즐기다 보니 잘하는 줄로 알지만, 타고난 특성 때문에 특정 운동에 이끌리고 잘 하게 된다는 말이다[122, 123].

직설적으로 예를 들면 이렇다. 마이클 조던이 제 아무리 애를 써도 역도 선수로서 그 정도 업적을 이뤄내긴 어렵다는 뜻이다. 나 또한 다를 게 없다. 만약 우리 부모가 역도 선수였고, 키가 작았다면 축구공 대신 바벨을 선택하게 되었을지도 모른다. 나는 어머니로부터 좋은 미토콘드리아를 물려받았고, 또 이것을 축구를 하는 동안 업그레이드했을 것이다. 그런 이유로 나는 큰 혜택을 누렸다. 축구를 그만두고 유산소 운동을 멀리하는 동안에도 효과를 제대로 봤다.

고성능 미토콘드리아는 밤에 과자와 맥주를 들이켜도 뱃살 걱정 따위는 없도록 해주었다. 또 마음만 먹으면 어떤 운동이든 쉽게 할 수 있었다. 하지만 유효기간이라는 게 있었다. 서서히 옆구리에 튜브가 끼는가 싶더니 심폐지구력이 요구되는 운동에서 들통 나기 시작했다(그 날 커피는 내가 샀다). 턱턱 막히는 호흡, 순환되지 않는 근육 피로, 조금만 뛰어도 터질 것 같은 심장이 그 증거였다. 미토콘드리아 기능이 서서히 떨어진 결과다. 이것은 연쇄작용을 갖는다. 근육 세포에 있는 미토콘드리아가 기능이 떨어지면 연료와 산소가 낭비된다. 에너지 공급이라는 업무의 효율성이 떨어진다. 따라서 심장은 더 빠르고 많이 자원(연료, 산소)을 공급해야 한다. 결국 심장 세포에 있는 미토콘드리아도 부담이 커진다. 엎친 데 덮치듯이 폐도 산소 공급을 위해 더 많은 일을 해야 한다. 그러나 이 정도 상태에 도달하면 폐에 있는 미토콘드리아도 기능이 떨어진 상태. 근육처럼 업무 효율성이 떨어진 것이다. 계속해서 더 많은 자원 낭비가 일어난다. 이 모든 것은 정기적으로 미토콘드리아를 훈련시키지 않은 결과다.

　이는 일상에까지 영향을 미친다. 미토콘드리아는 신체가 회복에 필요한 에너지도 담당하기 때문이다. 당연히 그 기능이 떨어져 있으니 회복이 더디고 만성 피로에 시달리게 된다. 연쇄 작용은 아직 끝나지 않았다. 저강도 운동이나 일상에 필요한 에너지 공급을 위해 미토콘드리아는 주로 지방을 연료로 쓴다[124]. 미토콘드리아의 양과 질이 떨어지면 지방도 제대로 태우지 못한다는 뜻이고 '살이 잘 안 빠진다.' 정도로 이해하면 쉽다. 나는 모계 유전이라는 뽑기 운(?)이 있었음에도 이 지경까지 가고 말았다. 오랫동안 유산소 운동을 멀리한 결과다. 더 이상 그대로 둘 수 없었다.

　신체에서 적당한 스트레스 없이 발전하는 것은 없다. 근육은 말할 것도 없고, 뇌마저도 그렇다. 이를 두고 자극이라고 한다. 한 번 더 쉬운 예시 하나 보자면 이렇다. 초등학교에 입학하고 나서 내가 숫자에 약한 것을 알았다. 두고 보다가 3학년 때, 수학 학습지를 했다. 학습지는 일주일에 한 번씩 방문 교사가 찾아와 숙제 검사를 하는 식으로 진행된다. 정말 쥐고 있던 연필을 부러뜨리고 싶을 정도로 하기 싫었다. 친구들이 밖에서 공을 뻥뻥 차고 웃고 떠드는 소리가 들리면 심해졌다. 일부러 진짜로 연필을 부러뜨린 적도 있다. 그래도 뭐 별 수 있나, 스트레스를 받아들였다. 이것이 곧 자극이다. 감당해낸 결과 초등학교 내내 반에서 성적은 상위에 속했다. 이것은 발전이라고 하는 적응이다. 미토콘드리아도 역시 다를 바가 하나도 없다. 적당한 자극을 주어야 적응이 일어나고, 그에 대한 혜택은 체력과 효율적인 지방 연소다.

자극 조건의 첫 번째는 위에서 잠깐 말했던 산화 스트레스다. 산소를 써서 에너지를 만드는 운동을 하는 것이다. 대표적으로 이번 주제인 유산소성 운동과 근지구력 운동이 있다. 이런 훈련 상태에서 미토콘드리아는 최대로 가동된다. 꽤 도전적인 환경에 놓인 미토콘드리아는 학습지를 하는 어린아이와 같아진다. 본인 뜻과 상관없이 신체 요구에 맞춰 참고 일한다. 꾸역꾸역 그 과정을 넘기면 자체적으로 업무 능률을 올린다. 학습지 후에 수학 능력이 오른 어린 광호처럼 되는 것이다. 이때 적당히를 꼭 기억해야 한다. 평균적으로 학원을 3개씩 다니는 요즘 초등학생이 예시가 될 수 있다. 조심스럽고 마음 아픈 얘기지만, 그 아이들은 우울증을 겪고 있다[125]. 스트레스라는 자극이 과해서 긍정이 부정으로 바뀐 꼴이다. 당연히 미토콘드리아에도 이런 일이 벌

어질 수 있다. 이것을 두고 과활성산소 생성이라고 한다. 지나친 산화
스트레스로 인한 이 작용은 세포 장애와 사멸을 일으키고 DNA까지
망가뜨린다[126]. 당연히 미토콘드리아의 수와 기능도 감소한다. 건강
을 위해서 준 산화 스트레스라는 자극이 되려 몸을 망치게 된 셈이다.
이런 이유로 적당히를 명심해야 한다. 웨이트 트레이닝 챕터에서 말한
것과 같다. '신체는 감당할 수 있는 만큼만 좋아진다.'

28

유산소 운동: 종류와 효과

유산소 운동을 배스킨라빈스로 따지자면 나는 31가지 맛을 본 셈이다. 맛 별로 설명해 주고 싶은 욕구가 끓는다. 나는 설명 충이니까.

'그런데 유산소 운동이 몇 개나 있지?' 마라톤, 수영, 사이클링(cycling), 크로스컨트리(cross-country), 조정…. 손가락을 접어가며 세다가 그만두었다. 올림픽 정식 종목 중에서만 고르자도 해도 정확히 짚어내기 어렵다. 생각해 보니 종목 별로 추려내어도 문제였다. 마라톤이면 마라톤, 수영이면 수영 하나의 종목만으로도 책 한 권 분량이 넘기 때문이다. 이런 이유로 이번 챕터 내용은 헬스장에서 할 수 있는 것으로 한정하기로 했다. 러닝머신(running machine)으로 익숙한 트레드밀(treadmill), 사이클(cycling), 마운틴 클라이머(mountain climber), 스텝 밀(stepmill) 정도다. 2012년부터 지금까지 내 일터에 항상 있던 것들이다.

우선 가장 많이 사용하는 트레드밀(treadmill)부터 가자.

트레드밀

1818년, 영국의 엔지니어 윌리엄 큐비트(William Cubitt)는 꿩 먹고 알 먹기를 시전한다. 죄수들을 고문하면서 동시에 생산력에 도움이 되는 장치를 개발했다. 발로 밟으면, 그 동력으로 곡식을 빻거나 물을 퍼올리는 장치였다. 이 장치 이름이 우리에겐 러닝머신으로 익숙한 트레드밀이다(127). 역사를 보아하니 현재 우리들은 살을 빼거나 심폐지구력을 늘리기 위해서 돈을 내고 형벌을 자처하고 있는 꼴이다. 만약 19세기 사람들이 이 모습을 본다면 뭐라고 할지 궁금하다.

상식과는 다르게 트레드밀은 평지를 걷거나 뛰는 것과 완전히 같지 않다. 공원을 걷고 있다고 가정해 보자. 땅을 딛고 몸을 앞으로 내보낼 때, 땅은 멈춰있다. 그러나 트레드밀은 다르다. 몸의 위치는 고정되고 지면이 움직인다. 잠깐 전문 용어를 꺼내자면, 겉으로 보는 운동 형상은 비슷해 보이지만 운동 역학은 다르다고 말한다. 과감하게 표현하면 트레드밀 위에서 우리가 하고 있는 것은 제자리걸음이나 제자리 뛰기와 비슷하다고 할 수 있다. 의심스러우면 테스트해 봐도 좋다. 제자리에서 움직이는 것과 비슷한 느낌을 낼 수 있다. 물론 100% 똑같은 것은 아니며 특히 속도가 빨라지면 점점 실제 땅을 딛고 치고 나갈 때와 닮아진다. 또 훈련자의 의도에 따라서도 바뀐다. 의식적으로 몸을 앞으로 내보내려는 힘을 쓰면 실제로 땅을 딛는 효과를 끌어낼 수 있다.

그러나 가급적이면 유산소 운동은 야외에서 하라고 말한다. 내 통장 잔고는 사정이 딱해지겠지만(나는 피트니스센터를 운영하고 있다), 고객에게는 그 편이 더 낫다.

여기까지가 이상(理想)이고 사실이다. 그러나 진실이 불편한 사람들은 항상 존재한다. "회원님, 그냥 나가서 걷는 게 나아요."라고 말하면 애써 위하는 마음을 곧바로 받아친다. "귀찮아, 시간도 없고". 이러면 할 말이 없다. 실제로도 운동 온 김에 걷고 뛰는 게 편한 것은 맞기에 트레드밀은 편리성 측면에서는 훌륭하다. 또 밖에서 걷거나 뛰다 보면 내 마음대로 속도 조절을 하게 된다. 이것이 단점으로 작용할 때가 있는데, 한없이 늘어질 때 그렇다. 힘차고 빠르게 걷기로 마음먹고는 설렁설렁하고 마는 꼴이다. 반면에 트레드밀은 기계로 속도 조절을 하기 때문에 강제성이 생겨서 좋으나 싫으나 정해둔 속도로 하게 된다. 이렇듯 단점이 있는 만큼 장점도 있다. 아울러 걷는 정도야 누구나 일상에서 하기 때문에 특별히 자세를 배우느라 애먹을 필요도 없다. 한마디로 실용성이 뛰어나다. 이런 이유로 헬스장에서 자주 사용하는 종목 Top 3 안에 든다. 대신 그만큼 잘못된 방법으로 사용하는 경우도 잦은 것도 사실이다.

첫 번째 주의사항은 할 게 없어서 트레드밀을 타는 것이다. 유산소 기구만 이용할 거라면 헬스장 등록하지 말고 친구 꼬셔서 매일 야외를 걷거나 달리는 것이 낫다. 나와 같은 피트니스센터 사장에게는 미안한 말이지만, 사실 그게 맞다. 사람들이 굳이 헬스장에 와야 하는 이유는 근력 운동이어야 한다. 유산소 운동은 편의상 하는 보조 정도다. 첫 번째 예시를 듣고 내일부터 트레드밀을 타지 않겠다는 극단적인 결정 또한 옳지 않다. 실용성이 좋은 방법임에는 분명하기 때문이다. 인간은 잘 달리고 걷도록 디자인되었다. 만약 이 기능을 충분히 써먹지 못하면 건강도 보장할 수 없다. 야외를 이용할 수 없다면 트레드밀을 통해서 걷거나 달리는 것은 나쁘지 않다. 단 두 번째 문제에 해당하면 주의가 필요하다.

"때찌! 이 못된 손." 두 번째 문제는 트레드밀 양쪽에 있는 손잡이를 잡고 운동하는 경우다. 나는 이럴 때마다 장난을 섞어 손등을 찰싹 때린다. 회원은 몰래 간식을 빼 먹다가 걸린 표정을 짓는데, 그간 해온 잔소리를 기억하기 때문이다. 손잡이를 잡게 되면 체중이 분산된다. 예를 들면 60kg인 체중이 50kg가 되는 셈이다. 이러면 몸에서 사용하는 에너지는 줄어든다. 60kg를 매고 발을 구르는 것과 50kg는 분명 차이가 있다. 유산소 운동은 체중을 두고 걸음 수나 이동 거리를 기준 삼아 에너지 소비를 예상한다. 다른 방법도 있지만, 이렇게 기준 잡는 게 보편적이다. 손잡이를 잡고 타는 것은 이런 계산을 망치고 효과를 떨어뜨린다.

내가 손등에 소심한 스매싱(smashing)을 날리는 더 큰 이유는 따로 있다. 손잡이를 잡으면 자세가 바뀌고 몸의 중심이 달라진다. 실제 땅을 딛고 걸을 때와는 아예 다른 역학이 전개된다. 쉽게 말해, 발로 땅을 미는 힘도 바뀌고 몸의 중심도 뒤로 눕거나 위로 뜬다. 극단적으로 보자면 제자리에서 발 구르기와 다를 게 없어지는 꼴이다. 별거 아닌 것 같은 이 꼼수로 인해서 운동은 쉬워지고 효과는 떨어진다. 트레드밀에 올라가는 이유는 살을 빼려는 목적만이 아니다. 심폐지구력을 강화하고 실제 걷거나 뛸 때 사용하는 근육 패턴에 도움을 주기 위함이다. 손잡이를 잡는 것은 이것을 망친다.

보통 이러는 이유는 크게 두 가지다. 힘들어서 그러는 것 아니면 트레드밀 계기판에 나오는 속력만 신경 쓰기 때문이다. 예를 들면, 무조건 5.5km/h(킬로미터 퍼 시간)보다는 6km/h이 낫다고 생각하는 것이다. 이 때문에 속력은 올려놓고 손잡이를 잡았다가 뗐다 하며 트레드밀을 사용한다. 그렇게 올리는 속력은 의미 없다. 차라리 손잡이를 잡지 않고 5.5km/h으로 지속하는 게 낫다.

"이상하다. 여기 있던 작은 덤벨(dumbbell)이 어디 갔지?" 보물찾기 하듯이 센터를 뒤진다. "대표님, 저기 있습니다." 손가락으로 가리키는 끝은 트레드밀이다. 양손에 작은 덤벨을 꽉 쥐고 힘차게 걷는 회원 표정은 돌격 대장 못지 않다. 방해라도 했다가는 덤벨로 한 대 맞을 기세이지만, 말려야 한다. 덤벨은 그러라고 있는 것이 아니다. "회원님, 혹시 덤벨을 들고 하시는 특별한 이유가 있을까요?" "이러면 팔뚝 살 빠진다고 하길래요." 일단 덤벨부터 내려놓게 하고 살이 빠지는 원리를 설명한다. 추가로 팔에 탄력을 보강할 수 있는 운동 한두 개를 알려주면 문제는 해결된다.

도대체 덤벨을 들고 걸으면 팔뚝 살이 빠진다고 한 것은 누구인지 꼭 만나보고 싶다. 아무리 뒤져도 출처는 알 수 없지만, 이는 엄밀히 사이비언스이다. 덤벨을 들면 체중이 늘어나 걷는 데에 부하가 심해지는 것은 맞다. 그러나 이는 콜라 500ml 마실 때, 10ml를 남겨두면 살이 덜 찐다는 말과 같다. 그래봤자라는 뜻이다. 더 심각한 문제는 어깨 건강에 있다. 덤벨을 들고 팔을 앞뒤로 휘저으면 팔뼈가 어깨 앞쪽에 있는 인대와 힘줄을 툭툭 치게 되어 있다. 심지어 여기서 빠르게 걷는다면 휘젓는 동안 가속이 붙어서 대미지는 더 심해진다. 내가 쇠구슬에 줄을 매달아서 당신 이마를 툭툭 친다고 상상해 보면 쉽다. 그냥 치느냐, 진자운동을 걸고 치느냐는 차이가 심하다. 덤벨을 들고 어깨를 괴롭히는 것은 진자 운동이 걸린 쇠구슬로 이마를 치는 것과 같다. 그러니 덤벨은 내려놓자.

이쯤에서 우리는 어떤 자세로 타야 하고, 왜 덤벨을 들지 말아야 하는지는 알았다. 남은 문제는 '어떻게 타야 하는가?'인데, 이것은 마지막 부분에서 다루기로 하자. 어떤 유산소 운동을 선택하던 공통적으로 적용되는 원리가 있다. 대신 트레드밀과 관련된 기본 지침은 소개하고 넘어가려 한다. 기계에 따라 다르지만 트레드밀은 경사도 설정이 가능하다. 대개 0~20%까지인데 높일수록 오르막길과 비슷해진다. 당연히 더 큰 힘을 쓰기에 호흡도 차오르고 땀도 난다. 이 효과에 취해서 무조건 경사도를 올리면 좋다는 오해가 생긴다. 이는 반만 맞는 말이다. 힘을 더 쓰는 것은 맞지만, 원치 않는 효과도 있다. 경사도를 올리면 하체 뒤쪽에 있는 근육들과 허리 근육에 부하가 올라간다. 이것을 목표로 한다면 경사도를 올려도 되지만, 그럴 바엔 뒤에 설명할 마운틴 클라이머(mountain climber)를 사용하는 것이 낫다. 트레드밀은 평지와 비슷한 설정을 해두고 걷거나 달리는 용도에 적합하다. 미국 체력관리 학회에서 권장한 평지와 비슷한 설정은 경사도를 1%로 두고 하는 방법이다(128).

마지막으로 정리해 보자. 하나, 덤벨 들지 마라. 둘, 손잡이 잡지 말 것. 셋, 경사도 1%로 설정해라. 넷, 패잔병 마냥 너털너털 하지 마라. 걸을 수 있는 가장 빠른 속도로 걷거나, 목표치에 맞춰서 달리자.

사이클

피트니스센터에 있는 사이클은 크게 3가지 종류가 있다. 첫 번째는 등받이가 없는 입식 사이클이다. 두 번째는 등받이가 있는 좌식 사이 클이고 마지막은 스피닝(spinning)이 있다. 각각 장단점이 있지만 나는 웬만하면 사이클은 추천하지 않는다.

간단히 말하자면 이렇다. "아니, 하루 종일 앉아 계셨으면서 운동도 앉아서 하시게요?" 이 말은 특히 비전문가에게 잘 먹힌다. 어렵지 않 고 직감적이기 때문이다. 10명 중에 9명은 곧장 "아 그러네요?" 하고 일어난다. 반골 기질이 있는 한 명에게는 다음과 같이 설명해 주면 된 다. 현대인에게 가장 흔한 근골격계 질환은 허리 통증이다. 80%가 한 번쯤은 겪는다고 한다(129). 허리 통증에는 다양한 요인이 있지만, 그중 에서 추간판 탈출증(lumbar herniated intervertebral disc)은 주요 위험요소다 (130). 우리가 흔히 디스크 터졌다고 말하는 그것이다. 디스크가 터지면 만성 통증을 유발하는데 심해지면 다리가 저린다. 절뚝절뚝 거리다가 정상적으로 걸을 수 없는 지경에 이른다. 여기서 끝이 아니다. 자고 일 어났는데 다리가 움직이지 않아서 구급차를 불렀다는 얘기를 한 번쯤

들어본 적 있을 것이다. 쉽게 말하면, 디스크가 터져서 갈 때까지 간 경우라고 보면 된다.

허리 질환은 반복적인 동작이 주요 원인이다[131]. 겁나게 무거운 것을 들다가 다칠 수도 있지만, 가볍더라도 좋지 않은 자세를 반복하는 것이 더 나쁘다는 말이다. 다행히 디스크가 터지는 것은 어느 정도 예측이 가능하다. 허리의 해부학적 구조와 여러 임상 관찰과 연구가 이미 알려주고 있다. 추간판 탈출증은 주로 후측방으로 발생한다[132]. 디스크는 주로 뒤쪽으로 터진다고 이해하면 쉽다. 이런 결과는 허리뼈 앞쪽은 눌리고 뒤쪽은 열려야 가능하다. 여기에 딱 맞는 자세가 허리가 뒤로 굽은 모양이다. 쪼그려 앉아 밭 매는 자세, 꼬리뼈를 대고 앉아 있는 자세가 특히 이렇다. 자, 이제 사이클을 타는 모습을 상상해 보자. 허리를 꼿꼿이 펴고 예쁜 아치를 그리면서 페달을 굴리는 사람은 없다. 허리는 굽고, 중력 방향(아래)으로 딸려가는 상체 무게를 버티며 페달을 굴린다. 이 사실들이 내가 비추천하는 이유다.

여기까지가 등받이가 없는 입식 사이클의 단점이다. 모든 운동이 그렇듯 단점만 있는 것은 아니다. 당연히 장점도 있는데, 이 부분은 한 번에 다룬다. 이쯤에서 이런 반문이 생길 수 있다. '등받이가 있는 좌식 사이클을 타면 허리에 부담이 덜 한 것 아니야?' 정확히 맞다. 분명 허리에 부담은 덜하다. 추가로 엄청나게 편해서 시간과 의지만 있다면 두세 시간도 탈 수도 있다. 하지만 여전히 추천하고 싶지 않다. 혹시 내가 좋은 운동이란, 일상생활에서 사용하는 동작과 닮아야 한다고 말한 것을 기억하는지 모르겠다.

지난 일주일간 일상에서 취한 동작을 생각해 보자. 등받이에 기대고 발을 구르는 동작을 떠올리기 어렵다. 내 경우는 30년 전쯤에 놀이공원에서 레일바이크 탈 때를 빼면 없다. 심지어 입식 사이클에 비해서 구조적으로는 더 불안하다. 입식 사이클은 허리 근육에 부담은 가지만 그나마 궁둥뼈(Ischium)로 앉는다. 좌식 사이클은 꼬리뼈(Coccyx)로 앉는다. 분명 허리에 힘은 입식이 더 들어가지만, 허리 구조에는 좌식이 더 나쁘다. 따라서 누군가 좌식 사이클 얘기를 꺼낸다면 내 대답은 다음과 같다. "굳이?" 이런 이유로 내가 운영하는 피트니스센터는 150평인데, 좌식 사이클은 딱 한 대 밖에 없다.

쉽게 정리하자면 이렇다. 사이클은 편하지만 건강에 이점은 다른 유산소 운동보다 떨어진다. 특히 추간판 후방 탈출증 환자는 주의해야 한다. 이쯤이면 사이클 제조업 나를 고소할 수도 있겠는데, 때에 따라 유용하기도 하다. 장점에 대해서 알아보기 전에 스피닝 사이클(spinning cycling)이 먼저다.

스피닝 사이클

"Don't stop, make it pop DJ, blow my speakers up Tonight,
I'mma fight 'Til we see the sunlight Tick tock."

케샤(Kesha)라는 가수가 2010년 7월에 발매한 노래다. 제목은 〈TiK ToK〉이고 후렴구는 돈 스톱!(Don't stop!)으로 시작한다. 이 노래는 내 스피닝 안무곡이었다. 케샤의 노래가 들리면 나는 몸이 움찔거린다. 돈

스톱!

스피닝은 일반적인 자전거 타기가 아니다. 쉽게 말해 자전거 위에서 춤을 추는 것이 스피닝이다. 요즘에는 실내 자전거 용으로 스피닝 사이클을 애용하지만, 한 번 더 '굳이?'라고 말하고 싶다. 생김새가 다른 사이클로 보기보다는 또 다른 운동 종목으로 봐야 한다. 스피닝 사이클은 일반 자전거와는 다르게 다리 힘을 주로 쓰지 않는다. 초반에만 페달을 굴려 쇳덩이로 된 큰 앞바퀴에 원심력을 발생시킨다. 이후에는 원심력에 도움을 받아 굴러가는 페달에 몸을 맡기는 것이다. 이때 페달 위에서 콩콩 뛰는 리듬을 이용하여 반동으로 타야 한다. 양 발로 번갈아가며 스카이 콩콩을 탄다고 생각하면 쉽다. 따라서 엉덩이를 좌석에 붙이는 일이 거의 없다. 이 부분이 일반 사이클링과 가장 크게 다른 부분이다.

하체가 페달 위에서 콩콩 뛰는 동안 상체도 나름 할 일이 있다. 스피닝 사이클에 달려 있는 여러 가지 손잡이 모양을 바꿔가며 정해진 동작을 한다. 푸시업을 하기도 하고 웨이브를 타기도 하는데, 춤에 가깝다. 간단히 정리하면 스피닝은 원심력과 리듬에 하체를 맡기고 상체는 따로 춤을 추는 운동이다. 이것을 그냥 하면 노래방에서 무반주로 부르는 느낌이 난다. 반찬 없이 맨밥만 먹는 느낌이랄까? 이때 필요한 게 음악이다. 〈TiK ToK〉은 내 스피닝 강습에 메인 곡이었다. 이 얘기를 들려주면 사람들은 일관된 반응을 보인다. "와, 스피닝 강사도 하셨어요?" 그 말속에는 '네 덩치에? 정말 끔찍하다.'라는 뜻이 숨어있는데, 그냥 모른 체한다. 내가 스피닝 강습을 했고 나름 안무곡도 있었던 것은 사실이다. 하지만 스피닝 강사라고 하긴 어렵다. 나름 사정이 있었다.

당시에 근무하던 헬스장은 트레이너들이 돌아가면서 스피닝 수업을 진행해야 했다. 음주 가무 재능은 1도 없는 내가 스피닝이라니, 사실 스스로도 끔찍했다. 당시 나는 182cm에 88kg였고, 별명은 각목이었다. 그런 내가 스피닝을 타면서 춤을 추고 있다고 상상하면 당연히 하찮음이 섞인 웃음이 나올 법하다. 최홍만이 핫팬츠에 나시티를 입고 에어로빅을 하는 느낌이었다. 어쩌겠는가, 까라면 까는 거지. 자려고 누우면 〈TiK ToK〉이 귀에서 맴돌 정도로 연습했다. 강습을 주 2회씩 3개월 정도 하는 동안 동네 광장으로 공연도 나갔다. 그때를 생각하면 지금도 소름이 돋는다.

독자에겐 내가 스피닝을 3개월 정도만 한 이유가 중요하다. 첫 번째, 스피닝은 하나의 운동 프로그램이기 때문에 개인의 체력을 고려할 수 없다. 따라서 정해진 노래가 나오고 따라가다 보면 오버트레이닝하기 쉽다. 이런 이유로 스피닝을 검색하면 항상 딸려오는 단어가 횡문근 융해증이다. 무리해서 근육이 녹는 증상이라고 이해하면 된다. 둘째는 원심력과 반동으로 페달을 구르기 때문에 관절에 무리가 갈 가능성이 있다. 타지 말라는 뜻이 아니다. 강사의 도움을 받아 주의사항을 인지해야 하고 필요한 하체 근력 정도는 갖출 것을 권장하는 것이다.

이 두 가지 이유는 나에게 조금 다른 방식으로 다가왔다. 거의 매일을 충분한 웨이트 트레이닝을 했던 탓에 스피닝까지 하면 피로가 겹쳤다. 또 그러다 보니 횡문근융해증까지는 아니지만, 컨디션이 바닥을 기었다. 사실 마지막 세 번째 이유가 가장 컸다. 스피닝은 좁은 실내에서 한다는 점이다. 그 공간에 두 사람이 동시에 지나갈 수 없을 정도로 사이클을 빽빽이 채운다. 클라이맥스는 에어컨이나 선풍기를 틀지 않는다는 사실이다. '땀 흘리면=살 빠진다'라는 어처구니없는 공식이 자리 잡은 탓에 회원들이 틀기를 거부했다. 강습이 시작되면 10분 만에 그 공간은 습식 사우나로 변한다. 그 상태로 30분 정도를 쉬지 않고 페달을 밟으면서 춤을 춘다. 콩콩, 둠치 둠치, 돈 스톱!

강습이 끝나면 회원들은 '그래, 이 맛이야.'라는 표정을 지으며 땀을 닦는다. 반면에 나는 본업인 PT(personal training)를 하기 위해서 후다닥 찬물로 샤워를 하고 나온다. 고작 그걸로 열이 빠질 리 없다. 그 때문에 PT를 진행하는 내내 땀을 바닥에 뚝뚝 떨군다. "쌤 젊은 사람이 벌써부터 몸이 곯았네요, 땀 좀 봐." 일일이 설명하기 어려워 민망한 웃음으로 대신했다. 이런 일이 반복되는 게 생닭가슴살 먹는 것만큼이나 싫었다. 회사 측은 내 사정을 봐줬고, 그 후로는 스피닝 근처에도 가지 않았다.

이쯤에서 간단히 정리해 보자. 스피닝은 사이클 탄다고 생각하면 오산이다. 사용하는 힘의 패턴이 다르다. 사이클 위에서 하는 에어로빅 정도로 생각하면 알맞다. 이때 개인의 체력을 주의해서 진행하는 것을 추천한다. 마지막으로 하나만 더. 갇힌 공간에서 땀 흘리는 것을 즐기는 사람들이 주목할 만한 내용이다. 습관적인 과도한 땀 배출은 다한증으로 이어질 수 있다. 다한증이 생기면 피부감염 위험이 약 30% 높아진다고 한다(133). 추가로 적절히 관리되지 못했을 때는 탈수

나 전해질 불균형을 만들기도 한다(134). '땀 흘리면=살 빠짐' 아, 제
발! 이거 대단히 잘못된 상식이다.

이쯤이면 사이클을 내다버리고 싶어질 텐데, 참아라. 중고 거래를
통해 팔 수도 있다. 지금부터 내가 하는 얘기를 그대로 들려주면 네고
(가격절충)을 하지 않고도 가능하다. 단점들을 강조하긴 했지만 장점이
없는 것은 아니다. 모든 운동이 그렇듯 훈련자의 목적과 상황에 따라
달라진다. 본론을 말하기 앞서, 불편함이나 통증이 있다면 우선 전문
의에게 상담을 받아야 한다는 것을 명심하자. 자, 이제 집중. 앞에서 허
리 통증을 겪는 환자에 대해서 말한 것을 떠올려보자. 허리가 뒤로 굽
는 것이 문제라고 했고, 사이클은 이런 부분을 가속화시킨다고 설명했
다. 그런데 허리 통증이 꼭 이런 경우에만 생기지는 않는다. 이미 말한
추간판 탈출 외에도 전방 전위증, 협착증, 측만증 등이 있고, 구조적으
로 문제가 없어도 허리에 이상이 생길 수 있다. 사실 이렇기에 "나 허
리가 아픈데, 이거 어떻게 해야되냐?"라고 물으면 선뜻 답하기 어렵
다. 왜 아픈지에 따라서 해결책이 180도 달라지기 때문이다.

이렇게 비교해 보면 쉽다. 추간판탈출증이라고 하면 허리가 뒤로
굽는 것(요추 후만)이 문제다. 반대로 전방 전위증은 허리가 지나치게 앞
으로 꺾여서(요추 전만) 문제가 된다. 따라서 추간판 탈출 위험이 있는 사
람에게 사이클은 좋지 않지만, 전방 전위증 위험을 가지고 있는 사람
에게는 관리 방법 중 하나가 될 수 있다. 전방 전위증의 원인은 다양하
다. 유전적 요인 또는 퇴행성 변화 때문일 수 있고, 외상이나 스포츠 활
동에서 반복적인 스트레스를 주어도 생길 수 있다. 체조가 특히 그렇

다[135]. 이때 대개 과도하게 허리가 꺾이는 것(요추 전만)이 전방 전위증 악화의 원인이다[136, 137]. 희망적인 사실이 있다. 요추 전만이 불편한 원인이라면 스스로 관리할 수 있다는 점이다.

이때 사이클의 특성이 장점으로 변한다. 다시 사이클을 탈 때 자세를 떠올려 보자. 허리는 뒤로 굽고(요추 후만), 몸통과 고관절을 굽히는 근육을 사용한다. 이 동작은 과도하게 꺾인 허리(요추 전만)를 관리하는 데에 효과적이다[138]. 이제 중고 거래장에 이렇게 올리면 된다. '허리가 많이 꺾여서 불편한데, 유산소 운동은 해야하는 사람 가져가세요.' 만약 예비 구매자가 고도 비만이라면 가격을 더 올려도 좋다. 과체중인 상태에서 걷거나 뛰는 것은 문제가 될 수 있기 때문이다.

첫 번째 이유는 당연히 관절에 걸리는 부하가 심해진다는 점이다. 당신보다 20kg가 더 나가는 사람은 쌀 포대 하나를 메고 걷는 셈이다. 발목과 무릎이 하루 종일 비명을 지른다.

두 번째는 살이 쪄본 사람만 알 수 있는 점인데, 걷는 자세가 바뀐다. 배와 허벅지에 두툼한 지방이 꼈다고 상상해 보자. 다리는 벌리고 상체는 뒤로 젖힌다. 이 상태로 걸으면 주변 근육과 관절에 또 다른 문제를 만들 수 있다[139, 140]. 이런 위험에 노출된 고도 비만은 우선 사이클이 적당하다. 지금까지 알려준 팁을 그대로 중고 거래장 설명란에 적으면 된다. 거래가 성사되면 만나서 한마디 더 해주자. "허리가 평소에 많이 꺾여 있으면 뒤로 푹 기대서 타시고요. 반대라면 가급적 꼿꼿히 펴고 타세요." 아, 하나 더. 너털너털 패잔병처럼 하지말고 힘차게 굴려야 한다고 꼭 전해주자. 사이클은 이렇게 써 먹는 것이다.

마운틴 클라이머

마운틴 클라이머는 -5도~50도까지 경사각이 조절된다. 지형이나 지질에 따라 차이가 있지만, 국내 산들의 평균적인 경사도가 30~45도다[141, 142]. 평범한 등산로들은 이보다 현저히 낮을 것으로 예상한다. 이 점을 생각해 보면 마운틴 클라이머는 꽤 도전적인 수준까지 설정이 가능한 셈이다.

내가 마운틴 클라이머를 제대로 경험한 것은 2016년이었다. 평상시에는 멀리 하던 유산소 운동을 하게 이유는 살을 빼야겠다는 생각 때문이었다. 그나마 대회 준비 중에는 유산소 운동을 할 때였다. 하루에 적게는 40분 많게는 90분 동안 마운틴 클라이머를 탔다. '이거 물건인데?' 경사도를 25도로 설정해두고 탔으니 오죽하겠는가. 트레드밀이나 사이클과는 차원이 달랐다. 문득 PTSD(외상 후 스트레스 장애)가 편도체를 활성화시키는 이미지로 떠올랐다[143]. 그건 마치 어렸을 때 회초리를 맞아가며 필봉산을 뛸 때 느낌이었다. 20분 쯤 지나자 이산화탄소를 뱉어내느라 입은 메말라갔다. 땀은 흘린다는 표현보다는 싼다는 말이 어울릴 정도였다.

그렇게 땀을 줄줄 싸고 있으면 친한 회원이 꼭 나를 놀렸다. "쌤 울어요?" 이거라면 뼈만 남기고 다 빠질 것 같은 기분이 들었다. 고통을 나누면 반으로 줄어든다는 말을 따라서 회원도 마운틴 클라이머에 밀어넣기 시작했다. 등산이 호불호가 갈리듯 마운틴 클라이머도 그렇다. "이 짜리몽땅한 건 뭐에요? 떨어질까 봐 불안한데." 트레드밀보다 마운틴 클라이머는 앞뒤 거리가 짧은데, 이것을 보고 회원이 묻는 것이다. "에헤이, 무시하지 말고 올라봐요." 경사도는 25도에 놓고 속도는 5km/h에 둔다. 10분 지나고 다시 와보면 회원은 턱 밑으로 땀을 뚝뚝 떨구고 있다. "작은 놈이 맵죠?" 회원은 대화할 여유 따위는 없다는 표정을 짓는다. 옆에서 계속 놀리면 꺼져버리라는 듯이 손사레를 친다. 그런데 공통적으로 희한한 결과가 보였다.

트레드밀에 비하면 체중은 더 많이 감량되었다. 하지만 체지방 감소량은 차이가 0에 가까웠다. 또 하나, 다음날이면 꼭 허리와 엉덩이가 뻐근했다. 이유는 생각보다 간단하다. 완만한 트레드밀을 걷는 것에 비해 경사각을 높이니까 최대심박수를 기준으로 한 운동 강도가 달랐다. 쉽게 말해 더 빡셌다. 그럴 때는 지방보다는 탄수화물을 저장한 형태인 글리코겐을 더 많이 쓴다. 글리코겐은 지방보다 무거워서 연소시켰을 때 체중 감소 폭이 크다. 대신 지방 사용량은 트레드밀과 비교해서 큰 차이가 없다. 오히려 비율로 따지면 트레드밀이 지방 태우기에는 낫다는 말이다.

정확히 따지고 들면 이렇다. 최대심박수의 65% 이상 강도에서는 글리코겐을 주로 쓰고, 그 미만에서는 지방산을 사용한다[144]. 이런 이유로 더 고강도인 마운틴 클라이머에서 체중 감소는 크지만, 지방 감량은 비슷하게 일어난 것이다. 이쯤이면 '나는 살 빼야 하는 거니까. 트레드밀 살살 타야지.'라고 할 텐데, 다시 생각해야 한다. 우선 유산소 운동은 단순히 살을 빼기 위해서 하는 것이 아니다. 또 앞선 예시에 대한 결과는 훈련자 상태와 상황에 따라서 얼마든지 달라질 수 있다.

미리 알고 원하는 목적에 맞춰서 써먹는 것이 좋다. 이제 허리와 엉덩이가 뻐근했던 이유를 알아보자. 이는 더 간단한 이유다. 마운틴 클라이머에서 경사각을 높였기 때문이다. 전문적인 설명 필요 없이 상상해보면 쉽다. 평지를 걸을 때와 오르막길을 걸을 때, 엉덩이와 허리에 힘이 더 많이 들어가는 경우는 당연히 오르막이다. 이런 이유로 마운틴 클라이머에서 경사각을 높이고 운동한 다음 날은 뻐근했던 것이다. 이 부분도 장단점이 있다. 장점은 하체와 허리 근육의 지구력을 길러줄 수 있다는 점이다. 단점은 다음 날 하체 운동을 한다면 방해 받을 가능성이 높다.

　어떤 운동이든 무조건 좋고, 나쁜 것은 없다. 제대로 이해하고 목표에 맞게 써먹으면 된다. 단, 어떤 목적이든 간에 하지 말아야 할 것이 있다. "때찌! 이 못된 손."이다. 특히 마운틴 클라이머에서 이런 일이 잦다. 경사각은 50%에 가깝게 올려놓고 가운데 손잡이를 잡은 채 매달린다. 나는 이럴 때마다 미간에 주름을 잡고 목소리를 깐다. "아니, 그럴 거면 경사도는 왜 올리셨어요?" 이렇게 말하면 조용히 각도를 낮추고 손을 떼는 반면 친한 회원은 장난을 섞어 이렇게 말한다. "너무 힘드니까 잡는 거지." 나는 허탈한 웃음을 섞어 답한다. "그러니까, 소화하지 못할 거면 차라리 경사각을 낮추고 타는 게 낫다고요."

　이래도 안 먹히면 예시를 들어준다. 자, 당신은 혼자서 스쾃 100kg을 들 수 없다. 이때 양쪽에 사람이 붙어서 100kg을 들도록 도와준다면 결과는 별 이득이 없다. 온전히 당신 힘으로 100kg을 든 것이 아니니까. 마운틴 클라이머도 다를 게 없다. 트레드밀에 대해서 설명했던 것을 떠올려 보자. 손잡이를 잡으면 몸의 중심이 바뀐다. 그에 따라서 사용하는 근육도 바뀌고 운동 강도도 달라진다.

이런 이유로 다음과 같이 정리할 수 있다. 하나, 더 힘들다고 살이 잘 빠지는 것은 아니다. 둘, 손잡이를 잡지 않고 할 수 있는 만큼만 경사각을 올린다. 희한하게도 아직 덤벨을 들고 마운틴 클라이머를 타는 사람은 보지 못했다. 그나마 참 다행이다.

스텝밀

본명보다 별명이 익숙한 사례는 무수히 많다. 천국의 계단도 별명이 유명하다. 본명은 스텝밀(stepmill)이라고 불러야 맞지만, 국내에서 그렇게 말하면 소수만 알아듣는다. 사람들은 심지어 천국의 계단을 줄여서 천계라고 부르기 시작했다. 줄임말이 생겼다는 것은 유행하고 있다는 뜻인데 내 기억으로 2022년쯤부터 시작되었다. 메신저로 헬스 등록 문의가 왔다. "거기 천계 있나요?" 몇 초간 답장을 하지 못하고 천계가 뭔지 생각했다. 스텝밀-천국의 계단-천계, 이런 전개였다. "현재 스텝밀은 보유하고 있지 않습니다." "아, 네. 그럼 천계는 있는건가요?." 그때 사람들이 천계의 본명(스텝밀)을 알아듣지 못한다는 것을 알았다. 극한의 실용주의인 나는 아직도 '계단을 오를 거면 아파트 계단을 타면 되는거 아닌가?'라는 생각이 지배적이다. 그때도 그런 이유로 구매하지 않고 있었다. 그러나 고객은 왕. 나는 자본주의에서 생존해야 하는 사장. 이틀에 한 번 꼴로 같은 문의가 와서 결국 천계 구매 버튼을 눌렀다.

천계는 무한히 굴러가는 계단을 구현한 유산소 기계다. 계단이 굴러가는 속도를 조절할 수 있는데, 기능은 그게 전부다. 속도를 올리면 뛰어서 계단을 오르는 격이고 낮추면 터벅터벅 걷는 셈이다. 천계는 이름을 잘못 붙었다. 지옥의 계단이라고 불러야 맞다. '왜지?'라고 물음표를 떠올린다면 아직 천계를 타보지 않은 사람이다. 궁금하면 1~15단계 속도 중에서(기계마다 다를 수 있음) 아래쪽인 5 정도에 놓고 타보자. 나처럼 체중이 많이 나가는 사람은 3도 충분하다. 5분 정도 지나면 슬슬 땀구멍이 열리는데, 20분쯤에는 옷이 축축해진다. 침을 질질 흘릴지도 모른다.

"할만하던데요. 30분 탔어요." 도저히 나올 수 없는 반응을 보인 회원이 있었다. '흥 그럴 리가.' 똑같이 재현해 보라고 했다. 아니나 다를까…. "때찌! 이 못된 손." 그 정도면 계단을 오르는 것이 아니라 매달려서 발만 구르는 정도였다. 천계는 특히 손잡이 도움이 심하다. 매달리듯이 잡으면 몸의 중심이 바뀌어서 엉뚱한 근육을 사용하게 된다. 양 옆 손잡이를 짚고 아래로 누르듯이 해도 문제가 있다. 특히 이 꼼수를 많이 쓰는데, 양손으로 지팡이 짚는 효과가 생긴다. 이러면 원하는 근육에 가해지는 부하가 확 줄어버린다. 당연히 훈련 효과에는 마이너스다. "어허 손 떼시고, 10분 후에 봅시다." 돌아왔을 때, 회원은 침을 흘리고 있었다.

또 하나 주의할 점은 허리 건강이다. 천계를 사용할 때도 허리는 좋지 않은 자세로 노출될 위험이 있다. 뒤로 굽는 자세다. 허리를 펴고 타는 것을 추천한다. 이때 복부에도 힘을 탄탄히 주는 것이 중요하다. 이점을 놓치면 엉덩이가 좌우로 진자운동 하듯이 씰룩씰룩거리게 된다. 이것을 보고 섹시하다고 착각하는 것이 대표적인 오해다. 일단 자세적으로 좋지 않고 엉덩이 근육을 효과적으로 쓰지도 못하게 된다. 손잡이에서 손 떼고, 허리 펴고 배에 힘주고 타자.

이때 배에 힘을 주는 방법은 쉽다. 당장 따라 해보자. 하나, 허리를 꼿꼿이 편다. 절대 구부정해지면 안 된다. 둘, 그 상태를 유지하고 주먹으로 명치를 맞는다고 생각해라. 자연스럽게 힘이 들어간다. 셋, 손바닥으로 배를 툭툭 쳐보자. 싱싱한 수박 고를 때 두드리는 소리가 나면 합격이다. 만약 철푸덕 하고 질펀한 소리가 나면…. 음, 그건 뱃살이다. 사람들이 천계에 열광하는 이유는 간단하다. 고통이 여러 가지 맛으로 주어지기 때문이다. 하체 근육이 타들어 가는 느낌과 동시에 헐떡헐떡 숨이 찬다. 그러다 보니 땀도 흥건해지고 짧고 굵게 운동한 기분을 내기 좋다. 역시나 장단점이 있다. 심폐와 하체 근지구력을 동시에 기르고자 한다면 장점이 된다. 반면에 그만큼 하체에 피로도가 심하다. 웨이트 트레이닝과 조합해서 할 때는 주의가 필요한 부분이다. 근력 운동에 방해가 된다면 단점으로 둔갑하기 때문이다.

여기까지 흔히 볼 수 있는 유산소 운동 기구에 대해서는 모두 알아봤다. 남은 것은 강도 설정인데, 쉽게 말하면 '얼마큼 힘들게 타야 하나?'이다. 생각보다 꽤 간단한 문제라서 어려울 게 없다.

강도 설정

사실 유산소 훈련도 웨이트 트레이닝만큼 체계적으로 접근해야 하는데 대개는 그럴 생각이 없는 것 같다. 이는 무식이 대물림된 탓이다. "쌤, 유산소 어떻게 할까요?" 대체로 대답은 정해져 있다. "네, 한 시간이요." 보디빌딩 선수들한테 물어봐도 대답은 비슷하다. "웨이트 끝나고 한 시간 정도 타고 있습니다." 이놈의 '한 시간'은 어디서 나온 걸까? 이유를 물어보면 선배가 그렇게 알려줬다고 한다. 돌이켜보면 나도 그랬다. "형, 그럼 유산소는 어떻게 해요?" 대답은 한 시간이었다. 아마 그 형에게 이유를 물어봐도 돌아오는 답은 뻔하다. 선배에게 배운 한 시간은 후배에게 전달되고, 다시 그 후배는 회원에게 한 시간이라고 알려주게 된 꼴이다. 대물림되어 온 한 시간에는 세심한 배려가 없다. 유산소 훈련을 하는 목적, 훈련자 상태, 강도 설정이 모두 빠졌다. 이렇게 되면 100% 좋은 결과를 보기가 어렵다.

들어가기에 앞서, 사람들은 보통 살 빼려는 목적으로 유산소 훈련을 한다. 앞서 말한 바 있듯이 유산소 훈련의 진정한 목적은 심폐지구력 강화에 초점을 두는 것이 좋다. 우리가 일상에서 쓰는 가장 중요한 기초체력이기 때문이다. 살이 빠지는 것은 적당히 먹고 심폐지구력을 단련했을 때 따라오는 부가적인 효과일 뿐이다.

이렇게 말해도 독자의 관심사는 뱃살에 쏠려있을 것이 뻔하니까 지방 감량과 연결해서 알아보자. '그래서 어떻게 유산소 운동을 해야 하는가?' 생리학의 거인들은 이미 고민을 끝냈다. 2018년에

SHRZ(summated-heart-rate-zone) 모델을 통해서 유산소 운동을 크게 3가지 구역(zone)으로 구분했다.

1구역은 기본적인 심폐 기능과 체지방 감소 효과가 있다. 최대심박수의 50~60% 강도로 진행하는데, 걷기나 아주 가벼운 조깅 정도가 여기에 해당한다(145). 2구역은 우리가 노리는 심폐지구력 향상과 더불어 혈당 조절 개선이 가능해진다(146). 최대심박수의 60~75%를 목표로 한다. 빠르게 걷기 또는 러닝, 자전거 타기 혹은 수영 같은 활동이다. 마지막 3구역은 최대 산소 섭취량(VO₂ max)과 고강도 운동 능력을 발달시킨다. 최대 심박수의 75~90% 강도로 해야 한다(147). 대표적으로 고강도 인터벌 훈련(HIIT)이 있고, 헐떡이느라 정신없는 운동들이다. 나는 비록 어렸을 때 무식하게 배웠지만, 가르쳐 줄 때는 왠지 그러기 싫었다. 이 부분을 경계하느라 신뢰도 높은 자료들을 엄선했다. 제시한 자료들은 여러 연구와 전문 기관에서 검증된 것들이니 믿고 가자(148, 149). 유산소 운동을 할 때는 목적에 따라 각 구역(zone)을 참고해서 해야 한다는 것은 알았다. 이쯤에서 앞서 언급한 최대 심박수를 구할 줄 알아야 한다. 모든 구역은 최대 심박수의 몇 %냐로 정해지기 때문이다.

수치는 5초면 구할 수 있다. 0.7과 자기 나이를 곱한 값을 208에서 빼면 된다. [208-(0.7×나이)]. 2001년에 타나카(Tanaka) 박사와 연구진이 18,712명의 데이터로 분석해 낸 결과물이다(150). 내가 운동 배우던 시절에나 했던 [220-나이] 공식보다 최신이고, 신뢰도가 높다. 타나카 공식에 따르면 내 최대심박수는 182다. 내 경우에는 1구역이라면, 심박수 평균 100 정도다. 2구역은 평균 127이고, 3구역은 155다. 공식을 통한 예측값이지만, 이 점을 참고하면 대물림되었던 "응, 한 시간."과는 비교도 안 될 만큼 체계적으로 훈련할 수 있다. 사람에 따라 달라지는 강도를 존중해서 진행하기 때문이다.

내가 추천하는 방법은 2구역(zone two)에서 노는 방법이다. 논다고 표현한 이유는 2구역 유산소 운동 강도가 딱 그쯤이기 때문이다. 잘못된 견해처럼 유산소 운동은 심장이 배 밖으로 나올 정도로 하는 것이 아니다. 건강한 몸 만들기 절대 원칙을 다시 떠올려 보자. '견딜 수 있는 만큼 스트레스를 줘야 한다.' 추가로 2구역은 보편적 목표인 지방 감량, 심폐지구력 증진에 알맞다. 이후에 체력이 좋아지면 3구역도 진행해 주자. 슈퍼맨(superman)이 될 수 있다. 하지만 그 전에 2구역부터 졸업해야 한다. 다음 문제는 '그래서 일주일에 몇 번? 얼마만큼?'이다. 《미국 심장학 저널(The American Journal of Cardiology)》에 실린 검증된 연구(151)를 보면 명확하다. 만약 2구역을 노리는 유산소 운동이라면, 주 5일 30~40분이다. "응, 한 시간."이 아니다. 3구역을 할 수 있다면, 주 3일 20~30분이다. 그러나 이는 유산소 운동만 했을 때라는 함정이 있다.

우리는 웨이트 트레이닝을 병행하므로(꼭 그래야 한다) 조금 다르게 접근할 필요가 있다. 비교적 최신 연구를 보자. 2019년에 69명의 성인을 대상으로 진행된 실험이다. 유산소 또는 웨이트 트레이닝만 한 그룹들과 둘을 병행한 그룹의 차이를 비교했다. 심혈관 위험 인자와 신체 조성 변화를 평가했는데, 두 가지를 병행한 결과가 더 좋았다. 이들은 주 3일 유산소 30분, 웨이트 트레이닝 30분을 했고, 유의미한 결과를 얻었다(152). 이쯤에서 연구 결과들과 우리 상황을 고려해 보자. 경험을 비춰보면 대개 일주일에 주 4일 정도 훈련할 수 있는 시간이 생긴다. 한 번 하면 주어진 시간은 60~90분이다. 이 점을 고려해서 내가 추천하는 방법은 웨이트 트레이닝 4번과 유산소 훈련 2~3번이다. 그동안 봐온 고객들을 보면 이 정도가 딱 맞다. 이때 웨이트 트레이닝은 1시간, 유산소 운동은 30분 정도를 추천한다. 강도는 2구역이다. 나중에 신체 능력이 좋아지면 3구역으로 넘어가도 좋다. 목표 심박수에 대한 감각이 발달하기 전까지는 심박수를 확인하자.

다시 한번 말하지만, 무리 없이 유산소 운동하는 것을 추천한다. 이제 제시된 근거들을 기준으로 나에게 알맞은 방법을 찾아가는 일만 남았다. 마지막으로 하나만 더. 디바이스(device)를 통해서 심박수 확인이 가능하지만, 없는 사람을 위한 가이드(guide)도 있다. 2구역은 대화는 가능하지만, 불편한 정도다(153). 조금 더 직감적으로 말하자면, '대화는 할 수 있지만 그다지 말은 걸지 않았으면 싶은 정도'라고 할 수 있다. 앞으로 "응, 한 시간." 세습은 버려야 한다. 과학이 주는 선물을 활용해서 근육도 심폐도 짱짱하게 만들 수 있는 시대가 왔다.

맞춤 훈련 계획표 최종본을 보기 전에 알아둘 것이 있다. 계획표의 순기능 중 하나가 겁나게 귀찮은 일을 하도록 만든다는 점이다. 이 점을 고려한다면 당연히 유산소 운동도 맞춤 훈련 계획표에 추가해야 한다. 양치질만큼 귀찮은 일이기 때문이다. 특히 '나는 애교 넘치는 아래뱃살만 뺄 거야.'라고 하는 마른 비만 또는 '내 목표는 벌크(bulk)다'라고 하는 근육 뚱땡이들이 주의해야 한다. 고백하자면 나는 후자였다. 독자는 나처럼 이가 다 썩기 전에 양치질하기를 바란다. 훈련 파트를 마치면서 마지막으로 한 번 더 짚고 넘어가자. 신체는 감당할 수 있는 만큼만 좋아진다. 우선 건강해야 멋진 몸을 만들 수 있으며 건강을 위해서 유산소 운동은 필수다.

　다음 계획표를 참고하되 개인 일정에 맞게 얼마든지 변형해도 좋다. 처음부터 욕심낼 필요는 없다. 어차피 초반에 폭주한다고 빠르게 좋아지지 않는다. 이전에도 앞으로도 과학을 찬양하겠지만, 사실 과학적인 훈련은 차순이다. 하냐/안 하냐로 이미 절반의 성과가 달라지고, 여기에 꾸준히가 보태지면 80%는 성공이다. 파레토 법칙(Pareto principle)을 떠올리면 쉽다. 80%를 완성하는 중요한 20%가 꾸준히 하는 것이다. 심지어 영양도 이 원리를 따른다.

맞춤 훈련 계획서

목적 : 건강 수명 증진 / 훈련 기능:4일 / 훈련 가능 시간 : 60분 / 훈련 환경:양호 / 빈도: 주 2회 / 2분할

	운동 종목	목표 근육	세트	RPE	반복 범위	무게	반복수 기록	휴식 시간
첫째날	스쿼트	허벅지 앞	6	6	6~9			3분
	벤치 프레스	가슴	6	7	6~9			3분
	덤벨 킥백	팔 뒤쪽	5	8	8~12			2분
	크런치	복근	4	8	12~15			1분
	행잉 레그 레이즈	복근	4	9	12~15			1분
	최대심박수 60~75% 30분							
둘째날	데드리프트	허벅지 뒤/엉덩이	5	7	6~9			3분
	풀업	등 바깥쪽	4	8	6~9			3분
	랫 풀 다운	등 바깥쪽	3	8	12~15			1분 30초
	스탠딩 카프 레이즈	종아리	4	8	12~15			1분
	바벨 오버헤드 프레스	어깨 앞, 바깥쪽	4	8	6~9			3분
	덤벨 래터럴 레이즈	어깨 바깥쪽	4	9	8~12			2분
	최대심박수 60~75% 30분							
셋째날	스쿼트	허벅지 앞	3	7	6~9			3분
	레그 익스텐션	허벅지 앞	3	8	12~15			1분 30초
	체스트 프레스 머신	가슴	6	8	12~15			1분 30초
	케이블 푸시다운	팔 뒤쪽	5	8	8~12			2분
	크런치	복근	4	9	12~15			1분
	행잉 레그 레이즈	복근	4	9	12~15			1분
	최대심박수 60~75% 30분							
넷째날	런지	허벅지 뒤/엉덩이	3	7	8~12			2분
	레그컬	허벅지 뒤	2	8	12~15			1분 30초
	풀업	등 바깥쪽	4	8	6~9			3분
	랫 풀 다운	등 바깥쪽	3	8	12~15			1분 30초
	스탠딩 카프 레이즈	종아리	4	8	12~15			1분
	바벨 오버헤드 프레스	어깨 앞, 바깥쪽	4	8	6~9			3분
	덤벨 래터럴 레이즈	어깨 바깥쪽	4	9	8~12			2분
	최대심박수 60~75% 30분							

Part 5

영양과 수면

29

다이어트의 핵심 'kcal'

운동과 영양은 자물쇠와 열쇠를 닮았다. 이 짝꿍들은 떼어 놓을 수 없다. 분명 영양 관리는 건강을 위해서 하는 것이 맞지만, 실상은 체성분 조성을 노리고 하는 경우가 대부분이다. 체성분 조성이란, 지방과 근육량을 조절하는 것이라고 이해하면 된다. 이를 위해서 사람들은 운동 시작과 동시에 영양에 관심을 둔다. 나도 그런 사람 중 한 명이었다.

나는 2013년을 첫 시작으로 2021년까지 피트니스 대회에서 총 36번 입상했다. 내 경우에는 처음부터 성적이 좋았던 보디빌더가 아니었으므로 수상 경력이 이렇다는 것은 출전 자체는 더 많이 했다는 말이다. 군대를 전역한 후로는 식단관리를 하면서 산 날이 그렇지 않은 날보다 많다. 추가로 나는 보디빌딩 코치다. 직업이 의미하는 바는 간단하다. 2010년부터 지금까지 일일이 세기도 어려울 만큼 많은 사람들의 영양을 봐왔다는 뜻이다. 나는 선 넘는 것을 싫어한다. 예를 들면, 코치가 의료 행위를 하면서 의사나 치료사를 흉내를 내는 행동이다. 같은 결로 영양은 영양사에게 맡기는 것이 맞다. 그러나 현장 특성상 매번 영양사에게 물어보는 것은 불가피하다. 코치란, 어쩔 수 없이 영양사 못지않게 공부와 경험을 쌓아야 하는 입장이다. 그러다 보니 전부 기억하기 힘들 정도로 다양한 경험이 쌓였다.

현장에서 고객 상담을 하다 보면 귀를 의심하게 되는 사례가 많다. 저녁 6시 이후 금식이나 아예 굶는 것은 흔하다. 흰쌀밥은 절대 먹지 않는다는 사람도 있고 심지어 콜라만 마신다는 경우도 있었다. 그는 "밥 안 먹으면 살 빠지는 거 아니에요? 마시는 건 살 안 찌잖아요."라고 했다. 농담이기를 바랐다. 이처럼 콜라 다이어트(?)를 하는 사람부터 간헐적 단식, 탄수화물 끊기(무탄수화물), 동물성 식품만 먹기(카니보어), 팔레오 다이어트(구석기 시대 식단) 등 영양 관리 방법은 사람 성격만큼이나 다양하다. 반면에 대답은 거의 같다. "이렇게 하라던데요?" 아니면 "어디서 봤는데." 둘 중 하나다.

이쯤이면 전문 용어를 남발하면서 한 소리 하겠구나 싶을 텐데, 그전에 고백할 것이 있다. 콜라 다이어트 정도는 아니었지만 나도 모르기는 매한가지였다. 정확히 2018년까지 그랬다. 2013년부터 2018년까지는 동전 던지기로 운명을 결정하는 사람처럼 식이조절을 했다. 거의 대부분 고구마, 닭가슴살, 방울토마토, 아몬드만 먹었다. 단 몇 주 그렇게 하는 것이 아니라 3~4달 동안 그렇게 했다.. 그러다 살이 잘 빠지지 않는 것 같으면 식단에서 고구마 한 주먹을 덜어냈다. 근육량을 늘려야겠다 싶으면 닭가슴살 한 덩이를 추가했다. 그러다 꽤 빠졌다고 느껴지면 치팅(cheating)을 노렸다. 치팅이란 다이어트 중에 의도적으로 규칙을 어기고 평소에 먹지 않던 음식을 섭취하는 것을 말한다. 치트밀(cheat meal)이라고도 하는데, 어떻게 부르던 사실 먹고 싶던 것을 먹는 핑계에 달아둔 이름표다. 어쨌든 나도 누구한테 뭐라고 할 입장이 아니었다. 도리어 저 정도 지식수준을 가지고 고객들에게 돈을 받았으니, 뺨을 맞아도 할 말이 없다.

가끔 이 얘기를 동료들에게 해주면 재밌는 대답이 나온다. "에이, 그래도 입상도 하고 몸도 좋았잖아요!" 고맙지만, 결과가 좋았다고 해서 방법이 옳았다고 볼 수는 없다. 나에게만 먹히는 방법일 수도 있다는 뜻이다. 잘하는 것과 잘 가르치는 것이 다르듯, 대개 근거가 없는 관리 방법들이 그렇다. 그 당시에 같은 방법으로 고객들 영양 관리를 했는데, 효과를 보지 못했을 때가 더 많았다. 게다가 2013년~2018년은 36번 입상 경력 중에 고작 8번이다. 2019~2021년은 28번이다. 영양에 대해서 제대로 알고, 중요한 것부터 잡아나갔던 차이가 크다. 이제부터 영양의 진실과 중요한 것들을 하나씩 알아보자.

kcal

모든 생명체는 물리 열역학 제1 법칙인 에너지 보존의 법칙을 따른다(154). 만약 이를 부정한다면 인간은 중력의 영향을 받지 않는다고 말하는 것과 같다. 열역학 법칙 따위 관심 없고 그저 살이나 좀 빼고 싶을 뿐이라면 쉽게 가자. 살이 찌고 빠지는 것은 에너지 균형에 의해 조절된다. 이 에너지를 특정하는 단위 중 하나가 우리에게 익숙한 kcal(킬로칼로리)다. 1kcal는 1kg의 물을 1℃ 올리는 데 필요한 에너지양을 의미한다. 이런 kcal은 우리말로 열량이라고 말한다. 그리고 이 열량이라는 용어는 주로 음식물에 들어있는 에너지를 나타낼 때 쓰인다. 빵 봉지 뒷면에 적힌 kcal을 떠올리면 쉽게 이해할 수 있다. 물리, 열역학, 에너지 보존 법칙, 열량, kcal로 이어지는 흐름인 셈이다. 이러니 물리 법칙에 대해서 살짝 맛이라도 보고 넘어가야 한다.

　이런 내용을 한 번이라도 보지 못한 사람은 반드시 식단 유목민이 된다. 영양의 원리와 중요한 것을 모르기 때문이다. 이들은 간헐적 단식, 팔레오, 저탄수 식단 등등 온갖 식이조절 방법을 정처 없이 떠돈다. 얼마 안 가 몸과 의지가 탈탈 털리고 포기하게 되는데, 그 종착지에는 요요 현상이라는 녀석이 두 팔을 벌리고 서 있다. 물론 자신에게 맞는 방법을 찾는 것은 중요하다. 단, kcal 조절이 가장 우선이라는 점을 이해해야 정보의 홍수에 휩쓸리지 않을 수 있다. 문득 "유튜브에서 탄수화물만 줄이면 된다던데." 또는 "액상과당만 피하면 된다던데."라는 말이 떠오를 수 있다.

　이쯤에서 도대체 누구 말이 맞는 거야 싶을 텐데, 조심스럽게 보태자면 이렇게 말할 수 있다. 살면서 직접 살을 찌우고 빼 본 경험이 가장 많은 사람은 보디빌더다. 타인의 체성분 조성을 가장 많이 살펴보는 사람은 코치다. 나는 10년이 넘는 기간 동안 이 두 가지를 했다. 그래서 자신 있게 말할 수 있다. 고구마, 닭가슴살, 야채도 세숫대야만큼 퍼

먹으면 살이 찌고, 액상과당 덩어리인 과자도 하루에 한 주먹만 먹으면 살이 빠진다. 물론 개인적으로 대사에 장애가 있는 경우는 조금 더 전문적인 접근이 필요한 것은 사실이다. 그러나 대사 상태가 다르다고 해서 물리 법칙을 이길 순 없다. 내 말만 맞다는 뜻이 아니다. 온갖 다이어트 방법들은 섭취 kcal을 줄이는 데에 적당한 방법이기에 틀렸다고는 할 수 없다. 쉽게 말하면 특정 식품군을 조절하는 것은 권투에서 잽(jab)이다. kcal 조절은 스트레이트(straight)로 보면 된다. 좋은 잽도 필요하지만, 승리를 결정짓는 것은 역시 강력한 스트레이트다.

마지막으로 주의 사항이 있다. kcal가 중요한 것은 맞지만, 목표 kcal만 충족시킨다면 뭐든 먹어도 좋다는 뜻이 아니다. 이건 큰일 날 소리다. 내 설명을 군것질 면허증으로 받아들이면 곤란하다. 영양 관리의 첫 번째 목적은 살을 찌고 빠지는 것이 아니다. 건강을 확보하는 것이다. 건강해야 멋진 몸도 가능하다는 사실을 잊지 말자. 본론을 한 문장으로 정리하자면 다음과 같다. 'kcal 소비와 섭취 균형에 따라서 살은 찌고 빠진다.' 지구에 중력이 존재하는 한 이 사실은 변하지 않는다.

널리 퍼진 오해 중 또 하나는 운동하면 살 빠진다는 말이다. 이쯤에서 허먼 폰쳐(Herman Pontzer) 이야기를 뺄 수 없다. 그의 저서 《운동의 역설》은 페이지를 넘기면서 매 순간 뺨을 맞는 기분이 들게 했다. 특히 운동과 kcal 소비에 관한 내용은 따로 정리해 둘 정도다. "운동은 기대보다 kcal 소비가 적다. 운동해서 살 뺀다는 착각에서 벗어나라." 책의 한 줄 서평은 이렇다. 운동으로 살 빼려는 게 착각이라니 운동인으로서 괜히 맞서고 싶은 마음이 들었다. 반골 기질이 꿈틀거렸다. 그러나 진화생물학자에게 신체 활동과 에너지를 가지고 개길 수는 없다. 그들이 평생 하는 일이 에너지 소비량으로 신진대사를 측정하는 것이다. 어쨌든 운동으로 살을 빼려는 것은 삽으로 산을 옮기려는 것과 같다. 못 믿겠다면《운동의 역설》일부를 살짝 보여주겠다.

"체중 68kg의 평범한 성인이 1만 보 걸으면 250kcal가 소모된다." 감이 오지 않는 사람을 위해 설명하자면, 1만 보는 약 80분 정도를 쉼 없이 힘차게 걸어야 한다. 그에 비해 250kcal는 라면 반 개다. 한 개가 아니라 반 개다. 치킨 한 마리가 당긴다면 마라톤을 뛰면 된다. 치킨 한 마리는 약 2,690kcal다. 이는 68kg 성인 기준으로 42.195km를 쉬지 않고 달려야 소모할 수 있다는 뜻이다. '에이씨 더럽고 치사해서 안 먹어.' 맞아, 나도 그렇게 생각했다. 이쯤이면 '그래도 운동해서 근육을 키우면 에너지 소비가 증가하잖아.'라고 생각할 수 있다. 이에 대해 허먼 폰처는 한 번 더 지식으로 뺨을 날린다. "인체에서는 크기가 가장 큰 장기가 대사활동을 적게 한다. 근육이 소비하는 kcal은 하루 약 280kcal 정도 뿐이다. 이는 BMR(basal metabolic rate, 기초 대사율)의 16% 정도밖에 되지 않는다."

내가 일전에 말한 것을 떠올려 보면 이해가 쉽다. '근육 1kg당 약 13kcal를 소비한다.' 이런 이유로 나는 살 빼려고 운동하는 것은 비효율적이라고 말했다. 그럼, 운동은 필요 없는 걸까? No. 분명 체중 조절에는 영양 관리가 유리하지만, 운동은 kcal가 소비되는 방식을 바꾼다. 또 건강과 질병에 영향을 준다. 허먼 폰처도 운동은 필수라는 말을 끊임없이 했다. 쉽게 정리하면, 단순히 저체중으로 병원 신세를 지며 살고 싶다면 영양 관리만 해도 된다. 그러나 건강하게 살고 싶다면 운동을 병행해야 한다. 자물쇠와 열쇠라는 사실을 잊지 말자.

다시 kcal에 대한 이야기를 해보자. "kcal 계산 없이 좋은 음식 잘 챙겨 먹고 운동하면 됩니다. 그럼 살 빠져요." 이런 주장을 하는 이들은 동시에 이렇게 말하기도 한다. "인스턴트 식품은 대사 경로가 다르기 때문에 조금만 먹어도 살이 쉽게 찌는 겁니다." 모르고 들으면 꽤 그럴듯하다. 진실은 사례를 통해 알 수 있다.

자연식품과 인스턴트에 관한 오해

MK는 170 중반대 키에 체중은 90kg 초반대였다. 가뜩이나 팔다리가 짧은 체형인데, 허벅지가 굵어지다 보니 무릎이 절반 정도밖에 접히지 않았다. 여기에 앞뒤로 두툼한 몸통은 다부진 인상에 한몫 더했다. 돌로 쳐도 끄떡없을 것 같은 모습이었다. MK는 소처럼 크고 동그란 눈을 잘 깜박이지 않는다. 그리고 사람 말이 끝나기 전에 대답한다. "MK이 밥 먹었…" "네! 먹었습니다!" 이런 식이다. 그는 "네/아니요." 외에 별다른 대답을 하지 않는다. 별명은 맑은 눈의 광인이다. UDT(해군 특수전전단, underwater demolition team) 부사관 출신인데, 행동도 심성도 눈도 우직한 황소를 닮았다. MK 목적은 스쾃, 데드리프트, 벤치프레스 운동의 총합 무게를 600kg으로 달성하는 것이었다. 현장에서는 이것을 두고 3대600찍기라고 한다. MK의 목표를 위해서는 체중증가가 필요했다. 쉽게 말하면, 힘이 세지려면 충분히 먹어야 하고 동시에 근육량 증가를 노려야 하기 때문이다. 이를 위해서 우리는 kcal 섭취를 유지 수준보다 높게 잡았다. 문제는 MK가 인스턴트 식품을 싫어한다는 점이다. 환영할 일이지만 MK처럼 특수한 경우 이것이 문제가 될 때가 있다. 자연식만으로는 높은 kcal을 채우기 힘들다는 점이다. MK는 하루에 3,600kcal를 먹어야 했다. 이것을 고구마로 채우려면 대략 하루에 2.5kg을 먹어야 한다. 대신 에너지바로 바꾸면 700g이면 된다.

이런 이유로 높은 kcal를 섭취해야 하는 선수들은 자연식과 인스턴트를 적절히 섞는다. 하지만 MK는 자랑스러운 대한민국 UDT 부사관 출신이다. 그답게 이를 거부했다. "저는 그냥 전부 깔끔한 음식으로 채우겠습니다. 할 수 있습니다!" kcal보다는 식품군 선택이 중요하다고 주장한 사람들이 참 좋아할 경우다. 그날부터 MK는 가방에 사람 머리 크기만한 반찬통을 세 개씩 가지고 다녔다. 통 안에는 파프리카, 브로콜리, 방울토마토, 삶은 고구마, 생닭가슴살 등이 가득차 있었다. 남들이라면 귀찮다고 간편식이나 보충제로 단백질을 채울 때, MK는 소고기 육회를 먹는 싸나이였다. 하루는 초록색 잎을 물에 씻어서 바로 먹길래 물어봤다. "아, 이거 시금치 입니다!" '응? 원래 삶아먹는거 아닌가?' 상을 펴 놓고 사과와 식물 뿌리를 번갈아 씹어먹는 날도 있었다. "MK, 그거 뭐냐?" "아, 이거 산삼입니다!" 윽, 사과랑 먹는 이유는 너무 쓰기 때문이란다. '그럼 안 먹으면 되는거 아닌가?' 김 샐까 봐 속으로만 생각했다.

어쨌든 MK는 이런 식으로 3,600kcal 이상을 먹었다. 자, 이대로라면 MK는 되려 살이 빠져야 한다. 좋은 음식만 먹었고, 대사 경로를 바꾸는 인스턴트는 쳐다보지도 않았으니까. MK는 1년 동안 15kg을 찌웠다. 코칭을 받은 6개월 만에 이전 기록 3대 530kg에서 600kg도 달성했다. 보통은 1년 이상 걸리는 기록 향상 작업이다. 이쯤이면 사례를 가지고 일반화시키지 말라는 주장이 나올 법하다.

그렇다면 근거라는 게 있는지 보자. 2006년에 일반 성인을 대상으로 1년간 kcal을 제한했더니 체중과 복부지방이 감소했다. 이때 섭취 식품군은 통제 없이 자율성을 보장했다[155]. 이것은 어떤 식품을 먹든 kcal 제한에 의해서 감량이 일어났다는 뜻이다. 체중 증가와 관련된 연구도 있다. 2019년에 내분비학 연구자 애셔 포워드(Asher Fawwad) 박사 외 6명은 2형 당뇨 환자들을 대상으로 인슐린 치료, 혈당강하제를 사용했음에도 kcal 섭취가 증가하면 체중은 오른다는 내용을 발표했다[156]. 혈당 관리도 중요하지만, 체중 증가는 kcal의 영향을 많이 받는다는 것을 알 수 있다. 물론 조금 다르게 접근한 연구들도 있다. 저지방 다이어트나 고단백 섭취를 통해서 체중조절에 효과를 봤다는 내용인데[157, 158], 이 또한 kcal 감소에 의한 결과였다. kcal이 가장 중요한 것은 분명하다. 그러나 내 주장에 유리한 자료만 보여주고 독자를 홀리게 하고 싶지 않다. 다른 시각으로 체중 조절을 보는 연구들도 물론 있다. kcal 섭취 제한은 체중 감소보다 대사 조절에 더 큰 영향을 미친다[159]. 또는 kcal 섭취 제한만으로는 체중 감량이 어려울 수 있다는 연구도 있다. 이는 대사 적응 기전 때문이라고 주장한다[160]. 현장에서는 대사 적응 기전을 방어하기 위해 다이어트 브레이크(diet break)나 리피드(refeed)를 활용한다. 이로써 충분히 방어할 수 있다.

그럼에도 내 주장에 불리한 자료들까지 소개하는 이유는 크게 두 가지다. 우선 kcal가 가장 중요한 것은 맞지만, 아무거나 먹어도 된다는 뜻은 아니라는 것이다. 건강을 위해 좋은 식품을 골라야 한다. 그 다음은 확증 편향을 경계하자는 뜻이다. 세상에 절대 불변의 완벽한 이론은 있을 수 없다. 지금 확고히 자리 잡은 것들이 언제라도 뒤집힐 수 있다. 특히 사람의 몸과 자연과학 계열을 다루는 연구들은 더욱 그렇다. 그 덕분에 우리는 기술의 발전을 누릴 수 있다. 이것이 과학이 지닌 진정한 의미이고, 선물이다.

kcal 조절 방법

"그래서 제 기초대사량은 얼마에요?" 유산소 운동을 몇 분 해야 하냐는 질문과 함께 가장 많이 듣는 말이다. 보통은 체성분 측정 결과지를 통해서 알아보는데 그보다 정확한 방법이 있다. 기초대사량을 측정하는 방법은 다양하다. 해리스 베네딕트(Harris-Benedict)부터 미플린(Mifflin), 캐치(Katch), 오웬(Owen) 등 라면을 맛있게 먹는 방법만큼이나 많다. 그 중 수정된 해리스 베네딕트 공식을 추천한다. 이름에서 알 수 있듯이 생리학자 해리스(Harris)와 생화학자 베니딕트(Benedict)가 1919년에 개발한 방법이다. 널리 쓰이다가 현대인 생활방식과 맞지 않는 옛 것이라는 지적을 받았다. 이에 따라 연구자들은 기존 방정식을 현대인에게 맞게끔 수정했다(161). 다른 방식과 다르게 나이, 성별까지 고려하기 때문에 나도 현장에서 즐겨 쓴다. 이제 계산기를 준비할 시간이다. 암산에 자신 있다면 바로 본론으로 들어가자.

남성을 위한 공식은 다음과 같다.

BMR=88.362+(13.397×체중$^{(kg)}$)+(4.799×키$^{(cm)}$)-(5.677×나이)

여성을 위한 공식은 다음과 같다.

BMR=447.593+(9.247×체중$^{(kg)}$)+(3.098×키$^{(cm)}$)-(4.330×나이)

나를 예로 들면 계산은 아래와 같이 된다.

88.362+(13.397×95)+(4.799×182)-(5.677×35)=2035.8

내 기초대사량은 2035.8 kcal이다. 손가락 몇 번 움직이면 계산할 수 있으니, 자신의 기초대사량 값을 구했으면 옆에 적어두자. 이쯤이면 기초 대사량을 알았으니 이 kcal 값보다 덜 먹으면 빠지고, 더 먹으면 찌는 거라고 생각하는 사람이 있을 것 같다. 아직 아니다. 기초대사량은 정말 아무것도 하지 않고 누워서 숨만 쉴 때 소비되는 kcal 양이다. 우리는 보통 움직이며 살아가고 운동도 하기 때문에 여기에 활동 대사량 값을 곱해줘야 한다. 활동 대사량 값을 알기 위해서는 생활 환경 값을 알아야 한다. 예상할 수 있듯이 하루 종일 앉아서 일하는 사무직은 생활 환경 값이 낮고, 택배기사는 높다. 좀 아는 사람도 여기까지만 계산한다. 하지만 당신은 이 책을 읽고 참으로 훌륭한 운동인이 될 테니(제발 그러기를…) 추가로 운동 요인까지 더 해야 한다. 정리하자면 '생활 환경+운동 요인= 활동대사량'이다.

일단 곱해줘야 하는 생활 환경 값은 아래와 같다.

0.6 앉아 있기

0.7 가벼운 활동

0.8 중간 활동

0.9 높은 활동

1 극한 활동

자신이 운동하지 않는 상황에서 하루를 어떻게 보내는지 생각해 보고 0.6~1중에 고르면 된다.

운동 요인은 다음과 같다.

0.55 운동

0.65 가벼운 운동

0.75 보통 운동

0.85 강도 높음(주 5일 열심)

0.95 극한(매일 2시간 이상)

마찬가지로 일주일을 기준으로 자신의 훈련량과 강도를 보고 정하자. 나는 일주일에 5일 아랫입술을 깨물어 가며 훈련한다. 강도가 높다는 뜻이니 운동 요인은 0.85이다. 생활 환경은 1:1 개인지도를 줄이면서 앉아 있는 시간이 많아졌다. 따라서 0.6으로 봐야 하지만 웬만한 거리는 걷기 때문에 0.7로 잡는다. 두 개를 합치면 0.85+0.7=1.55이다. 자, 이제 끝이 보인다. 아까 구한 기초대사량 값을 가져와서 곱해보자.

'2035.8×1.55=3155.' 드디어 내 TDEE(일일 에너지 총소비량, total daily energy expenditure)는 3,155kcal라는 예상값이 나왔다. 나는 하루에 3,155kcal 보다 덜 먹으면 살이 빠지고, 더 먹으면 찐다는 뜻이다.

이렇듯 TDEE를 기준으로 삼아야 한다. 기초대사량만 알아내고 더 먹거나 덜 먹는 것이 아니다. 이것을 무시하면 원하는 결과를 보기 힘들다. 조금 전에 알아본 TDEE를 유지 kcal라고 한다. 문자 그대로 딱 이만큼만 먹으면 찌지도 빠지지도 않는 적당한 정도라는 뜻이다. 내 경우는 유지 kcal가 3,155kcal인 셈이다. 이 값을 구했으니 이제 감량 또는 증량을 위한 영양 계획을 짜면 되는 걸까? 아직 아니다. '거참 드럽게 번거롭네.'라고 생각할 수 있지만, 어쩌겠는가. "돈은 잃어도 건강을 잃지 말라."는 격언처럼 가장 소중한 게 우리 몸이다. 귀찮다는 이유로 체계적으로 접근하지 않으면 식단 유목민 꼴을 면할 수 없다. 그들의 결과를 떠올려 보자. 요요(yo-yo effect)와 절친이 되었다. 그러니 딱 하나만 더 알아보자.

인간의 신진대사는 수학처럼 깔끔하지 않다. 또한 같은 kcal 조절에도 사람마다 약간씩 다르게 반응한다. 이런 이유로 kcal 조절만으로는 체중조절을 할 수 없다는 극단적인 얘기도 나온다. 그럼에도 불구하고 kcal은 최우선 고려 사항이다. 체중 조절에서 kcal은 이정표 같기 때문이다. 길을 떠난다고 상상해 보자. 이정표가 가리키는 방향이 나에게 조금 다르게 느껴지거나, 자세하지 않다고 무시할 수는 없다. 만약 그러겠다고 대답한다면, 당신은 목적지에 도달할 가능성이 극히 적다. 이정표를 따라 방향을 잡고 나아가면서 나에게 맞는 속도, 걷는 방법

등을 조절하는 것이 맞다.

이제 직구를 꽂을 차례다. 그래서 우리는 실제 유지 kcal를 알아내야 한다. 이정표를 따라가되 내게 딱 맞는 길을 찾는 작업이다. 초등학생도 할 수 있을 만큼 쉽다. 공식을 통해 알아낸 예상 유지 kcal를 실제로 섭취해 보는 방법이다. 2주 동안 해보면 명확한 실제 유지 kcal를 찾을 수 있다. 나를 예로 들어보자. 공식을 통해서 3,155kcal가 나왔다. 첫 주는 이대로 먹는다. 월요일~일요일 동안 체중을 재보고 평균값을 계산해 본다. 측정된 체중을 모두 더하고 7로 나누면 된다. 만약 전 주에 비해서 0.5kg 감량이 일어났다면 예상 유지 kcal는 실제 유지 kcal가 아니라는 뜻이다. 내게는 감량 kcal였던 셈이다. 만약 목표가 0.5kg 감량이었다면 완전 땡큐다. 2주 차에 kcal 수정할 필요 없이 그대로 이어가면 된다. 그런데 체중 유지가 목표였다면 2주 차에 다시 0.5kg 조절이 일어날 만큼 kcal 수정이 필요하다.

여기에도 명확한 공식이 있다. 이정표의 고급 버전이라고 할 수 있다. 1~6번으로 나뉜 계산법인데, 강의나 선수 코칭 때 써먹는다. 그러나 복잡해서 실용성이 떨어진다. 집에서 라면 끓여 먹는데 각종 해산물을 손질해서 넣는 느낌과 비슷하다. 더 간단하고 실용성 있는 방법이 필요한 순간이다. 이런 우리 마음을 알아챘는지, 또 한 명의 거인이 등장한다. 레인 노튼(Layne Norton)은 학부에서는 생화학을 전공했고 영양학 분야에서 박사학위를 땄다. 세포 수준까지 고려해서 영양을 설계한다는 뜻이다. 그는 책상 위에서 볼펜만 굴리는 사나이가 아니다. 프로 내츄럴 보디빌더(약물을 사용하지 않는 프로 보디빌더)이자, 파워 리프터다

(162). 이 부분이 의미하는 바는 몸도 좋고, 힘도 센, 박사 출신 선수이자 코치라는 뜻이다. 또 사업에도 크게 성공했다. 이 재수 없을 정도로 잘 나고 고마운 거인 덕분에 나는 현장에서 유용한 정보를 많이 얻었다. 그중에 공유하고 싶은 것은 847 공식이다. 라면을 라면답게 호로록 끓여 먹는 방법이다. 간단하고 실용성이 으뜸이다. 847 공식은 감량하고 자 하는 체중의 양을 847로 곱하면 필요한 일일 적자량이 나온다는 공식이다.

쉽게 풀어보자. 일주일에 0.5kg을 빼고 싶다면, 0.5×847 하면 된다. 이때 값은 423.5가 나온다. 하루에 실제 유지 kcal에서 424(반올림)를 빼고 먹으면 일주일에 0.5kg을 뺄 수 있다는 말이다. 예시로 든 내용처럼 0.5kg을 올리고 싶다면 하루에 424kcal를 더 먹으면 된다. 이 공식은 체중 변화 동안 일어나는 체지방과 제지방의(체지방은 살, 제지방은 근육이라고 이해해도 좋다) 비율 차이(163)를 고려한 산출법이다.

이쯤이면 지방 조절의 마법사가 되는 상상을 할 텐데, 미안하지만 847 공식마저도 백발백중은 아니다. 또 실제 유지 kcal를 찾기 위해서 2주보다 더 시간을 투자해야 할 수도 있다. 심지어 감량을 진행하는 동안은 여러 번 수정하게 되어있다. 말했듯 인간의 신진대사는 수학처럼 깔끔하지 않기 때문이다. 그러나 이정표도 없이 길을 떠나는 것과 가이드 북을 가지고 가는 것은 다르다.

이런 이유로 우선 kcal을 고려해야 하는 이유부터 실용적인 적용법까지 알아봤다. 이제 남은 것은 당신의 충실성이다. 간단한 계산 몇 개를 해보고, 정확한 kcal을 정하자. 그후에 가이드를 따라서 수정을 거

듭하면 된다. 정해둔 길을 따라 올곧이 가다 보면 식단 유목민은 결코 도달하지 못하는 목적지에 이른다. 자, 이제 힘차게 출발! 아, 그전에 다량영양소는 조금 알고 가자. 다시 앉아봐라.

30

탄수화물은 억울하다

kcal를 가진 영양소들을 다량영양소라고 부르는데, 이번에 소개할 탄수화물은 1g(그램)당 4kcal의 열량을 가지고 있다. 1g을 먹으면 4kcal 에너지를 낼 수 있다는 뜻이다. 탄수화물은 kcal와 더불어 가장 큰 오해를 받고 있다. 특히 단당류는 거의 악마 취급 받는다. 2000년대 초반까지만 해도 악마 역할은 지방이었다. 탄수화물은 저항할 새도 없이 바톤(baton)을 넘겨 받게 되었다. 얼마나 억울할까, 우리가 그 한을 풀어 줘야 한다.

2021년 1월에 나는 근육량 증가를 목적으로 체중을 올리고 있었다. 당시 나는181cm에 100kg였다. 그때는 무거워서 1cm가 줄은 듯하다. 최근에 기분 좋을 때 쟀더니 182cm가 나왔다. 복구 완료! 그때 나는 하루에 4,000kcal를 먹고 있었다. 하루에 4,000kcal를 매일 먹으면 밥상머리에서 헛구역질이 난다.

하루에 5끼를 먹었는데, 이렇게 먹으려면 각 식사 간격을 3~4시간으로 맞춰야 한다. 내 경우 보통 8시, 12시, 16시, 20시, 23시였다. 먹는 게 일이라는 말이 딱 어울리는 상황이다. 잦은 식사 시간이야 별문제가 안 된다. 하루를 조금 더 부지런히 살면 해치울 수 있다. 문제는 식사량이다.

단백질과 지방을 빼면 하루에 600g 가량의 탄수화물을 먹어야 했다. 순수 탄수화물 600g이면 감이 오지 않을 텐데, 구운 고구마 2,000g을 먹어도 채울 수 없는 양이다. 구운 감자로는 3,600g이다. 삶은 단호박으로 채우려면 약 3,900g, 약 4kg을 먹어야 한다. 갑자기 숨이 턱 막힐 수 있겠는데, 흰쌀밥으로 바꾸면 1,800g으로 가능하다. 만약 시리얼로 바꾼다면 670g으로 거의 1/3에 가까워진다. 두 식품의 장점은 그나마 꿀떡꿀떡 넘어간다는 점이다. '고구마 vs 흰쌀밥 vs 시리얼' 중 선택권을 준다면 첫 번째는 시리얼이고 두 번째는 흰쌀밥을 골라야 정상이다. 하루 총 5끼니를 매번 400g 이상의 고구마를 마주하면 입에서 욕이 나오기 때문이다. "나는 고구마 맛있던뎅."이라고? 매일 꼬박꼬박 2kg씩 먹다 보면 생각이 달라진다.

이런 이유로 나는 고구마를 빼고 흰쌀밥과 시리얼을 섞었다. 아침에는 시리얼로 시작하고 중간과 끝은 흰쌀밥으로 바꿨다. 구운 고구마도 당지수가 낮은 편은 아니지만, 흰쌀밥과 시리얼에 비하면 낮다. 바꿔 말하면 흰쌀밥과 시리얼은 당지수가 높다는 말이다. 특히 시리얼은 일부 연구에서 고구마의 2배 가까이 된다고 밝힌 바 있다[164]. 높은 당

지수는 제2형 당뇨병과 연결된다. 이와 관련된 연구들은 5분만 검색해도 수십 개를 찾을 수 있다.

하루에 4,000kcal를 먹는 브이로그(V-log) 영상을 올리자 300개 정도의 댓글이 달렸다. 아니나 다를까 그중 대부분은 "당 지수 너무 높지 않나요?", "야채는 안 먹어요?"였다. 우선 야채 이야기부터 해보자. 야채는 미량영양소와 식이섬유가 풍부하다. 이는 신체 전반적인 대사와 건강에 도움이 된다. 포만감을 주기 때문에 특히 감량할 때 허기를 막을 수 있는 이점이 있다. 적극적으로 추천받아야 마땅한 식품이 맞다. 하지만 내 목적은 감량이 아니었고, 600g의 탄수화물을 채우는 동안 야채가 끼어들면 포만감 때문에 가뜩이나 부른 배가 남아날 공간이 없다. 결국 다음 끼니를 먹지 못한다. 이런 이유로 야채라고는 흰쌀밥을 먹을 때 곁들이는 김치 정도였다. 이쯤에서 내가 말하고 싶은 것은 영양도 대상의 목적과 상황에 따라서 처방이 달라진다는 점이다. 당지수에 절여졌던 내 결과는 조금 뒤에 다시 보자.

탄수화물 인슐린 모델

탄수화물, 특히 높은 당지수가 문제가 되는 이유를 빠르고 간단히 정리하면 다음과 같다.

<높은 당 섭취 - 고인슐린 분비 - 췌장 피로 유발 - 인슐린 저항성 증가 - 제2형 당뇨병 발생 확률 증가>[165].

대사 질환의 보스(boss)격인 제2형 당뇨가 발병하면 악순환의 시작이다. 이것이 탄수화물이 악마 취급을 받게 된 이유다. 나는 이런 논리에 반대한다. 같은 입장인 허먼 폰쳐가 《운동의 역설》에 적어둔 내용을 요약하면 다음과 같다.

게리 타우브스(Gary Taubes)는 '탄수화물-인슐린 모델'을 주장하는 대표적인 설탕 반대파다. 그들이 주장하는 탄수화물-인슐린 모델은 복잡할 게 없다. 당이 많이 든 고탄수화물 섭취를 하면 혈당이 올라가고 인슐린 호르몬이 체내에 쏟아진다. 인슐린은 당을 신체에 저장하는 역할을 한다. 문제는 우리 몸에 저장고 사이즈가 정해져 있다는 점이다. 저장 공간이 �꽉 차면 인슐린은 잉여 포도당을 지방으로 전환시키고 과식하게 만든다. 따라서 열량(kcal)에 초점을 맞춘 식단은 탄수화물과 인슐린 상호작용을 간과해 핵심을 놓치게 된다. 이것이 간단히 정리된 탄수화물-인슐린 모델이다. 분명 어디선가 들어본 말이니 서서히 고개가 끄덕여진다.

허먼 폰쳐도 이에 대해서 이렇게 말했다. "그럴듯한 기전으로 비만의 원인을 설명하는 흥미로운 주장이다." 그러나 사실이라고 말하지는 않았다. 타우브스를 비롯한 여러 설탕 반대파는 자기들 주장을 사실로 만들기 위해서 수년에 걸쳐 논문과 책을 이용했다. 그 중에서 특히 주목할 만한 것은 미국 국립 보건원의 수석 연구원 케빈 홀(Kevin Hall)과 공동 설계한 연구다. 이 연구는 과체중 또는 비만인 사람들을 8주간 신진대사 병동에서 지내게 했다. 통제가 잘 된 연구라는 의미다. 4주는 고탄수화물 식단, 4주는 저탄수화물 고지방(키토제닉) 식단을 했다.

당연히 두 식단은 동일한 kcal였고, 키토제닉에서는 당 함량이 10분의 1 이하 수준이었다. 결과가 궁금해진다. 정말 '탄수화물-인슐린 모델'에 따라서 고탄수화물 식단은 부정적인 결과를 보이고 kcal 이론을 깔아뭉겠을까? 두 식단은 지방 감소 효과에서 차이가 없었다. 타우브스를 비롯한 설탕 반대파의 정당성을 입증해 주리라 생각했던 연구는 반대 결과가 나왔다[166]. 한 번 더 말하겠지만, 아무거나 먹어도 좋다는 말이 아니다. 당 지수가 낮고 식이섬유가 풍부하며 미량영양소가 듬뿍 들어있는 탄수화물군이 건강에 좋다. 다만 kcal는 중요하지 않으며 모든 악의 근원은 설탕이라는 생각은 오해다.

설탕과 건강 얘기가 나왔으니 하나만 더 짚고 넘어가자. 설탕 반대파 얘기를 들으면 수렵 채집인 하드자족은 피식하고 웃을 것이다. 거의 매일 꿀을 따먹기 위해서 바오바브 나무를 오르기 때문이다. 그들은 70세가 넘어도 당뇨는커녕 건강함이 넘친다. 이를 통해 확실히 알 수 있다. 탄수화물이나 당지수보다는 많이 먹는 것이 문제다.

"최근 수십 년간 설탕과 대사 질환은 동시에 움직이지 않았다. 미국은 1960년대 이후 당 섭취가 늘어났음에도 불구하고 심장 질환 사망률은 꾸준히 감소했다. 2000년 전후로 사람들은 당 섭취량(액상과당)을 줄였지만, 과체중과 비만, 당뇨 발병률은 지속적으로 증가했다(《운동의 역설》, p.306)."라는 내용이 강력한 증거다. 현재로서는 나는 이에 대해 완벽히 동의한다. 허먼 폰쳐가 인간 몸에서 일어나는 에너지 변화에 평생을 바쳤다는 사실 때문이 아니다. 또 에너지학에 국제적인 명성을 가진 대가여서도 아니다. 권위 따위보다는 철저하게 데이터와 실제 적용 사례를 본다. 이 정도면 데이터는 증명됐다고 생각한다. 이쯤에서 높은 당지수에 절여져 있던 100kg의 광호 결과가 궁금할 텐데, 그때도 지금도 나는 전혀 문제가 없다. 최근에 연속혈당기를 2주간 달고 살폈음에도 정상이었다.

탄수화물 조정 방법

영양 관리도 대상의 목적과 상황에 따라서 달라질 수 있다는 말을 떠올려 보자. 어쨌든 나라는 대상은 증량이라는 목적을 위해서 당 지수가 높은 식품을 추가하는 상황을 설정했다. 덕분에 결과는 성공적이었다. 90kg 중반대에서 102kg까지 체중을 올렸고, 체계적인 훈련과 영양 관리를 한 탓에 근육량도 올랐다. 배가 툭 튀어나와서 발등을 가리는 181cm 100kg을 생각하면 곤란하다. 당시에 나는 체지방률 15%였다. 성인 남자 평균 범위의 가장 아래쪽이다. 지금쯤 인정은 하겠지만 묘하게 께름칙한 기분이 들 텐데, 내가 특수한 사례이기 때문이다. 이에 대해서는 후술하겠다. 그렇다면 반대로 감량 때는 어떨지 궁금할 수 있다. 혹시나 넉넉한 탄수화물과 높은 당지수가 지방 감량에 방해가 되는 것은 아니냐는 말이다.

4,000kcal를 먹던 나는 마침내 밥상을 엎어버리고 싶을 때가 찾아왔다. 시리얼도 물렸고, 흰쌀밥도 마찬가지였다. 먹어본 사람은 알 텐데 소고기도 가끔 먹어야 맛있다. 매일 서너 끼를 먹으면 냄새만 맡아도 미간에 주름이 잡힌다. 닭가슴살이 인기 제품인 이유가 있다. 그러

던 내게 해방이 찾아왔다. 대회 일정이 잡혔고, 감량 모드(mode)로 전환할 때가 온 것이다. 즉각적으로 유지 kcal이었던 4,000에서 15%를 덜어내고 식단을 구성했다. 복잡한 계산이 싫다면 다음 내용에 밑줄 쳐도 좋다. 감량이 시작되면 실제 유지 kcal에서 10~20%를 덜어내라. 비교적 안전하고 지속 가능한 지방 감량 방법이다(167). 이후 대사 적응 때문에 감량에 정체가 올 텐데, 그때 추가로 5~10%를 또 줄이면 된다(168). 또는 847 공식을 써먹자.

　이는 어디까지나 보편적이고 실용적인 방법이다. 당연히 kcal 외에 다량영양소와 미량영양소 비율도 봐야 하고, 훈련이나 일상생활 패턴 또는 수면이라는 변수도 고려해야 한다. 하지만 권장한 방법은 복잡한 고리에 들어가기 전에 적당한 초기 전략이 되어준다. 경험에 따르면 제시한 가이드가 먹히는 사람은 10명 중의 7명이다. 나머지 3명은 말 그대로 복잡한 방법이 필요하다. 확률적으로 따져보면 본인은 7명 중 하나일 가능성이 크다. 따라서 보편적인 방법을 적용하고 수정해 나가는 것을 추천한다. 만약 3명 중 하나에 해당한다 해도 걱정할 필요 없다. 영양 파트(part)를 끝까지 읽으면 답을 얻을 수 있다.

　다시 내 이야기로 돌아가 보자. 유지 kcal이었던 4,000에서 15% 덜어냈으니 3,400kcal이다. 이쯤 되니 헛구역질 나올 정도는 아니지만 여전히 먹기에 번거로웠다. 그래서 1일 1라면을 했다. 나는 운동 직후 식사 때 컵라면을 하나 먹고, 흰쌀밥을 말았다. 20분 걸리던 식사 시간이 10분으로 줄었다. 꾸역꾸역 쑤셔 넣던 탄수화물이 여과 없이 빨려 들어가는 느낌이었다. 대신 몸 안에서 췌장은 미친 듯이 일을 하고, 인

슐린은 폭포수처럼 쏟아졌을 게 분명하다. 그렇게 되면 '탄수화물 인
슐린 모델' 축제가 열린다. 설탕 반대파 주장에 따르면 나는 끝내 대사
질환을 앓고, 지방량은 늘어가는 사람이 되는 셈이다. 과연 그랬을까?
한 달간 내 운동 후 식사는 컵라면에 흰쌀밥이었는데, 단 1주도 예외
없이 목표로 한 500g씩 체중 감량을 만들어냈다. 근육만 빠진 것 아니
냐는 의심이 들 수 있다. 우리가 근육을 늘리고자 할 때 반드시 지방도
함께 늘어나듯이 체중이 빠질 때도 똑같다. 질병에 걸렸거나 운동을
하지 않는 경우가 아니라면 체중 감량에서 근육과 지방은 동시에 감소
한다(169). 아울러 체성분 측정에서 체지방률도 효과적으로 낮아지고
있었다. 요약하면 간단하다. 체중 감량 또한 특정 영양소보다 얼마나
먹는가에 대한 영향을 크게 받는다. 컵라면과 동행은 한 달로 끝을 냈
다. 당지수가 높은 탄수화물이어서가 아니라 추가로 줄여나가던 kcal
이 적어졌기 때문이다. kcal 대비 부피가 적은 탄수화물인 시리얼, 라
면, 흰쌀밥은 이제 적당하지 않았다. 포만감이 적기 때문이다.

추가로 탄수화물 인슐린 모델 예찬론자들 말처럼 혈당 급상승 후
이어지는 하락에 따라서 금방 허기가 진다. 바꾼 이유는 이것이 전부
다. 그 후에도 탄수화물 중 당지수가 높은 편인 구운 고구마로 주로 식
단을 채웠다. 감량 모드 막판에만 단호박, 감자 등을 넣었을 뿐이다. 단
지 배가 고팠고 비교적 많이 먹을 수 있었던 이유가 전부였다. 시리얼
과 라면 그리고 흰쌀밥과 구운 고구마에 당지수 때문에 대사 질환이
오지 않았는지 살은 잘 빠졌는지 궁금할 법하다. 나는 감량 모드를 체
지방률 3%로 마무리했다.

이쯤에서 걱정되는 부분이 있다. 이 내용을 보고 장바구니에 가공 식품을 퍼 담는 사람들이 생길 것 같다. 내 사례를 보고 그대로 따라하는 것은 추천하지 않는다. 나는 조금 독특한 경우이기 때문이다. 나라는 대상의 목적은 건강관리가 아니라 오로지 근육량 증가였다. 그때 내 세상은 온통 금메달을 보느라 눈이 시뻘게져 있었다. 추가로 나는 평균적으로 근육량(뼈대근)이 45kg이라는 점을 고려해야 한다. 이는 국내 평균 남성보다 5~10kg 많은 상태다.

마지막으로 독특한 점은 4,000, 3,400kcal라는 꽤 높은 열량 섭취를 하는 상황이었다는 점이다. 이런 부분들 때문에 일반적인 목표를 가진 사람이 따라 하는 것은 추천하지 않는다. 지금껏 알아본 내용들을 종합해서 해석해 보자. 하나, 탄수화물의 당 지수보다는 당 대사가 중요하다. 둘, 먹는 것도 물론 중요하지만, 소화할 만한 능력이 되면 남발하지 않는 이상 별문제가 안 된다.

나 같은 경우는 당을 빨아들이고 처리할 수 있는 저장 공간이 컸다. 당은 크게 간과 근육에 저장된다. 내가 간은 콩알만 할지라도 근육은 꽤 두둑했다. 그런 이유로 단당류 권장 일일 섭취량인 10% 미만을 크게 고려하지 않았다. 첫 번째 이유는 당 저장고(근육)가 컸다. 두 번째는 감량 때도 하루에 3,400kcal라는 꽤 많은 kcal을 섭취하고 있었다는 점이다. 권장량인 10%를 따라도 내게 허락된 양은 340kcal로 꽤 넉넉했다. 당류로만 하루에 85g이 허락되는 셈이다. 하나 더 핵심을 말하자면, 나는 주 5~6일 웨이트 트레이닝을 했다. 그것도 아주 빡세게, 체계적인 프로그램으로. 이런 특이한 점들을 고려해서 사례를 이해하길 바란다. 독자가 일반적인 사람이라면, 후술되는 가이드를 따르는 것이 좋다. 그럼에도 내 사례를 꺼내놓은 이유는 탄수화물에 대해서 오해하지 말라는 의미다.

단당류에 관한 지침

덧붙여 늘 고발하고 싶은 내용이 하나 있었다. 요즘도 가끔 초록색 창 블로그 같은 곳에서 '탄수화물=당'이라며 정보를 흘리는 경우다. 그들은 흰쌀밥 100g에 탄수화물이 약 40g 들은 것을 가지고 "무려 당이 약 40g이라고요!"라며 공포심을 자극한다. 이는 정확히 틀렸다. 우리가 경계하는 당은 보통 단당류와 이당류를 말한다. 이 둘은 탄수화물을 구성하는 하위 요소 중 하나다. 이것을 알고 정보를 흡수해야 한다. 흰쌀밥은 단당 함량이 없다.

내 경우는 라면, 시리얼을 추가해도 탄수화물은 하루 총 400g 정도 였지만 당은 85g을 넘지 않았다. 잠깐, 그런데 아까부터 말하는 당류 하루 권장량은 누가 정했냐고? 2009년에 미국심장협회가 정했고, 2014년에 세계보건기구(WHO)가 잡아둔 기준이다[170, 171]. 상한선 10% 기준은 꽤 가혹하다고 느꼈는지 식이 가이드라인 자문위원회(DGAC)의 마이요와 드류노프스키(M. Maillot, A. Drewnowski)가 2011년에 이런 연구 결과를 내놓는다. "고형 지방과 첨가 당류 권장량은 5~15%이다[172]."

그럼 간단히 계산해 보자. 평균적인 한국 성인 남성 기준으로 일일 권장 섭취량은 2,500kcal이다. 하루에 허락되는 당은 375kcal, 약 93g

이다. 사발면 하나에 들어있는 당류는 4g이고, 시리얼은 30g당 9.5g이다. 식약처 정보에 따르면 위에서 말했듯 흰쌀밥은 단당 함량이 없다[173]. 물론 전분함량이 높아서 혈당 지수가 높은 편이긴 하나 단당이 없는 것은 사실이다. 굳이 정확히 짚고 넘어가자면 흰쌀밥은 전분이라는 다당류 덩어리다[174]. 다시 또 장바구니에 슬쩍 인스턴트 식품을 담을 텐데 멈추길 바란다. 나는 탄수화물과 당 섭취에 대한 면허증을 발급 하는것이 아니다. kcal만 맞추면 아무거나 먹어도 좋다는 뜻이 아니라는 말이다. 또는 혈당 지수를 무시하자는 것도 아니다. 탄수화물은 이런 조건이 붙으면 좋다. 식이섬유가 많을 것, 미량영양소가 풍부할 것, 혈당 지수가 낮을 것, 포만감이 높을 것. 복잡하다는 생각이 든다면 가공되지 않은 자연식품 위주로 고르면 된다. 대표적으로 감자, 고구마, 단호박 등이다. 하지만 뭐든 많이 먹으면 살이 찐다는 것도 잊지 말자. 코끼리도 풀만 먹지만 비만인 경우가 잦다[175].

이쯤에서 정리해 보면 이렇다. 건강 관리를 위해서는 단당류 일일 권장량인 5~15%를 따르고 식이섬유 및 미량영양소가 풍부한 탄수화물을 고르는 게 맞다. 만약 당 대사에 문제가 없고, 꾸준히 운동한다면 너무 걱정하지 말자. 어쩌면 우리는 맛있게 살기 위해서 운동을 하는지도 모르겠다.

탄수화물 섭취 가이드

나처럼 호기심을 주체하지 이들은 대체로 '왜?'라는 질문을 많이 한다. 가령 "저는 왜 이런 방법으로 다이어트를 하나요?" 같은 질문을 던진다. 정확히 반대편 극단에 있는 사람들도 있다. "다 필요없고, 답이나 알려줘."라는 식이다. 이런 부류가 가장 많이 하는 말이 있다. "그래서 어떻게 하면 되는데?" 이쯤이면 답답해할 법한 그들에게 지침을 줄 때가 왔다.

한국, 유럽, 미국에 걸쳐 권위 있는 연구를 종합해 보면 하루 총섭취량에서 탄수화물 비율은 50% 내외로 권장하고 있다(177, 178, 179). 만약 하루에 2,000kcal가 TDEE(일일 총에너지 섭취량)라면 그중에 1,000kcal는 탄수화물로 채우라는 말이다. 그램(gram, g)으로 환산하면 250g이다. 대개의 의견은 이것이 건강을 고려한 이상적인 방법이라고 한다. 이런 근거를 바탕으로 현장에서는 40~50%를 권장하고 있다. 2,000kcal 기준으로 하루에 800~1,000kcal(200~250g) 범위를 잡는 것이다. 이쯤이면 하루에 10% 미만의 탄수화물 섭취와 고지방 식단(저탄고지)을 추구하는 키토 매니아들(ketogenic diet) 열 뻗치는 소리가 들린다.

그들과 나란히 어깨동무한 논문 소비자들은 한 손에는 반대 의견이 적힌 종이를 들고 반대 손가락으로는 나를 삿대질 할 것이다. 키토제닉(ketogenic)은 대상과 상황에 따라서 유용하게 쓰일 방법임은 분명하다. 그러나 탄수화물의 역할을 지방으로 대체하는 키토제닉 방법은 엄연히 비상 시스템이다. 문자 그대로 비상시에 쓰도록 만들어둔 인체 시스템이라는 뜻이다. 이를 영리하게 이용한다면 단기적으로는 대상과 상황에 따라 도움이 될 수 있다. 그 대상을 언급할 때 자주 나오는 것이 제2형 당뇨 환자다. 조직 안으로 당을 밀어넣는 능력이 떨어지는 이들에게 지방을 원천으로 하는 키토제닉이 딱이라는 접근법이다. 하지만 장기적으로는 오히려 부정적인 태세로 돌변한다.

《미국 생리학 저널(American Journal of Physiology)》에 실린 연구 결과를 보자. 장기적 키토제닉 식단은 체중 감소를 초래하지도 않을 뿐더러 포도당 불내성과 인슐린 저항성을 유발했다. 이는 췌장에서 β세포와 α세포 감소를 일으켜 대사 증후군 및 2형 당뇨병 위험을 증가시켰다(180). 쉽게 해석하면, 정상적인 상황에서 비상벨을 울려대니 신체가 처음에는 속아줬다는 뜻이다. 매번 그러다 보니 양치기 소년 취급을 받았다. 오래 할 짓은 못 된다는 말이다.

키토 매니아의 주장처럼 우리는 탄수화물 0인 상태에서도 살 수 있다. 다시 말해 인간에게 탄수화물 최소치는 0인 셈이다. 그럼에도 불구하고 생존할 수 있는 시스템을 우리는 물려받았다. 앞서 말한 비상 시스템 덕분인데, 간이 지방을 분해하여 케톤체(ketone bodies)를 만들어 탄수화물 대신 쓰는 이 과정을 케토시스(ketosis)라고 한다. 인체는 죽기 전까지 지방을 뽑아다 쓸 수 있기 때문에 우리는 탄수화물 없이도 버틸 수 있는 것이다. 또 탄수화물이 고갈되면 인체는 애써 키운 근육도 갈아 마셔(?) 버린다. 근육이라는 단백질 덩어리를 아미노산으로 부셔서 에너지로 쓰는 이 과정은 포도당신생합성(gluconeogenesis)이라고 부른다. 크게 이 두 가지 이유 때문에 우리 몸은 탄수화물 없이도 버틴다. 이쯤에서 눈치 빠른 독자라면 내가 '버틴다'를 두 번 쓴 이유를 짐작할 것 같다. 정상적이다 또는 건강하다가 아니라 비상 시스템으로 버티는 꼴이라는 점을 잊지 말자. 탄수화물 과잉도 문제이지만, 결핍도 그에 못지않게 건강에 좋지 않다.

　이런 이유로 탄수화물 적정치를 하루 총섭취량에서 40~50% 내외로 권장하고 있다. 그렇다면 최소치가 40%인 걸까? 아니다. 연구들과 현장에서 활동하는 코치들의 말을 빌리자면 최소치는 따로 있다. 체중(파운드, lb)당 1g이다(181, 182). 우리에게 익숙한 킬로그램(kg)이 아니라 파운드(lb)인데, 환산하려면 2.2를 곱하면 된다. 예를 들어 90kg이라면, 2.2를 곱하는 방법이다. 결과값은 198이 나오는데, 90kg 체중을 가진 사람은 하루에 탄수화물 최소 권장량이 198g이라는 뜻이다. 탄수화물은 1g당 4kcal니까 kcal로 바꾸면 198×4=792kcal가 된다. 나처럼 의심과 호기심 덩어리들은 '왜 체중당 1g인데?'라는 물음표가 떠오른다. 우선 이 적용법은 ① 너무 낮은 탄수화물 섭취는 사망률 증가(178), ② 정상적인 뇌와 근육의 기능을 유지하기 위한 권장량(182), ③ 식이 기준에 따른 탄수화물 적정 비율과 최소 섭취량 130g(177)을 종합한 결과로 보인다. 의심이 사라진 나는 군침이 싹 돌았다. 다이어트라는 여정에서 안전한 운행과 동시에 승객의 가장 잦은 주문은 체지방 감량이기 때문이다. 탄수화물 적정량과 최소량을 알게 된 건 내비게이션을 손에 쥔 것과 같았다. 나는 이 내비게이션을 닳도록 써먹었다. 처음에는 하루 총섭취량에 40~50%로 탄수화물을 설정했다. 이후 조금씩 줄여나가면서 체중(파운드, lb)당 1g 도달하는 것은 피했다. 5년이 넘도록 써먹고 있지만, 내비게이션이 고장 났다고 생각한 적은 없다. 아직도 "그래서 어떻게 하면 되는데?"라는 사람이 있다면 조금 전 내용을 떠 먹여주면 된다. 탄수화물은 하루 총 섭취량의 40~50%로 시작, 식이섬유와 미량영양소가 풍부한 자연식품 위주로 구성, 단당류는 5~15%로 제한 할 것. 그리고 체중(파운드, lb)당 1g 미만은 피할 것, 이 정도면 충분하다.

이쯤에서 잊었을까 봐 말하는데, 이 책의 목적은 건강하고 멋진 몸이다. 이에 관해 단백질과 지방도 당연히 가이드가 있다. 이 중 단백질은 탄수화물과 정반대로 신(God) 취급을 받는다. 다음은 신의 진짜 모습을 들춰보자.

31

단백질 섭취는 선택 사항이 아니다

이스라엘에 기독교, 인도에는 불교가 있다면 헬스장에는 단백질교가 있다. 이 종교의 신도들은 꺼끌꺼끌한 쇳덩이를 잡느라 배긴 굳은살은 기본이다. 단백질이 뼈다귀에 근육을 붙여줄 거라는 믿음으로 오늘도 열심히 밀고 당긴다. 그 정성이 108배나 철야기도에 못지 않다. 물론 나도 그중 하나였고, 진리를 찾아나가는 종교 생활을 거듭했다. 단백질님, 제게 근육이라는 은혜를 주실 것을 믿사옵니다.

다른 종교와 차이점이 있다면 단백질교는 교주가 자주 바뀐다. 운동 선배였다가 코치였다가 요즘에는 학자로 바뀌었다. 각 교주는 단백질이라는 종교를 다른 방식으로 전파했다. "이만큼 먹어라, 이때 먹는 것이 좋으니라." "다시 알아보니 이렇게 먹는 것이 좋겠구나."라는 식이다. 기억을 되짚어보면, 신도들은 대략 5년 주기로 교주를 갈아치웠다. 그때마다 단백질 섭취량과 시간대를 바꿔왔다. 운이 좋게도 나는 2010년부터 지금까지 모든 교주를 만나오고 있다. 이 서막을 열어준 것은 운동 선배의 브로 사이언스(bro science)이다. "빵을 키우려면 말이지, 일단 닭은 1kg이다."

여기서 빵이란 제과점에서 사는 그것을 말하는 것이 아니다. 단백질교 신도들 사이에서 빵은 근육량이라는 말로 통한다. 짐작했겠지만 닭은 닭가슴살이다. 단백질교 안에서 닭다리살이나 닭날개가 고기 취급을 받은 것은 겨우 최근이다. "단백질 얼마나 먹어야 해요?"라는 질문에 당시 교주였던 선배는 "근육량 증가에 필요한 닭가슴살은 하루 1kg."이라고 답한 셈이다.

'닭가슴살을 하루에 1kg 먹으라고?' 혹시 지금 고개를 갸우뚱했다면 손에 애기 굳은살 정도는 가진 신도일 가능성이 크다. 그러나 당시 나는 푸릇푸릇한 새내기였다. 교주 말씀이라면 감히 의심을 품지 않았다. "믿사옵니다." 곧바로 축산물 시장에 갔다. 당시 내 사정에는 그게 제일 싸게 먹히는 방법이었다. 심지어 마트에는 닭가슴살을 팔지도 않을 때였다. 시장 구석탱이를 알음알음 찾아가면 "아니 맛있는 거 냅두고 왜?"라고 했다.

하루에 닭가슴살 1kg 먹기는 오래 하지 못했다. 우선 한 달에 닭가슴살을 30kg씩이나 사기엔 내 통장이 버텨낼 재간이 없었다. 무엇보다 하루 종일 배가 부풀었고 가스가 많이 찼다. 돌이켜보면 지나친 고단백 식사로 인해 장내 가스 이동 장애가 생겼고, 복부 팽만과 소화 불량으로 이어진 경우다(183). 당연히 그때는 이런 사실을 몰랐다. 똑같이 먹어도 나와 다르게 교주는 멀쩡했기 때문이다. 내가 믿음이 부족해서 은혜를 받지 못한 것일까? 지금 생각해 보면 허무할 정도로 간단한 이유가 있다.

당시 교주, 그러니까 선배는 187cm에 120kg이었다. 그에 비해 나는 182cm에 75kg였으므로 45kg 차이가 났다. 거의 마른 체형 여성 하나를 몸에 품고 있는 셈이다. 이는 단백질을 받아들일 수 있는 양이 크게 다르다는 뜻이 된다. 나는 120리터(ℓ) 탱크에 담던 물을 75리터에 담고 있던 꼴이다. 당연하게도 물은 콸콸 넘쳤고, 그 반응이 소화 불량과 복부 팽만이었다. 누구나 처맞기 전과 후 계획이 다르듯이 나도 그랬다.

단백질 섭취 권장량 변천사

잘못된 가르침에 한 방 크게 얻어맞고 나서 나는 교주를 바꿨다. 대략 2014년쯤이다. 선후배 간에 전유물이었던 보디빌딩에 서서히 코치들이 생기기 시작했다. 그때만 해도 국내 보디빌딩 코치들은 동네 사람만 아는 맛집 같았다. 희귀했던 코치들은 너만 알려주는 거야라는 식으로 단백질교를 전파했다. 코치 가라사대, '체중×1.8~2.2g'이었다. 체중이 100kg라면 하루 단백질 섭취량은 180~220g이 적당하다는 말이다. 여기에 질문은 허락되지 않았다. 그럼에도 묻는다면 "운동하는데 무슨 논문 얘기를 들먹여?"라는 꾸중이 돌아왔다. 하지만 코치들은 자신들이 모르는 새에 논문을 참고하고 있다는 사실을 몰랐다.

체중×1.8~2.2g은 이미 운동선수들을 대상으로 2012년에 나온 연구 결과였다(184). 마치 라면을 후루룩거리면서 염분은 몸에 좋지 않다고 했던 셈이다. 당시 현장 지도자들이 과학을 탐닉하는 경우는 드물었다. 대신 이들은 논문에서 아티클(article)로 정제된 후 잡지에 실린 정보를 봤을 가능성이 크다. 논문과 아티클 차이는 현미를 깎아서 흰쌀로 만든 차이라고 생각하면 쉽다. 먹기 좋게 가공된 글들은 대개 유명 잡지에 실린다. 글 옆에는 반드시 머리통만한 팔에 화가 잔뜩 난 힘줄을 장착한 보디빌더 사진이 있다. 예나 지금이나 사회가 과학을 따라오게 하려면 이 방법이 최선이다. 나보다 몸 좋으면 믿는다는 생각은 10년 전에도 똑같았다. 그 뒤에 앙상한 팔과 손으로 펜을 쥐고 있는 학자들이 있다는 것을 대개는 모른다.

그러거나 말거나 몸 좋은 브로(brother)에 현혹된 코치들은 체중을 기준으로 한 단백질 섭취를 전파했다. 어디서 봤다 또는 내가 알아보니까라는 말로 근거를 퉁친 코치들의 전략은 먹혔다. 생체 반응이 하루 닭 1kg보다 훨씬 잘 맞아떨어졌다. 가공되었을지라도 그 뿌리는 과학이었기 때문이다. 이번 교주는 꽤 오래 자리를 지켰다. 그러나 약 2년 뒤, 자리를 위협받는 일이 생긴다.

학자들이 교주 자리를 꿰차는 결정적 한 방은 물음표가 던져지면서 시작되었다. "체중보다는 제지방량(지방을 제외한 모든 조직, 주로 근육)을 기준으로 두는 게 맞지 않나요?" 이는 분명 반박할 수 없는 의견이었다. 쉽게 예를 들면 이런 경우다. 체중이 80kg인 두 명이 있다. 두 사람은 체중이 같을지라도 체성분 조성 상태가 다를 수 있다. A는 제지방

량 65kg과 체지방량 15kg을 가진 반면, B는 제지방량 50kg과 체지방
량 30kg을 가진 경우다. A는 B에 비해 제지방을 15kg이나 더 가지고
있다. 흔히 볼 수 있는 이런 경우에 체중보다는 제지방을 기준으로 두
어야 정확하지 않냐는 물음이었고, 연구 결과는 명확했다. "개인의 단
백질 섭취량 기준을 체중으로 삼는 것보다는 제지방량을 기준으로 해
야 정확하다(185)." 이때 '왜?'라는 질문에 대한 답에 단백질 대사회전
(protein turnover)을 빼놓을 수 없다. 단백질 대사회전은 신체 내에서 지속
적으로 단백질이 합성되고 분해되는 과정을 의미하는데, 정상적인 기
능, 성장, 복구, 적응에 필수다.

쉽게 설명하면 이렇다. 단백질을 먹고 소화, 흡수를 통해 새로운 것
을 만들고 오래된 것은 분해해서 버리거나 재활용하는 과정이 단백질
대사회전이다. 신체에 단백질로 구성된 조직이 많으면 새로 만들어야
할 것도 많고, 버릴 것도 많다는 뜻이다. 신체에서 주로 단백질로 이루
어진 조직은 제지방이다. 이런 이유로 제지방량이 많은 사람은 더 많
은 단백질이 필요하고, 또 충분한 단백질 섭취는 제지방량을 늘리기에
적합하다(186). 이쯤에서 '단백질 섭취에 따라서 제지방량이 조절되는
거야? 아니면 제지방량에 따라서 단백질 섭취량이 조절되는 거야?'
라는 반문이 생길 수 있다. 이는 '닭이 먼저냐 달걀이 먼저냐?'라는 문
제와 같다.

상호 의존적인 문제에 대한 답은 단백질 전환을 이상적으로 만드는
것이다. 닭이 먼저든 달걀이 먼저든 우리는 생산성에만 신경 쓰자는
말이다. 이 효율을 극대화하는 작업이 운동이다. "좋았어, 제지방량에

따라서 단백질을 먹어야 하는구먼." 책상을 탁 내려치고 난 후에 다음 물음표는 '근데 얼마나?'이다.

단백질 섭취 가이드

이 물음표를 느낌표로 만들기 위해서 레인 노튼(Layne Norton)의 말을 빌려왔다. 단백질 대사와 관련된 분야에 촉을 세웠던 그는 느낌표를 만들기 위해 선행 연구를 뒤적였다. 종합해 보니 나이와 섭취 kcal 상태에 따라서 단백질 섭취량이 달라져야 한다고 했다(187, 188). 감량을 위해서 섭취 kcal가 적자 상태라면 단백질은 더 풍부해야 한다. 또 나이가 많을수록 단백질 권장량이 늘어난다. 그의 저서 《완벽한 대회 준비 가이드(The Complete Contest Prep Guide)》에서 발췌한 표를 참고하면 한눈에 볼 수 있다.

	kcal 적자 아닐 때	kcal 적자일 때
0~30세	1.8~2.0g/제지방 kg	2.2~2.4g/제지방 kg
30~40세	2.0~2.3g/제지방 kg	2.4~2.8g/제지방 kg
40~50세	2.3~2.6g/제지방 kg	2.8~3.1g/제지방 kg
50~60세	2.6~2.9g/제지방 kg	3.1~3.5g/제지방 kg
60~70세	2.9~3.2g/제지방 kg	3.5~3.8g/제지방 kg

자료를 참고해서 예시로 살펴보자. 현재 나는 체중 92kg에 체지방량은 12kg이다. 제지방량은 80kg이라는 값이 나온다. 또 일시적으로

감량을 위해서 kcal 섭취를 적자로 만든 상태다. 나이는 30~40세에 해당한다. 표를 참고하자면 80kg에 2.4~2.8을 곱하면 된다. 중간값인 2.6을 곱해보자. '80×2.6=208'이다. 나는 감량을 위한 식단에서 하루에 단백질 208g을 섭취하면 된다. 이는 닭가슴살 약 900g에 해당하는 양이다. '윽!'이라고 생각할 수 있는데, 유청 단백질 보충제를 곁들인다면 먹기 쉬워진다.

내 경우에는 하루에 보충제로 단백질 40g을 채우고 나머지는 자연 식품으로 먹는다. 이는 일반적인 보충제 기준으로 2스쿱(scoop)이다. 350ml 물에 타 먹으면 3초 안에 마실 수 있다. 닭가슴살과 조합한다면 보충제 2스쿱 + 닭가슴살 700g이 된다. 경험상 이런 계산을 보여 줘도 여전히 호들갑을 떠는 사람이 있다. 그 중에는 특히 체구가 작은 여성이 많다. 그도 그럴 것이 그녀들은 대체로 단백질교 신도가 아니고 원래부터 먹는 양이 적기 때문이다. 내가 코치 생활을 하면서 가장 많이 봤던 사례로 계산해 보자. 체중 60kg, 체지방량 18kg, 제지방량 42kg정도인 경우다. 예상하건데, '어머, 난데?'라는 사람이 많을 것이다. 사례의 경우 체지방률은 30%가 나오는데, 여성 정상 체지방률 범위인 25~30%에서 끝자락에 해당한다. 대부분은 비만 경계선에 다리 한쪽을 걸쳐 놓은 이런 경우와 그보다 더 관리가 시급한 사람들이 80% 이상이다. 이제 나와 같은 계산을 적용해 보자. 예시로 든 여성에게 필요한 하루 단백질량은 109g이 나온다. 하루에 보충제 1스쿱, 닭가슴살 360g 정도면 채워진다.

제시하고 있는 권장량은 분명 근육량 증가와 유지를 위한 목적에 가깝다. 단순히 건강을 위한다면 더 간단한 방법이 있다. 이 또한 제지방량을 기준으로 노인, 건강한 성인, 환자를 대상으로 한 연구 결과다. 자신의 제지방량(kg)에 1.6을 곱하자. 다시 나를 예로 든다면, 80×1.6=128이다. 건강을 위한 일일 단백질 섭취 권장량은 128g. 여성의 예시를 따르면 42×1.6=67로 부담이 전혀 없어진다. 이런 계산마저 싫다면, 하루 30~45g의 단백질을 끼니마다 고르게 먹으면 된다(189, 190, 191).

이 정도도 싫다면 마음대로 하시라. 5년 뒤쯤 근감소증이 일어나고 뼈에 구멍이 숭숭 뚫리면 된다. 근감소증과 골다공증이 함께 일어나는 이 증상을 골근감소증(osteosarcopenia)이라 하는데(192), 심하면 가구에 툭 부딪혔는데 뼈가 부러진다. 현대에 들어서 이런 문제는 노인의 전유물이 아니다. 운동과 질 좋은 단백질을 거부하는 모두의 문제로 제기되고 있다. 다시 한번 말하지만, 마음대로 하시라. 당신의 안녕을 협박하는 내게 이런 질문이 되돌아올 수도 있다. "그래, 먹을게. 그런데 고단백은 신장이 망가지고, 통풍에 걸린다던데?" 누가 그랬냐고 물어보면 돌아오는 대답에 머리가 지끈거린다. 기사를 읽었다거나 아는 사람이 그랬다는 게 대부분이다. 상식적이라면 단지 기사 한두 개를 보거나 어설픈 조언을 듣고 자산관리를 하지는 않는다. 그런데 돈보다 소중한 몸과 근육은 왜 그렇게 두는지 나는 이해할 수 없다.

단백질 섭취와 신장질환, 통풍 그리고 주의사항

신장질환과 통풍이 단백질 섭취 때문이라는 현혹에서 벗어나야 한

다. 실제로 하루 단백질 섭취량을 4.4g/kg으로 실험한 연구가 있다
[193]. 심지어 제지방량이 아니라 체중이었다. 방금 전 예시였던 여성
이라면 하루에 264g을 먹는 셈이다. 만약 내가 피험자였다면 하루에
405g을 먹어야 한다. 이 정도면 탈 나지 않을까 걱정할 만하다. 그러나
결과는 '문제 없다'로 나왔다.

건강한 사람이라면, 기준치 단백질 섭취가 건강에 부정적인 영향을
미치지 않는다는 말이다. 이미 신장 질환이나 통풍이 있는 사람에게는
조심히 접근하는 것이 맞다. 혈액 투석환자에게는 고단백 섭취가 신
장 기능을 악화시킬 수도 있다는 연구가 있다. 또 적정치를 넘어선 고
단백 섭취는 요산 수치를 증가시켜 통풍을 유발할 수도 있기에 주의
가 필요하다[194]. 이런 경우라면 당연히 전문의 상담이 필수다. 그러나
당장 문제가 없다면 마지막 자료에 주목하면 깔끔히 정리된다. 소개할
자료는 단백질 섭취와 통풍에 관련된 연구들을 깡그리 끌어모았다. 만
성 신장 질환이 없는 대상자들로 최대 24개월까지 분석한 연구의 결
론은 다음과 같다. 역시 고단백 섭취는 혈청 요산 수치에 유의미한 변
화를 일으키지 않았다[195].

'믿사옵니다!' 슬슬 단백질교 가입신청서를 쓰고 있을 텐데, 그전에
주의할 것이 몇 가지 있다. 우선 단백질은 비싸다는 것이 첫 번째다. 이
부분과 연결하면 다음 주의 사항에도 동공이 커진다. 단백질은 1g당
4kcal이다. kcal 편을 기억한다면 어떤 점을 경계해야 하는지 단번에
알 수 있다. 제아무리 몸에 좋은 단백질일지라도 과잉섭취는 독이 된
다. 쉽게 말해 단백질도 많이 먹으면 살이 찐다. 물론 탄수화물에 비해

서 지방으로 전환되는 양은 극히 적지만(196) 무시해서 좋을 건 없다.

앞서 말했듯 단백질의 주 임무는 제지방 조직으로의 전환이다. 이 부분을 이해할 때 핵심이 있다. 이것은 개인이 가진 제지방량 또는 근력을 사용하는 운동량으로 결정된다는 점이다. 넉넉한 근육량을 가진 사람을 A라고 가정하자. A가 충분한 운동을 하고 질 좋은 단백질을 섭취하면 대사회전이 활발하게 이뤄진다. 운동으로 인한 분해 작업과 섭취-소화-흡수로 인한 합성이 일어나면서 근육의 세포들이 싱싱한 녀석들로 갈아 끼워진다고 생각하면 쉽다(197). 반대로 적은 근육량과 운동도 거의 하지 않는 B는 질 좋은 단백질을 먹는다 한들 A와 같은 효과를 누리기는 어렵다. 대신 소변이나 대변으로 배출한다(198). 비싼 값을 지급하고 변기통을 채우고 싶지 않다면 불필요한 단백질 섭취는 좋을 게 없다는 뜻이다. 또 하나 이유가 있다. 이쯤에서 다시 레인 노튼 등장.

레인은 박사 학위 연구에서 단백질 과잉 섭취가 근육 포화 효과(muscle full effect) 또는 불응성 반응(refractory response)을 초래한다고 언급했다. 풀어서 설명하자면, 추가적인 단백질 섭취가 더 이상 근육 합성에 기여하지 않는 상태다(199). 결과는 같다. 비싼 값을 치르고 변기를 채우거나 살이 조금 찔 수도 있고, 운이 없으면 나처럼 소화가 어려워지고 배가 더부룩해진다. 쉽게 정리하자면, 쓸데없이 입 한가득 단백질을 밀어 넣을 필요는 없다. 대신 충분한 단백질 섭취는 손뼉 칠 일이다. 만약 운동까지 병행한다면 환호성을 지를 일이다.

단백질이 박수받는 또 다른 이유는 바로 TEF(thermic effect of food)다.

말만 어렵지 음식 섭취 후 소화-흡수-대사 과정에 소모되는 에너지라고 생각하면 쉽다. 따지고 보면 먹는 것도 애쓰는 일이다. 이를 거꾸로 해석하면 TEF가 높다면 같은 양을 먹어도 살찔 위험이 약간은 덜 하다는 뜻이 된다. 탄수화물은 TEF가 5~10%로 중간 수준이다. 지방은 0~3%로 거의 없다고 보면 된다. 단백질은 20~30%이다[200]. 마지막으로 가입신청서를 완성할 수 있는 강력한 한 방을 날려주겠다. 웨이트 트레이닝을 하면 근육의 불응성 반응을 뒤로 미루고 TEF 효과도 커진다[201]. 단백질교 가입을 환영한다.

32

지방과 콜레스테롤은 필수다

이번엔 덩치가 커지고 싶은 사람이라면 주목해야 할 장이다. 라면에 개(dog) 사료를 풀어 먹으면 어떨까? 허튼소리가 아니다. 영양학적으로 분석해 보자. 라면에는 우선 탄수화물과 나트륨이 듬뿍 들어있다. 추가로 살짝 매콤함과 함께 MSG(monosodium glutamate)로 맛에 풍부함을 더 한 식품이다. 대신 지방과 단백질 함유량이 조금 섭섭하다. 이쯤에서 영양학적 완성도를 높이기 위해 개 사료가 등장할 차례다. 시중에 판매되는 개 사료는 단백질 함량이 평균적으로 30% 이상이다. 역시 단백질교는 개에게도 먹힌다. 지방이 아쉬운 부분도 개 사료를 통해 채울 수 있다. 각기 다른 탄수화물, 단백질, 지방 비율을 가진 개 사료를 평가한 연구가 있다. 연구에서는 지방 비율이 높을수록 건물 소화율(dry matter digestibility, DMD)이 높다고 밝혔다(202). 쉽게 말해 영양소 흡수가 잘 된다는 뜻이다. 개의 동물적 본능은 연구 결과에 힘을 실어준다. 개들에게 자발적으로 식단을 선택하게 했더니 지방의 위대함이 평가됐다. 개들은 지방 52%, 단백질 44%, 탄수화물 7% 비율을 선택했다(203). 개 사료와 라면 조합은 엄지손가락을 치켜들 수밖에 없다. 동물들에게는 단백질교 대신 지방교라도 있는거냐고 묻는다면, 나는 여기에 동의한다.

생존 경연 프로그램 〈Alone〉 시즌 6에서 등장한 울버린(Wolverine)이 확신에 마침표를 찍는다. 참가자인 조던 조나스(Jordan Jonas)는 생존을 위해 사슴을 잡았고, 나무에 걸어뒀다. 사건은 잠자는 밤사이에 벌어졌다. 몰래 다가온 울버린은 사슴의 지방 부위만 날름 가지고 달아났다(204). 울버린은 단백질 덩어리인 살코기보다 지방을 선호했다. 이는 생존 본능과 연결되어 있다. 먹을 수 있는 양이 한정되어 있다면, 1g에 4kcal인 단백질보다는 9kcal인 지방이 유리하다. 이는 같은 양 대비 더 많은 에너지를 축적할 수 있다는 뜻이 된다. 울버린이 생존을 위한 영양학을 배우지는 않았겠지만, 야생 본능이 그 녀석을 이끌었을 것이다.

이제 지방이 주는 혜택을 사람이 써먹을 차례다. 덩치가 커진다는 것은 근육도 살도 늘어난다는 뜻이다. 많은 kcal 축적이 관건이다. 이런 점을 노린다면 개 사료 조합을 거부할 수 없는 셈이다. 자, 몸집을 키우고 싶다면 장바구니에 라면과 개 사료를 담자. 실제로 한국 코미디 영화 〈목포는 항구다〉에서 라면에 개 사료를 풀어서 먹는 장면이 나온다. 조직원들은 업무(?)를 위해 덩치를 키워야 했고, 해결책으로

라면+개 사료를 선택했다. 웩. 이라니 큰 실례다. 놀랍게도 이 영화를
보고 그대로 따라 한 사람이 있다. 그의 신체 사이즈는 171cm에 43kg
이었다. 입대를 위한 신체검사에서도 떨어졌고, 수영복을 입는 것이
소원이었다. 여자 옷을 입으라는 사람도 있었다고 한다. 그가 마지막
으로 손을 뻗은 것이 라면 + 개 사료였다(205). '아무리 그래도 그건 좀
그렇다'라는 생각이 들 수 있다. 나도 작고 말랐었지만, 개 밥그릇까지
는 넘보지 않았다. 대신 나는 마가린(margarine)을 먹었다.

중학교 축구부터는 본격적으로 몸싸움이 경기력에 중요해진다. 선
수 자질 중에서 체격이 중요해지고, 감독은 선수들 덩치를 키우고 싶
어 한다. 그런 이유로 내가 속했던 축구부에서 시작된 것이 꼬맹이 밥
상 프로젝트(project)다. 거칠게 보자면, 푸아그라(오리 간) 때문에 오리를
사육하는 방식과 비슷한 셈이다.

꼬맹이 그룹(group) 가입은 까다로운 조건이 있다. 우선 몸통에는 갈
비뼈가 보일 정도로 말라야 했다. 두 번째 조건은 키가 150cm 미만 이
어야 한다. 초등학교를 148cm로 졸업했던 나는 꼬맹이 밥상 오른쪽
구석 자리를 차지했다. 6명이 앉을 수 있는 꼬맹이 전용 밥상 5자리는
이제 막 중1이 된 나와 친구들 차지였고, 한 자리는 중2에 올라가는 선
배가 앉았다.

식사 때 마다 흰쌀밥 위로 노리끼리한 것이 퍼져나갔다. 마가린이
었다. 윽. 우리 표정은 반사적으로 일그러졌다. 푸념이 턱 바로 밑까지
차 올라왔을 때, 선배가 한마디 했다. "난 2년째 이러고 있어." 선배는
삽을 잡는 손 모양으로 수저를 잡고 휙휙 몇 바퀴 저었다. 곧이어 간장

의 검은색과 마가린의 노리끼리함이 하얀 쌀밥 위에 고르게 퍼졌다. 진한 갈색을 띠며 마가린 간장 비빔밥이 완성됐다. 기름칠 된 쌀밥은 씹기도 전에 꿀떡꿀떡 넘어갔다.

이런 방법은 당연히 먹는 양이 늘어난다. 게다가 대표 식이 지방산 인 포화, 단일/다중 불포화 조합으로 이뤄진 마가린(206) 덕분에 섭취 kcal은 배로 증가한다. 추가로 마가린은 비타민 A, D, E가 들어있다. 덕분에 다른 지방군 식품에 비해 영양가가 높은 편이며, 카로틴을 통해 제공되는 비타민 A가 노리끼리한 색을 띄우고 식욕을 더한다(207). 물론 이것은 요즘 얘기다. 당시 마가린은 트랜스 지방 덩어리였다. 감독의 무식함이 꼬맹이들을 건강을 위협했던 셈이다. 어쨌든 과식해서 덩치를 키우기엔 딱인 구성이었다.

나는 중간에 유학을 가게 되면서 프로젝트에서 빠졌다. 대신 나중에 친구들 얘기를 들어보니 결과는 성공적이었다. 키와 체중이 또래 평균치를 따라 잡았다. 매 끼니때마다 신진대사 치사량만큼 트랜스 지방을 먹은 보상이다. 결과만 보면 친구들은 꼬맹이 그룹을 졸업했다. 실패 사례도 있다. 마가린 간장 비빔밥 대가인 선배는 여전히 자리를 지켰다. 그래도 6명 중 5명은 성공했으니 따지고 보면 전략은 잘 먹힌 셈이다. 소문으로 그 선배는 3년 내내 트랜스 지방 덩어리 마가린 간장밥을 먹었다고 한다.

내가 우스꽝스러운 이야기들을 꺼내 놓은 이유는 진심으로 권유하려는 게 아니다. 체격을 불려야 하는 사람에게 지방을 이용하는 방법을 알리고 싶었다. 또 하나 분명히 할 것은 지방을 과식하라는 게 아니라, 적절히 이용하라는 뜻이다. 이렇게 콕 집고 넘어가는 이유는 지방 혐오자들 때문이다. 요즘 들어서야 탄수화물에게 악마 역할을 내어주면서 많이 줄어들었지만, 그들은 여전히 존재한다. 지방 혐오자들은 분명 마가린 이야기가 나왔을 때부터 미간에 주름을 잡고 있었을 것이다. 이들의 특징은 지방을 버리는 대신 탄수화물이나 단백질을 숭배한다. 나는 이럴 때 사실 확인을 해봄으로써 우리가 더 나은 시각을 가질 수 있다고 믿는다.

오해와 진실 그리고 주의사항

지방은 1그램(*gram*)당 9kcal다. 이는 탄수화물이나 단백질에 비하면 두 배 이상이다. 같은 양을 먹어도 에너지를 저장해두기 쉽다는 뜻이다. 울버린이 동물적 생존 본능을 통해 지방만 훔쳐 간 이유가 여기에 있다. 꼬맹이들 체격을 성공적으로 불려준 것도 우연이 아니다. 충분한 에너지는 생존이나 성장에 이점이 된다. 이런 이점을 갖기 위해서는 열량 밀도가 높은 식품이 유리하다. '1그램 당 몇 kcal가 들어있는가?'에 따라 열량 밀도가 높다 또는 낮다고 정한다. 봐왔다시피 지방은 열량 밀도가 다량영양소 중에서 최고치다. 이런 이유로 지방이 넉넉한 것이 울버린과 꼬맹이들 목적에 유리했다. 이는 분명 단점으로 작용할 수도 있다. 열량 밀도가 높으면 과식하기도 쉬워지기 때문이다. 과식은 비만을 초래한다. 이 때문에 지방(식품)을 먹으면 지방(체지방)이 된다는 오해가 생겼을 것이다.

눈치챘겠지만 당연히 사실이 아니다[208]. 과식을 통한 비만은 에너지 섭취와 소비 불균형이 주요 원인이다. 특정 지방군이 아니라 전체적인 kcal 섭취가 더 중요하다. 쉽게 말하면, 비만은 주로 신체활동은 쬐에끔 하고 먹는 것은 어어엄청 먹으면 생기는 대사 질환이다. 지방 위주의 식단을 할지라도 적당히 먹으면 비만은 생기지 않는다. 반대로 질 좋은 고단백과 탄수화물은 신진대사에 확실히 긍정적[209, 210]이지만, 역시 과식하면 비만이 될 수 있다. 이것이 지방(식품)과 비만의 사실(fact)이다. 따라서 오해는 할 수 있을지언정 지방이 악마라고 사실화하는 것은 곤란하다.

징글맞은 또 하나의 오해는 콜레스테롤에 관한 것이다. 사람들은 '포화 지방 섭취 > 콜레스테롤 증가 > 건강에 나쁨'으로 생각한다. 이는 악성 바이러스같은 소문이다. 노화와 만성 질환을 연구하는 의사 피터 아티아(Peter Attia)는 저서 《질병 해방》에서 이런 오해에 대해 이렇게 말했다. "먹는 콜레스테롤과 혈중 콜레스테롤은 아무 관계도 없다. 닭이나 토끼가 아닌 이상 항문으로 배출된다. 혈중 콜레스테롤은 우리 자신의 세포가 만들어낸 것이다." 피터의 주장을 지지하는 연구는 이미 1971년 부터 존재했다[211, 212, 213]. 나아가 "우리 자신의 세포가 만들어낸 것이다."라는 그의 말에 집중해 보자. '그럼 세포가 어떻게 혈중 콜레스테롤 증가시키지?'라는 질문을 갖게 한다.

혈중 콜레스테롤 증가는 유전적 요인도 작용하지만, 특히 비만이 주범이다[214]. 비만은 만병의 근원이라는 격언은 다 이유가 있다. 이런 사실들은 혈중 콜레스테롤을 경계하기 위해서 '어떤 지방군을 먹는가'만을 볼 것이 아니라는 점을 상기시켜 준다. 우리가 경계해야 할 것은 많이 먹기에 생기는 비만이다. 지방 섭취가 오해받을 만한 이유는 충분하지만, 악마 취급을 해서는 곤란하다. 이쯤이면 나를 지방 예찬론자 정도로 볼 수 있는데, 나는 니글니글한 것을 싫어한다. 반년 정도 마가린 간장밥을 먹으면서 그렇게 됐다.

말했듯이 지방은 탄수화물과 단백질에 비해 그램당 kcal가 두 배 이상이라서 과잉될 가능성이 크다. 체지방으로 전환될 확률이 올라간다는 뜻이다. 그러나 지방을 먹어서가 아니라 지방을 많이 먹어서라는 것을 한 번 더 기억하자. 또 고지방식이는 혈중 자유 지방산(free fatty acids, FFA) 농도를 증가시킨다. 이에 따라 면역 반응을 유도하는 TLR4(Toll-like receptor 4)가 과도하게 활성화되면 만성 염증이 생길 수 있다. 이는 신경계와 팔, 다리 조직에 염증을 촉진한다[215]. 쉽게 말하면 문지기를 고용했는데, 사장도 오가지 못하게 막는 꼴이다. 지방이 불필요하게 많으면 미토콘드리아 기능 장애도 유발된다. 살펴본 대로면 미토콘드리아는 연료를 효율적으로 활용하여 세포에 에너지를 공급하는 친구다. 만약 이 친구에게 기능 장애가 생긴다면 신진대사는 엉망이 될 것이 뻔하다. 이런 악순환의 고리가 끊어지지 않고 인슐린 저항성과 신경 염증을 만든다[215].

또 하나! TEF(식이성 발열 효과)를 다시 떠올려 보자. 이것은 음식을 먹고 소화, 흡수하는 데에 소비되는 에너지라고 말했다. 지방은 TEF가 다량영양소 중에 가장 낮다. 0~3%라는 충격적인 수치를 가지고 있다. 이는 20~30%인 단백질에 비하면 보잘것없는 수준이다[200]. 먹는 족

족 별다른 에너지 소비 없이 저장될 확률이 높다. 이처럼 신체는 지방을 저장해 두는 것에 최적화되어 있다.

현 시대에서는 불편한 진실이지만, 우리는 그 덕분에 태어날 수 있었다. 이는 약 30만 년 전 아프리카에서 처음 등장한 우리 조상들에겐 없어서는 안 될 시스템이었다. 우리 호모 사피엔스(homo sapiens)는 거친 환경과 언제 굶어 죽을지 모르는 상황에서 살았다. 이럴 때 필요한 것은 가능한 많은 에너지를 쌓아두는 방법이다. 울버린을 그대로 따라 하면 쉽다. 꿀떡꿀떡 잘도 넘어가고, 에너지로 저장이 수월한 지방을 노리면 된다(216). 이런 이유로 지방 저장 시스템은 생존에 필수인 전략이었다. 개사료부터 마가린에서 구석기 시대 이야기까지 이어온 지방 섭취는 '적당히 먹어라.'로 정리된다. 어차피 먹을 게 넘쳐나는 현시대인데, 고 kcal 지방 따위 외면해도 되지 않냐고 반문 할 수 있다. 그렇지 않다. 지방은 250만 년 전 우리 조상에게뿐만 아니라 여전히 필수 영양소다. 건강 유지에 도움이 되는 지방의 종류와 순기능을 보면 이해할 수 있다.

우리가 주목할 지방은 네 종류다. 포화 지방, 단일 불포화 지방, 다중 불포화 지방 그리고 트랜스 지방이다. 결론부터 말하자면, 트랜스 지방은 멀리하고 나머지는 적당히 먹는 것이 좋다. 트랜스 지방은 HDL(high density lipoprotein cholesterol)을 감소시키고 LDL(low density lipoprotein cholesterol)은 증가시키는데, 이는 심혈관 질환 위험을 높일 수 있기 때문이다(217). 이렇게 말하면 HDL은 무조건 높을수록 좋고, LDL은 나쁜 것이라며 오해한다. 이 둘은 서로 다른 기능과 건강에 대한 영향을 가지고 있을 뿐이다. HDL은 콜레스테롤을 세포에서 간으로 운반하여 배출하도록 돕는다. 이런 이유로 좋은 콜레스테롤이라는 이름이 붙었지만, 높을수록 좋은 것은 아니다. 질과 기능이 더 중요하다[218]. LDL은 HDL과 반대로 간에서 세포로 콜레스테롤을 운반한다. 쉽게 말해, 인체에서 HDL이 상행선이라면, LDL은 하행선이다. 건강은 일방통행이 아닌 쌍방통행의 원활한 흐름으로 이루어진다. 상대적으로 낮은 LDL 수치가 건강에 이롭지만, 무작정 나쁜 콜레스테롤 취급하면 곤란하다[219]. 독자가 궁금해할 것은 눈에 훤하다. 최적의 HDL-LDL 관리가 궁금할 텐데, 답도 뻔하다. 환청이 들릴 정도로 강조한 운동이다. 추가로 좋은 식습관은 효과를 증폭시킨다.

지방의 종류와 분석

적당히 먹어야 하는 세 종류는 포화, 단일 불포화, 다중 불포화 지방이다. 이것들은 알기 쉽게 각각 다른 식품군에 속한다. 포화 지방은 주로 동물성 식품에 들어있다. 주로 고기, 달걀 등이고 신기하게도 코코넛은 식물이지만, 코코넛 오일은 포화 지방이다. 간혹 나쁜 놈 취급을 받는 포화 지방은 억울한 친구다. 우선 포화 지방은 세포막의 중요한 구성 요소가 된다. 약 30조 개 이상의 세포로 이루어진 신체 구조와 기능을 유지하는 데 필수라는 뜻이다[220]. 또 성호르몬에 영향을 미친다. 특히 이 중 남성 호르몬으로 알려진 테스토스테론(testosterone)은 이름과는 다르게 여성에게도 중요하다. 테스토스테론은 성적 기능, 골밀도, 근육량, 심혈관 건강 및 전신 건강에도 기여하기 때문이다[221]. 남녀를 가리지 않고 작용하는 테스토스테론은 하늘에서 뚝 떨어지지 않는다. 몸 안에서 생합성 과정을 거쳐야 하는데 그 시작을 담당하는 것이 콜레스테롤이다[222]. 그리고 이 콜레스테롤은 포화지방으로부터 합성이 촉진된다[223].

정리하면 '포화 지방 섭취 – 콜레스테롤 합성 증가 – 테스토스테론 합성 – 전신 건강'이다. 역시나 이것도 일방통행이 아니다. 테스토스테론은 다시 콜레스테롤 합성에 영향을 미치면서 쌍방통행 고리를 형성한다[224]. 이쯤이면 포화 지방을 산삼 찾듯이할 텐데, 아직 이르다. 반복해서 말했듯 적당히가 핵심이다. 과도한 포화 지방 섭취는 되려 테스토스테론을 낮춘다. 나아가 체중 증가와 대사 문제를 유발할 가능성이 있다[225].

불포화지방은 두개로 나뉜다. 단일 불포화 지방은 올리브 오일이나 견과류, 아보카도에 풍부하다. 식물성 지방이라고 정리해도 큰 무리가 없다. 단일 불포화 지방의 순기능은 LDL은 낮추고, HDL은 올리는 것이다[226]. 이런 이유로 전문가들은 불포화 지방 섭취에 목청을 높인다. 보통 사람들은 식물성 지방보다는 동물성 지방을 먹는 것을 선호하기 때문이다. 고기를 구워 먹으라며 올리브 오일과 버터를 주었다고 상상해 보자. 대다수가 둘 중에 무엇을 고를지는 뻔하다. 이런 식으로 포화 지방 섭취에 편향되면 심혈관 건강에 문제가 생긴다. 이런 부분을 개선하기 위해서 불포화 지방 섭취를 권장하는 운동이 일어난 셈이다.

다중 불포화 지방은 글을 쓰는 시점에서 뜨거운 주제다. 학자마다 서로 다른 주장으로 핑퐁(ping-pong)하고 있다. 우선 다중 불포화 지방은 오메가-6와 그 유명한 오메가-3로 나뉜다. 오메가-6는 식물성 기름에 있기 때문에 비교적 섭취가 쉽다. 문제는 오메가-3다. 생선, 아마씨, 호두에 들어있기 때문에 찾아 먹지 않는 이상 섭취가 어렵다. 뜨거운 핑퐁 대결에 탁구공 역할을 맡은 것은 오메가-3이다. 한편에서는 오메가-3가 심혈관 질환 예방과 체내 염증 수치를 줄이고 혈압 조절에 이롭다고 말한다[227]. 다른 쪽에서는 오메가-3는 사망률, 심혈관 문제 나아가 암 발생에도 명확한 영향이 없다고 강력한 스매시(smash)를 날렸다. 우리가 기대하던 그런 아름다운 일은 일어나지 않는다고 했다. 심지어 몇몇 학자들과 대중 매체는 오메가-3가 오히려 심혈관 건강에 독이 된다는 논문을 인용하며 공포감을 조성했다. 특히 각종 사이트에 올라온 기사는 여기에 바람잡이 역할을 맡았다[228].

사람들이 오메가-3 공포에 휘말리려는 순간, 근거가 되었던 논문[229]을 팩트로 두들겨 보았다[230]. 오메가-3 반대파가 주장한 논문에서는 오메가-3 영향 분석을 위해 몇 가지 항목을 확인했다. 10가지 항목을 조사했다고 가정하자. 그중 하나는 심방세동이었는데, 이에 대한 위험이 증가한다는 결과를 내놓았다. 각종 미디어는 이때다 싶었을 것이다. 오메가-3 반대파들은 심장 박동이 불규칙해졌다는 결과만 보고 난리법석을 떨었다. 하지만 다르게 봐야 하는 것이 맞다. 가정했던 10가지 항목 중에 심방세동을 빼면 나머지 부분은 긍정적이었기 때문이다.

쉽게 말해 사격 10발 중 1발이 명중하지 않았다고 서툰 사수 취급을 한 것이다. 하지만 사람들이 부정적인 것에 잘 휘둘린다는 것을 기자들은 알았던 모양이다. 코로나 바이러스가 퍼지듯 뉴스와 기사는 퍼져나갔다. 이쯤에서 '그래도 오메가-3가 좋지 않거나, 효과가 없다는 연구들이 있지 않냐?'라는 생각이 들 수 있다. 이럴 때 인체 생물학을 들여다보면 쉽게 답이 나온다. 사람은 건강과 생존을 위해 필수 아미노산(essential amino acids)을 먹어야 한다. 필수라는 이름이 붙은 이유는 몸 안에서 자체적으로 만드는 기능이 없어서 먹는 것으로 보충해야 하기 때문이다. 이는 신체 단백질 합성과 회복에 핵심이다[231]. 당연히 필수 지방산(essential fatty acids)도 있다. 그중 하나가 오메가-3이다. 마찬가지로 먹는 것으로 보충해야 한다[232].

이쯤이면 오메가-3만 믿고 심혈관 질환 걱정을 내려놓으려는 사람이 있을 텐데, 그런 아름다운 일은 일어날 확률이 낮다. 우리가 오메가-3 섭취에 신경을 써야 하는 이유는 적절한 영양 균형을 위함이다. 그 이상 마법을 기대해서는 곤란하다. 영양 균형이 건강에 도움이 되는 것은 맞지만 영양 관리만으로 건강하기는 어렵다. 이는 마치 필수 아미노산을 한껏 먹고 운동은 하지 않는 경우다. 가장 확실한 방법은 적절한 섭취와 운동이라는 점을 잊지 말자. 이제 그 적절함에 대해서 말할 때가 왔다. "아 됐고! 그래서 얼마큼 먹으면 되는데?"라는 사람에게 밑줄 쳐서 보여주면 되는 부분이다.

지방 섭취 가이드

지방은 총열량에 20~35%를 권장하고 있다[232]. 예를 들어 하루에

2,000kcal를 먹는다면, 그중 400~700kcal는 지방으로 분배하는 것이다. 지방은 1g당 9kcal라고 했으니 그램으로 따지면 44~77g이다. 여러 연구와 코치들 말에 따르면 20% 미만은 건강에 좋지 않다. 내 현장 경험을 비춰봐도 20% 미만으로 섭취했을 때는 특히 호르몬 체계가 무너졌다. 이어서 성기능이 떨어지는 것을 봐왔다. 사실 너무 적게 먹을까 걱정할 필요는 없다. 일상에서 자주 접하는 음식들을 눈여겨 보면 알기 쉽다. 단백질과는 다르게 우리 식단은 온갖 지방들이 넘치는 정도다. 조금 더 관심을 둔다면, 이제 포화 지방량을 정할 차례다. 포화 지방은 총열량의 10% 미만까지가 딱 좋다고 한다[217]. 같은 예시로 하루 2,000kcal 중 20%인 400kcal의 지방을 먹는다면, 그중 200kcal 정도만 포화 지방으로 섭취하는 것이다. 계란(특란 기준) 한 개에는 36kcal의 지방이 들어있다. 만약 계란으로 하루 200kcal를 채운다면 5.5개를 먹으면 끝이다. 이 사실을 알고 나면 자신이 평소에 얼마나 많은 포화 지방에 절여져 있는지 알기 쉽다. 전문가들이 불포화 지방을 추천한 것은 다 이유가 있던 것이다.

"그럼 불포화 지방은 어떤 비율로 먹어요?" 가끔 관리하는 선수 중 이렇게 묻는 이들이 있다. 혹시나 독자 중에서도 있을까 싶어 적어본다. 당연히 총지방량에서 포화 지방 수치(총열량의10%)를 뺀 나머지다. 여기서 다중 불포화 지방산 중 오메가-6와 오메가-3는 4:1 정도가 적당하다[233]. 이 연구는 한국과 비슷한 일본 식단에서 뽑아낸 자료이기에 적용이 쉽다고 예상된다.

하루 총 2,000kcal 중 20%인 400kcal 예시를 가져와서 정리하면 다음과 같다. 200 kcal는 동물성 지방을 먹는다. 계란이나 고기에 들어 있는 것을 따지면 된다. 나머지 200kcal 중에 100kcal는 단일 불포화로 섭취한다. 견과류로 채우면 편하다. 마지막 100kcal에서 80kcal는 오메가-6, 20kcal는 오메가-3로 먹으면 된다. 어디선가 구시렁거리는 소리가 들려온다. "에이씨, 이렇게 딱딱 재면서 어떻게 먹고 살아." 불편 접수 완료. 그래서 나도 대회 준비 기간이 아닐 때는 현실적으로 관리한다. 우선 지방 섭취량은 정해둔다. 거기에 맞춰 오메가-3 챙겨 먹고, 조리는 식물성 기름을 사용한다. 지나치게 지방이 많은 고기는 피하고 견과류를 충분히 챙겨 먹는 정도다. 여건이 될 때는 생선을 찾아 먹는다. 대신 훈련은 절대 빼먹지 않는다. 매 끼니마다 계산기를 꺼내서 두들기지는 못해도 이 정도는 해줘야 한다. 평생 함께하는 내 몸이니까.

33

미량영양소,
식이섬유와 마이크로바이옴

2018년에 내가 망가진 이유는 이러했다. 처음에는 간 수치가 올라갔다. 공급되는 포도당 연료가 부족했고, 신체 입장에서는 포도당이라는 우수한 연료를 뽑아내기 위해 간을 괴롭힌 결과다. 내가 했던 운동형태는 포도당을 많이 필요로 했다. 착해빠진 간은 무리를 해서라도 요구를 들어줬다. 운동 중 신체에 포도당이 부족하면 간은 근육을 녹여서 이 연료를 만든다. 포도당 신생 합성 시작이다. 물론 이 작업은 지방으로도 가능하다. 그러나 운동 중 지방을 사용하기 여의치 않을 때는 근육을 녹여 작업을 진행하길 좋아한다(234). 특히 운동 강도가 높거나 신체에 지방이 너무 적으면 더욱 그렇다.

그때 나는 3개월 이상을 체지방 7% 미만으로 살았다. 먹는 것이라곤 고구마, 닭 가슴살, 양파 초절임, 아몬드였다. 집중해서 읽어온 독자라면 여기에 필수 지방산 따위는 없다는 것을 알 것이다. 그때는 몰랐지만 지금 계산해 보면 하루 총 섭취 열량(TDEE)도 기가 막히는 정도였다. 하루에 1,200kcal를 조금 넘었다. 웬만한 여성도 이만큼 적게 먹지는 않는다. 따라서 간 입장에서는 무리를 해서라도 신체의 요구를 들어주는 수밖에 없었던 셈이다. 끝내 간도 갈 때까지 가는 상황이 왔다. 영양이 부족한 상태에서 과중한 업무에 시달리면 간은 파업에 이른다. 따라서 해독 기능이 떨어지고, 독소가 축적되어 간세포가 손상된다[234].

간이 나가떨어지고, 다음 바통은 신장이 이어받는다. 당신생 과정에서 생긴 대사산물과 근육을 녹여내면서 생긴 크레아티닌[235]을 감당해야 하는 상황이다. 신장은 우리 몸의 필터(filter) 정도로 생각하면 된다. 좋은 것은 다시 몸속에 남기고, 나쁜 것은 배출하도록 작동한다. 당시 내 신장은 능력에 비해 너무 많은 여과물들을 감당해야 했고 간처럼 무리를 하다가 번아웃(burnout)이 왔다. 이런 이유로 내 신장은 교체가 필요할 수도 있는 기로에 놓였다. 치솟는 수치를 잠재우기 위해 입원을 했다. 만약 수치가 계속 올라서 완전히 고장나면 이식을 받아야 했다. 가족 중 신장 이식 공여 조건에 해당하는 것은 딱 한 사람. 어머니였다. 공여자는 가진 신장 2개 중에 하나를 내어주게 된다. 이후 남은 한쪽에 보상적 비대와 기능상 적응이 일어나지만[236], 주기적으로 검진을 받는 불편을 감소해야 한다. 다행히 낳아준 은혜를 그런 식으로 돌려주는 일은 없었다.

이쯤에서 정리해 보자. '왜 이런 일이 일어났을까?' 문제는 활동량과 맞지 않는 영양 상태였다. 물론 활동량과 수면 모두 충격을 주었지만, 결정타는 영양이 날린 셈이다. 애당초 간이 무리했던 일을 보면 쉽게 이해할 수 있다. 활동량이 많았어도 필요한 연료가 충분했다면 근육을 녹이는 일 따위는 없었다. 신장이 번아웃되는 일도 막았을 것이다. 이처럼 영양 결핍은 또 다른 형태의 과로를 만든다. 이것이 kcal과 다량영양소 설정이 큰 비율로 중요한 이유다. 라텔이형이 "kcal와 다량영양소 설정만 잘해도 80% 성공이다."라고 말한 이유도 여기에 있다. 이를 지지하는 탄탄한 연구도 있다. 전문가들의 평가를 거쳐 게재되는 《음식과 영양 학술 연구(Food & Nutrition Research)》에 실린 내용이다. 연구에서는 "장기적인 체중 관리를 위해서는 미량영양소 섭취보다 다량영양소 균형이 더 영향력 있다."라고 했다[237]. 또 아이작스(Isaacs)는 2018년 '의료 영양 치료' 연구에서 "미량영양소는 중요하지만, 다량영양소에 비해 부차적인 요소다."라고 밝혔다[238].

사실이 이렇기에 영양 챕터는 이 정도로 마무리하고 싶었다. kcal와 다량영양소에 대해서 아는 것을 대부분 털어놨고, 나아가 필수 영양소와 비율 설정까지 말했으니 이쯤이면 됐다 싶었다. 이 이상 말하는 것은 지키지도 못할 약속을 강요하는 것이라고 느꼈다. 굳이 부차적인 미량영양소까지 다루는 것은 의미 없을 것 같았다. 나 또한 평소에 미량영양소까지 세세하게 신경 쓰며 비타민과 미네랄을 밀리그램(mg) 따져가며 먹지 못한다. 이 부분은 개인 영양사를 고용해도 지켜지기 어렵다. 현직에 있는 나도 불가능한데, 일반인에게는 투머치(too much)라고 생각했다. 그런데 이 기분은 뭘까? 치킨과 감자튀김을 흠뻑 먹었는데, 콜라가 없는 기분이었다. 음식이든 독서든 역시 마무리는 시원한

청량감이 필수다. 그런 이유로 영양 챕터의 마지막은 미량영양소가 장식한다.

미량영양소 종류와 섭취 가이드

다량영양소를 택배물이라고 보자. 효소와 미량영양소는 택배기사다. 미량영양소는 건강한 신진대사를 위해서 정확하고 신속하게 다량영양소를 배달한다. 물건은 스스로 공급될 수 없고, 배달 체계는 물건이 없으면 의미가 없다. 이런 의미에서 미량영양소 또한 필수다. 신체에 필수적인 미량영양소를 빠르고 간단하게 나열하면 다음과 같다. 일일 권장량은 성인 기준으로 제시했다. 그냥 눈으로 훑고 넘겨도 좋다.

- 비타민 A : 당근, 시금치 등 / 시력, 면역 기능, 세포 성장에 필요함. 권장량 700~900마이크로그램(μg).
- 비타민 D : 햇빛, 연어 등 / 칼슘 흡수를 촉진하여 뼈 건강에 좋음. 수면에 도움을 줌. 권장량 15~20μg.
- 비타민 E : 아몬드, 해바라기씨 등 / 항산화 작용, 세포막 보호. 권장량 15밀리그램(mg).
- 비타민 K : 브로콜리, 시금치 등 / 혈액 응고, 뼈 건강 유지. 권장량 90~120μg.

여기까지가 지용성 비타민이고, 신체에 저장된다. 따라서 과다 섭취 시 독성을 유발할 수 있다. 다음은 수용성 비타민을 알아보자.

● 비타민 C : 감귤류와 산딸기류 등 / 항산화, 면역, 세포 성장과 분화. 권장량 75~90mg.

마지막을 장식하는 비타민B는 조금 난해하다. 비타민B '군'이라고 부르는 이유가 있다. B1, B2, B3, B5, B6, B7, B9, B12로 세분되기 때문이다. 그럼에도 알기 쉽게 정리하면 다음과 같다.

● 비타민 B : 견과류, 통곡물, 콩류, 고기와 생선 등 / 에너지 대사, 신경 기능, 적혈구 형성 등에 중요함. 권장량 30g~16mg까지 다양함.

수용성 비타민인 C와 B는 지용성과 다르게 신체에 저장되지 않는다. 매일 적당량을 섭취해야 하는 이유다. 필요 이상으로 먹으면 소변으로 배설된다. 간혹 소변 색이 심하게 노랗다면 너무 많이 먹었는지 의심해 볼 만하다. 혹시나 어디까지 노래지는지 시험해 보지는 말자. 수용성 비타민 결핍 시 잇몸에서 피가 나고 상처가 잘 낫지 않을 수 있지만, 과용하면 위장 장애나 설사 또는 신장 결석 위험이 증가할 수 있다.

자, 이제 비타민을 알아봤으니, 미네랄을 볼 차례다. 이번에도 눈으로 쓱 훑으면 된다.

● **칼슘** : 유제품, 브로콜리, 케일 / 뼈와 치아 형성 및 유지, 신경 신호

전달, 근육 수축 조절. 권장량 1,000~1,200mg

- **철** : 붉은 고기, 시금치 콩류 / 산소 운반과 에너지 생산에 기여. 권장량 8~18mg.

- **마그네슘** : 아몬드, 시금치 등 / 근육 및 신경 기능, 단백질 합성, 혈압 조절. 권장량 310~420mg

- **아연** : 굴, 소고기, 호박씨 등 / 면역 기능과 단백질 합성, 혈압 조절. 권장량 8~11mg.

- **구리** : 간, 굴, 견과류 등 / 철 대사, 적혈구 형성, 신경 기능 유지. 권장량 900μg.

- **셀레늄** : 브라질너트, 해산물, 달걀 / 항산화 작용, 갑상샘 기능 조절. 권장량 55g.

- **요오드** : 해조류, 유제품 / 갑상샘 호르몬 생성 및 대사 조절. 권장량 150μg.

- **인** : 육류, 유제품, 견과류 / 뼈와 치아 형성 및 에너지 대사. 권장량 700mg.

- **칼륨** : 바나나, 오렌지, 감자 / 세포 기능 유지, 혈압 조절, 근육 기능 조절. 권장량 4,700mg.

- **나트륨** : 소금, 가공식품 / 체액 균형 유지, 신경 신호 전달. 권장량 1,500~2,300mg.

보기만 해도 숨이 차는 기분일 텐데, 쓰고 있는 나도 그렇다. 여기까지 미량영양소의 출처와 기능 그리고 권장량을 알아본 소감을 묻고 싶다. 내 모든 경력을 샅샅이 뒤져봐도 잘 지켜보겠다고 하는 사람은 본적이 없다. 10명 중 9.9명은 "이걸 무슨 수로 지키고 살아요?"라고 했다. 게다가 사실 이런 내용은 굳이 책에다 쓸 필요도 없다. 타자 몇 번 두드리면 나오는 정보다. 이것이 내가 "굳이 미량영양소까지 다루는 것은 의미가 없을 것 같다."라고 말한 이유다.

그럼에도 불구하고 쭉 훑어보라면서 적은 이유는 알아두면 써먹을 일이 있기 때문이다. 비타민 D를 예로 들어보자. 부족하면 뼈 건강이 악화되고, 수면 장애에 시달릴 위험이 크다[239]. 이런 상황에 놓인 사람이 있다고 가정해 보자. 식단에 연어를 추가하거나 햇볕을 쬐면 된다. 만약 이 사람이 사무직에 혼자 사는 사람이라면 햇볕을 충분히 쬐거나 연어를 먹기 어려울 것이다. 이런 사람에게 비타민 D 보조제 섭취는 도움이 될 수 있다. 반대로 뼈 건강이나 수면에 문제가 없는 사람이라면 굳이 비타민 D 보충에 신경쓸 필요가 없다. 이런 경우는 보조제를 사 먹는 것이 돈 낭비다.

이처럼 미량영양소는 필수지만, 사람에 따라 다르다. 위에 적어둔 각 미량영양소에 해당하는 식품과 효과는 참고사항이다. 이를 통해 자신에게 필요한 부분만 조절하면 된다. 한 문장으로 정리하라고 하면 간단하다. '질 좋은 다량영양소 섭취 권장!' 끝이다. 영양 관리에 왕도가 있다면 이것이 핵심이다. 지나친 가공식품, 단순 당류, 트랜스 지방 따위는 멀리하고, 최대한 가공이 덜 된 자연식품을 다양하게 먹으면 거의 모든 문제는 해결될 가능성이 높다. 어차피 미량영양소는 질 좋은 다량영양소 안에 풍부하게 들어있다. 건강 문제는 건강보조제 결핍

이 원인이 아니다. '아침 굶고, 점심에 라테 한 잔, 컴퓨터 앞에 앉아서 과자 좀 먹다가 퇴근. 소파에 앉아서 야식에 맥주 한 캔.' 이것 때문이다. 다음은 이번 장에서 가장 중요한 부분을 소개한다. 아무리 미량영양소가 부차적이고, 조절하기 어려워도 이것만은 지키자. 바로 식이섬유 섭취다.

식이섬유와 마이크로바이옴

"자기야, 이것도 사랑이야?" 꽁꽁 얼린 대변을 보며 여자가 물었다. 대변의 주인공은 그녀 애인이었다. "그럼! 이것도 사랑이지." 남자는 자기 말에 마침표를 찍자마자 믹서기에 넣었다. 그러고는 알약 캡슐에 조금씩 옮겨 담았다. 이것은 더 이상 몸에서 배출된 물질이 아니다. 흡입될 건강보조제다. 그리고 흡입할 사람은 여자다. 더러운 호러물 정도로 착각하면 실례. 100% 실화다. 여기에는 다 그럴만한 이유가 있다. 여자는 식이장애가 있었다. 특정 음식을 먹으면 속이 불편했다. 또 자신의 힘으로 화장실을 갈 수 없는 지경을 고백하며 울었다[240].

2023년부터는 전 세계적으로 장이 주목받기 시작했다[241]. 연구는 수요를 따라갔고, 장에 관한 연구는 모닥불에 기름을 부은 것처럼 이루어졌다[242]. 연출진과 그녀는 앞선 연구들 덕분에 대사 질환과 식이장애 해결사를 찾아냈다. 두둥! 마이크로바이옴(microbiome) 등장이다.

인체는 약 30조 개 세포로 이루어져 있다고 말한 바 있다. 조금 더 정확히는 약 70조 개다. 조금 더 자세하게 말하면 30조 개는 혈액, 피부, 근육, 신경, 간, 장 세포 등이다. 나머지 40조 개는 박테리아다(243). 인간은 이 70조 개 세포들이 합쳐진 덩어리인 셈이다. 보통 박테리아라고 하면 삼지창을 든 악마를 떠올린다. 이는 살모넬라나 대장균 같은 박테리아만 알기에 생기는 오해다. 천사 날개를 달아줘야 하는 유익한 박테리아들도 있다. 장, 구강, 피부 그리고 생식기 등 신체 전반에 퍼져서 건강과 면역을 담당한다. 특히 장 안에 유익균들이 가득하면 소화와 병원균 성장 억제를 돕는다(244). 이를 통해 뭐든 잘 소화하고, 변기통에 구렁이를 낳는 튼튼한 장이 완성된다.

박테리아를 설명한 이유는 마이크로바이옴의 주 구성요소이기 때문이다. 박테리아, 바이러스, 진균 그리고 원생 생물 등의 미생물 군집을 마이크로바이옴이라고 부른다. 장내 미생물은 종류만 4,930종이고, 인간 몸에는 10~100조 개의 미생물이 서식한다(245, 246). 여기까지 내용을 쉽게 한 문장으로 정리할 수 있다. 인간은 30조 개 세포들과 마이크로바이옴의 화음으로 대사라는 하모니를 완성한다.

내가 먹는 것이 곧 내가 된다는 격언에는 나름 근거가 있던 것이다. 내가 섭취한 것들은 마이크로바이옴의 먹이가 된다. 좋은 것을 먹으면 유익한 마이크로바이옴이 자란다. 반대로 나쁜 것은 유해한 마이크로바이옴을 장내에 가득 채운다(247). 그 결과물은 변비, 설사 등이고 좋은 영양 섭취는 이를 해결할 수 있다(248). 여기서 끝이 아니다. 거식증 같이 식욕 및 행동 장애를 개선하는 것에도 마이크로바이옴이 영향을 미친다. 좋은 것을 먹는 일은 행동 장애 치료도 가능하다(249). 나아가 생성된 마이크로바이옴은 곧 소화 기능에 영향을 미친다. 평소에 클린

푸드(clean food)를 먹던 사람이 패스트푸드(fast food)를 먹으면 속이 더부룩한 것이 쉬운 예시다. 반대 예시도 적용된다. 가공식품에 절여져 있던 사람이 클린푸드를 먹으면 속이 불편한 경우다.

장 건강에 좋은 것은 자연식품에서 얻는 식이섬유다. 나쁜 것은 가공식품, 단순당, 적은 미량영양소라는 울타리 안에 포함된 것들이다. 이때 유익균이나 식이섬유 섭취를 위해서 보조제부터 찾는 이들이 있다. 질 좋은 단백질 식품 대신 분말 보충제부터 찾는 꼴이다. 나도 보충제를 판매하고 있는 사람이지만, 양심선언 한다. 보조제 선택은 어디까지나 차선책일 뿐 우선 되어서는 곤란하다. 몇 년 전까지만 해도 사람들은 호르몬에 열광했다. "인간은 호르몬의 노예다."라는 말이 귀에 익숙한 것이 그 증거다. 그러다가 신경전달물질로 유행이 옮겨갔다. 이제는 도파민에 대해서 모르는 사람이 없는 것을 보면 알 수 있다. 이 유행은 너도나도 뇌과학을 외칠 때 같이 시작되었다.

말했듯 2023년쯤부터는 장이 유행하기 시작했다. 동시에 마이크로바이옴도 주목을 받았고, 유산균 보조제는 없어서 못 파는 정도가 되었다. 살 빠지는 유산균 보조제부터 고혈압, 심지어 암치료 유산균 보조제도 나왔다. 이런 제품들의 충성 고객은 대부분 특징이 있다. 훈련과 자연식품 섭취는 쏙 빼고 보조제만 입에 털어 넣는다.

그중 한 명은 나와 같은 지붕 아래 살고 있었다. 바로 내 아내다. 유산균 보조제를 끊임없이 사는 것도 모자라 비타민 D 젤리도 놓치지 않는다. 참고로 아내가 일하는 곳 20미터 거리에 햇빛이 잘 드는 공원이 있다. 탱탱한 피부를 위해서 얼굴에 팩을 올리고는 젤 형태의 콜라겐 보조제도 쭉 짜 먹는다. "그거 돈 낭비야. 운동하고 채소 먹으면 돼." 잔소리에 못 이긴 건지, 스스로 깨우친 건지 어쨌든 운동과 채소 섭취는 꾸준히 하고 있다. 그렇게 보조제 회사의 상술에서 벗어난 줄 알았는데 내 착각이었다. 며칠 전 주방 구석 서랍에서 신상 보조제를 발견했다. 여태 나는 연막작전에 속고 있던 것이다. 일단은 계속 모른 체 하고 있다. 적어도 아내가 운동과 채소는 꾸준히 챙기기 때문이다. 내가 비록 〈건강을 해킹하다 : 장의 비밀〉에서처럼 캡슐 안에 사랑을 넣어 줄 수는 없지만, 보조제의 플라세보 효과(투약 형식에 따르는 심리 효과, placebo effect)는 인정해 줄 수 있다. "자기야, 이것도 사랑이야."

그 커플은 '대변 이식술(fecal microbiota transplantation, FMT)'을 한 것이다. 기증자(남자)의 건강 상태를 철저히 검사한 후에 대변을 환자(여자) 대장에 주입하는 치료법이다. 이는 관장, 위장에 튜브를 연결하는 방법 또는 캡슐 형태로 방법이 나뉜다. 커플은 그중에 캡슐 형태를 선택했다. 대변은 장내 미생물의 중요한 지표가 되며(250) 개인의 마이크로바이옴 생태계가 밖으로 나온 형태다.

이 귀한 것을 그대로 흘려보낼 수 없는 노릇이다. 꼭 필요한 사람이 있기 때문이다. 바로 그녀였다. 남자의 유익균을 이식받은 여자는 스스로 화장실에 갈 수 있게 되었다. 아, 찬란하다. 사랑의 힘이여. 변비가 있는 사람이라면 어서 건강한 기증자와 캡슐을 준비하자. 그 전에 주의 사항도 있다. 남자의 숭고한 사랑의 힘을 얻은 여자는 삶에서 큰 것을 해결했다. 대신 작은 문제를 하나 얻었다. 평생 난 적 없는 여드름이 나기 시작했다. 남자의 마이크로바이옴에는 여드름을 유발하는 녀석들도 있었던 모양이다. 그런 것까지 옮겨지다니, 여자는 캡슐에 들어가는 사랑을 남동생 것으로 바꿨다. 그리고 여드름이 사라졌다. 이런 걸 두고 식상하게는 '인체의 신비'라고 말한다. 이런 이유로 효과를 인정하는 한편, 부작용을 우려하는 연구들도 많다[251, 252, 253].

식이섬유 섭취 가이드

우리는 굳이 이런 것을 걱정할 필요가 없다. 마이크로바이옴에 1[+++] 급 먹이를 주어 키우면 된다. 질 좋은 먹이는 예상했듯 식이섬유가 풍부한 식품이다. 반드시 채소만 생각해 낼 필요는 없다. 곡물 중에는 귀리, 현미 등이 있고 과일 중에는 사과와 바나나가 비교적 식이섬유가 많다. 콩류를 좋아한다면 렌틸콩이나 검은콩이 이롭다. 그러나 역시 끝판왕은 채소다. 브로콜리, 당근, 시금치 등이 있는데, 그중 브로콜리는 1kg에 34.9g이 들어있다[254]. 추가로 얻는 미량영양소도 상당하다. 내일부터 식탁을 알록달록 신선한 채소로 가득 채우려 하겠지만, 뭐든 적당한 것이 중요하다. 과한 식이섬유 섭취는 위장 문제를 일으킬 수 있다. 배가 아프거나, 더부룩하고 가스가 차는 경우다[255]. 나아가 식이섬유에도 약간의 kcal가 있다. 대부분 식이섬유는 소화되지 않기 때문에 kcal가 0이지만, 일부 식이섬유는 다르다. 장내 미생물에 의해서 단쇄지방산(SCFA)으로 변환되는 과정에서 1g당 2kcal를 제공한다고 밝혀졌다[256]. 쉽게 말해, 식이섬유도 많이 먹으면 살찔 가능성이 있다는 말이다. 그러나 현실적으로 살이 찔 만큼 식이섬유를 많이 섭취하는 것은 어렵다. 경험상 보면 채소 마니아(mania)가 아니고서는 일일 권장량을 채우기도 버겁다.

　대부분 국가에 성인 기준은 하루 25~38g이다(257). 감이 오지 않을 텐데 브로콜리를 냉면 그릇에 1kg을 담고 먹어야 하는 양이다. 물론 하나의 예시다. 다양한 식품군을 조합해서 25~38g을 채우면 된다.

　이렇게 알려주면 물음표가 하나 생겨야 마땅하다. '3,000kcal를 먹는 사람과 2,000kcal 먹는 사람은 다르지 않나?' 빙고. 조금 더 정확히 짚어줄 수도 있다. 일일 권장량은 1,000kcal당 14g을 기준으로 잡으면 된다(258). 2,000kcal를 먹는 사람은 하루에 28g, 3,000kcal를 먹는다면 42g이다. 단백질처럼 엄연히 참고 사항이다. 죽으나 사나 반드시 지켜내며 스트레스 받을 필요는 없다. 이런 강박은 또 다른 식이장애를 낳는다. 참고해서 가능한 범위만큼 노력하면 그만이다. 식품 하나 바꾼다고 당장 180도 바뀌는 마법은 일어나지 않는다. 소시지볶음할 때 브로콜리도 조금 넣고, 변비가 있다면 흰쌀밥을 콩밥이나 현미로 바꾸면 된다. 이런 식으로 조금씩 범위를 넓혀가는 것을 추천한다.

　여기까지 읽어온 독자에게 미리 축하 박수를 보낸다. 이제 당신은 적어도 '이것 먹으면 살 빠집니다.' '이 식품을 먹으면 병이 낫습니다.' 같은 상술에 휘둘리지 않을 수 있다. 그런 분별력은 시간과 에너지 그리고 돈을 아껴준다. 마지막으로 건강과 몸을 빚어가는 과정이 즐겁기를 바란다.

　나는 오랫동안 보디빌더 생활을 하면서 음식을 단지 연료로만 생각했다. 내게 맛과 다채로운 영양소란 먼 나라 얘기였다. 그저 뼈다귀에 단백질 몇 그램을 더 붙일까만 고민했고, 이를 위해 필요한 연료 공급만 신경 썼다. 단백질이 몇 그램 들어있는지 또는 탄수화물 함량 정도로만 음식을 판단했다. 이 때문에 상당히 편향된 마이크로바이옴을 갖게 되었다. 늘 먹던 닭가슴살이나 우둔살, 흰쌀밥을 벗어나면 속이 불편하다. 여전히 채소는 입에 맞지 않고 소화도 되지 않는다. 근육량⁽뼈대근육⁾은 45kg이 넘는데, 장 건강은 빈약한 꼴이다. 요즘은 다양한 영양소를 섭취하려고 노력하고 있다. 그냥 두었다간 캡슐 안에 누군가의 사랑을 가득 담아 먹어야 할지도 모르기 때문이다.

34

정 안 되면 '잘 자기'라도 하자

내가 어쩌다 이 지경이 된 걸까? 머리부터 다리까지 온갖 센서를 부착하고 심지어 콧구멍에도 감지장치가 박혔다. 조금이라도 움직였다간 몸에 붙은 센서들이 후드득 하고 떨어져 나갈 것 같았다. 핑크빛이 도는 환자복까지 입으니, 마치 그 꼴이 중환자였다.

밤 9시 반, 직원이 불을 꺼주면서 인사했다. "편안한 밤 되세요." 이 꼴을 하고 편안하라니 있던 잠도 달아날 만큼 불편했다. 게다가 나는 10시 전에 자본 기억이 없었다. 심지어 다음 날은 새벽 5시에 일어나서 집에 가야 했다. 잠 한번 잘 자기 참 어렵다며 구시렁거리다가 잠이 들었다. 이 짓을 다시 하기 싫어서라도 수면장애를 극복하고 싶다고 생각했다. 다짐과는 다르게 그날도 자다가 두세 번은 깼다. 다음날도 어김없이 잔듯 만듯한 기분으로 하룻밤을 날렸다. 여기까지가 내 수면

다원검사 첫 경험이다. 결과를 듣는 날, "네? 제가요?"를 몇 번이나 반복했다. 우선 나는 평균적으로 5번 정도를 깬다고 했다. 8시간을 잔다면 1시간 반에 한 번씩 깨는 꼴이다. 그러니 잔듯 만듯한 기분이 드는 거라고 의사는 말했다.

"왜 깨는 건가요?" 의사는 그렇게 물을 줄 알았다는 표정을 지었다. "수면 중에 무호흡이 일어나는 겁니다. 의지와는 다르게 숨을 못 쉬는 상황이 벌어진 거죠. 왜 아버님들 자다가 드르렁 컥. 하고 몇 초 뒤에 푸후우 하는 것 있죠? 그겁니다. 그때 몸이 일시적으로 깨는 거예요." (아버지 도대체 어떤 삶을 사신 겁니까?) 나는 이어서 물었다. "무호흡은 왜 일어나는 건가요?" 내 경우에는 비강의 흐름이 좋지 않다고 했다. 쉽게 말해 공기가 코로 들어가는 통로가 좋지 않은 것이다. 코로 숨을 잘 쉬지 못하면 신체는 입을 쓴다. 본디 입은 먹으라고 있는 것인데, 호흡하는 데 쓰다 보면 혀나 편도가 커진다고 했다.

의사 말이 끝나기 무섭게 또다시 물었다. "혀나 편도가 왜 커지는 거죠?" 이쯤이면 네 살배기가 연신 "왜?"를 말하는 수준이었다. "입은 숨 쉬라고 있는 게 아니에요. 그런데 본래 용도와 다르게 쓰다 보면 목과 기도에 염증이 생깁니다. 이게 누적되면 커지는 것이죠. 아~! 해보세요." 의사는 내 혀와 목젖의 거리가 1/3밖에 남지 않은 것을 보여줬다. "원래는 이 목 안과 상기도 공간이 최소 지금의 두 배는 되어야 합니다." 더 이상 내가 정상이 아니라는 것을 부정할 수 없었다. 하지만 가장 큰 고민이 남았다. "그런데 발작은 왜 자꾸 하는 건가요?" 수면발작을 물은 것인데, 자다가 갑자기 움직이는 것이나 소리를 내는 것을 말한다. 내 경우에는 수면 중에 팔로 옆사람을 때렸다. 꿀밤 때리듯이 '콩!' 타격 대상은 옆에 자던 아내였다. 자주 팔꿈치로 머리통을 때렸는데, 어떤 날은 니킥(knee kick)을 날리기도 했다. 사실 수면 검사도 아내가 적극적으로 예약했다. 어쨌든 내 질문에 의사 답은 간단했다. "제가 숨 못 쉬게 코를 막으면 어떻게 하실래요?" "음, 벗어나려고 몸 부림치겠죠." 대답함으로써 단번에 이해가 갔다. 추가로 나는 근육의 긴장도가 높다고 했다. 이것도 수면 장애에 한몫 하니 근력 운동과 더불어 스트레칭도 자주 하라는 진단을 받았다.

무호흡증은 수면 중 혈액의 산소 포화도를 감소시킨다. 이는 몸에 무리를 준다. 서울 아산 병원 질환 백과에서는 이를 두고 "진공청소기가 흡입하는 동안에 손으로 공기가 빨려 들어가는 것을 막는다고 생각해 보라. 진공청소기는 계속해서 애를 쓰다가 무리가 간다. 신체도 이와 같다."라고 했다(259). 내가 늘 잔뜩 만듯한 기분으로 사는 이유, 만성피로에 시달린 이유, 낮 동안에 졸음이 쏟아지거나 하품이 잦은 이유, 아내 머리통으로 무에타이 하는 이유…. 모두 수면장애가 원인이었다. 나는 어쩌다 이 지경이 된 걸까?

수면장애 기전과 결말

근육량을 올리겠다고 애쓰다 보니 100kg을 넘었다. 목표치를 달성해서 기분은 좋았는데, 예상하지 못한 문제가 생겼다. 체중이 증가할 때는 근육량보다 지방량 증가가 압도적으로 높다. 최대한 쉽게 정리하면 다음과 같다. 보통 체중 변화는 근육에서 30%, 지방에서 70%가 같은 방향으로 일어난다. 정확히는 제지방 28.7%, 지방 71.3%다(260, 261). 따라서 "저는 근육은 더하고, 지방은 뺄 거예요."라는 말은 인체 생리학 입장에서 마법이다. 이는 상승 다이어트라는 해괴한 해석으로 아주 가끔 이뤄지기도 하지만 극 초보자나 고도 비만인 경우에나 해당한다. 섬세한 훈련/영양으로 가능하더라도 한정된 기간만 이룰 수 있다. 기본적으로 근육량 증가는 kcal 흑자일 때 일어나고, 체지방 감소는 kcal 적자일 때 생긴다.

지금부터 비만=만병의 근원 논리에 수면이 곁들여진다. 살찐 광호를 예를 들어보자. 광호도 마법사는 아닌지라 근육량보다 살이 더 많이 올랐다. 흔히 발에도 살쪘다고 하는데, 광호는 목구멍에 살이 쪘다. 그로 인해 앞에서 설명한 목 안과 상기도 공간이 좁아졌다. 100kg이 넘은 광호는 목구멍에 살이 쪄서 코골이가 심했다. 수면무호흡증으로 이어졌고, 코 대신 입을 사용했다. 드르렁 컥. 푸후우. 다시 편도에 염증이 끼면서 상기도 공간이 좁아졌다. 호흡에 악순환이 이어지고 신체에 산소는 늘 부족했다. 체내 산소 부족은 에너지 생산에 비효율적이다. 에너지가 딸리다 보니 광호는 늘 피곤하다. 만성피로 시대가 개막된 것이다. 문제는 여기서 끝이 나지 않는다. 피로한 상황에서 100kg을 지지하는 신체는 에너지 잡아먹는 괴물이 된다. 말했듯 수면 장애로 시작된 에너지 비효율성은 괴물에게 바칠 제물을 쉽게 만들지 못한다. 다시 악순환 시작이다.

나는 가중된 만성피로에 시달렸다. 신체는 에너지가 부족하고 피로

하다고 느끼면 식욕을 올린다. 충분히 먹음에도 불구하고 군것질이 당기는 일이 그 증거다. 대체로 과자, 빵, 초콜릿 등은 에너지 밀도가 높다. 쉽게 말해 단호박 1kg에 들어있는 kcal를 초콜릿 100g이면 채울 수 있다. 효율성 끝판왕인 우리 뇌는 이를 교묘하게 조정할 줄 안다. "광호야, 군것질 하자." 뇌가 속삭이는 꼬임수가 시작된다.

결말은 뻔하다. 군것질을 통한 추가 kcal은 다시 비만을 유발한다. 살이 찌면 다시 목 안과 상기도 공간이 좁아지고(262) 지겨운 악순환 고리는 이렇게 계속 이어진다. 이 부분은 뒤에서 한번 더 짚고 넘어갈 것이다. 여기까지 이해했다면 답은 명확하다. 과체중-비만-수면장애를 예방하기 위해 잘 먹고, 꾸준히 웨이트 트레이닝과 유산소 훈련을 병행하면 된다. 온몸에 센서를 달고 콧구멍에 감지장치를 박을 필요없다. 또 호흡을 원활하게 하겠다며 비중격 교정술을 받지 않아도 된다. 수술을 받으면 며칠 동안 핏덩이가 된 솜뭉치를 양쪽 콧구멍에 박아 넣고 다닌다. 그동안 코를 잘라버리고 싶을 만큼 불편하고 고통스럽다.

살찐 광호는 이런 사실을 몰랐기에 수면치료와 수술을 받았지만 이 글을 읽고 있는 독자는 다르다. 우선 본인 식생활 습관을 교정하고 몸을 관리해 보자. 그래도 안 될 때 의료서비스 힘을 빌리는 것을 추천한다. 수면장애 원인이 비만 하나만 있는 것은 아니기 때문이다. 그러나 나를 비롯한 지금까지 만난 고객들의 80% 이상이 생활 식습관 개선으로 해결되었다. 병원에 가서 그 난리를 치고도 해결하지 못했냐고? 슬프게도 그렇다. 수면장애를 벗어나기 위한 노력은 수면다원검사나 비중격 수술만이 아니었다.

얼마간은 풍선 바람 빠지는 소리를 들으면서 잤다. 내 콧구멍 사이로 바람이 들어오는 기계 소리다. 비중격 수술로 비강에 길을 뚫었으니 이제 공기를 팍팍 밀어 넣어주는 작업이 필요했다. 쉽게 말해 아직 코호흡에 대한 훈련이 되어있지 않으니, 도우미를 붙여준 셈이다. 도우미 이름은 양압기다. 내가 수면 중 코호흡을 진행하는 동안 알게 모르게 공기를 팍팍 밀어 넣어준다. 이로써 효과적으로 산소를 공급받는다. 신체 내에 산소가 충만해지면서 대부분 문제를 해결하는 기전이다. 특히 자다가 옆 사람에게 무에타이하는 일도 막을 수 있다. 세상에 공짜는 없듯이 양압기도 대가가 따른다. 밤새 푸쉭 거리는 소음을 들어야 한다. 또 입 호흡을 막기 위해서 인중에서 턱 방향으로 입술 테이프를 붙인다. 처음에는 인중 선을 따라 한 줄을 붙이고 적응이 되면 두 개로 늘린다. 별생각 없다가도 꼭 하지 말라면 하고 싶듯이 입에 테이프도 마찬가지다. 괜히 입을 움직이고 싶어지는 답답함을 참아야 한다. 이 꼴은 마치 다스베이더(Darth Vader, 〈스타워즈〉 시리즈의 대표적인 악역)를 똑 닮았다. 양압기 호스를 주기적으로 청소하고, 세팅하는 번거로움도 한 몫한다. 소음 때문에 수면장애가 옆 사람에게 옮겨 갈수도 있다. 뭐니 뭐니해도 이 중에서 가장 큰 불편은 처방된 만큼 양압기 시간을 채워야 한다는 점이다. 누군가 내 입을 틀어막고 코에 공기를 밀어 넣어준다고 상상해 보자. 밀치고 그 답답함에서 해방되고 싶어진다. 특히 자다 깬 몽롱한 상황이라면 더욱 그렇다. 이런 본능을 열심히 따라서 자다가 나도 모르게 마스크를 옆으로 던져버렸다.

결국 양압기 처방 시간을 다 채우지 못했다. 요란한 검사를 하고,

코가 피떡이 되는 수술 그리고 방독면 같은 것을 차고 자는 불편을 감수했지만, 수면치료는 실패로 끝났다. 돈만 날리고 수면 장애는 하나도 고쳐지 못했다는 말이다. 여전히 나는 하루 종일 피곤했다. 하품하느라 바빴고, 자고 일어나면 얼굴은 땡땡 부었다. 상태는 더 심각해졌다. 쌀 한 가마를 메고 세상을 둥둥 떠다니는 기분이 들더니 심지어 점점 멍청해지는 기분도 들었다. 컴퓨터를 켜놓고 '내가 뭐 하려고 했더라?' 하는 것부터 시작됐다. 흰색 바탕에 검은색 커서가 깜박이는 것만 보고 있는 일이 잦았다. 가끔 우울감에 청승을 떨다가 이유 없이 화가 났다. 문득 이 분노가 돈만 날리고 여전히 수면 장애를 앓고 있는 살찐 광호에게로 향했다. '이대로 살 수는 없다.' 스스로 고쳐 보고자 마음먹었다.

숙면에 필요한 필수 상식

그때쯤 책 두 권을 선물 받았는데, 《우리는 왜 잠을 자야 할까?》와 《수면의 과학》이었다. 살면서 고마운 일 5개를 꼽으라고 한다면 그중 하나다. 이 책들이 숙면으로 향하는 첫발을 떼게 해주었다. 추가로 들은 강의와 책들은 수면 장애 탈출을 위한 지도 같았다. 지도에 적혀있는 탈출 경로를 보면서 몇 번이나 이마를 탁 쳤다. 지금부터 숙면으로 가는 지도를 공개한다. 소중한 우리 시간과 에너지 그리고 통장 잔고를 아껴보자.

수면에 대해서 알아야 하는 첫째는 좋은 수면에 대한 정의다. 나아가 둘째는 '얼마나'이고 셋째는 '언제' 그리고 마지막은 '어떻게'로 정리할 수 있다. 모든 부자는 "돈을 홀대하면 돈을 벌 수 없다."고 말한다. 좋은 수면도 귀중하게 생각하는 마음으로부터 시작된다. 또 전문 수면 심리치료사 헤더 다월-스미스(Heather Darwall-Smith)는 "수면이란 무언가를 놓는 가장 궁극적인 행위이다. 완벽한 수면에 대한 강박은 오히려 편안한 밤자리를 방해한다(263)."라고 했다. 잠을 소중히 해야 하지만 완벽한 수면에 집착하지는 말라는 뜻이다. 이렇게 첫발을 떼야 한다. 그렇지 않으면 지금부터 알아갈 내용들이 도리어 독이 될 수 있다. 현명한 첫발을 떼고 나면 그 다음을 알아볼 차례다.

1950년을 기점으로 집중적인 조명을 받은 수면 과학은 장점에 대해서 미친 듯이 토해내고 있다. 헤더 다월-스미스는 이런 연구 결과들을 종합해서 다음과 같이 적었다. "우리는 잘 자는 것만으로도 정서, 해독 및 휴식, 기억 및 학습, 심혈관 건강, 식욕, 면역력, 호르몬 대사, 세포 및 피부 재생에 이점을 얻는다(263)." 이런 이유로 세상에서 만병통치약에 가장 가까운 것은 수면과 운동이라고 나는 생각한다. 숙면의 장점은 더 늘어놔봤자 시간 낭비다. 100가지 장점을 늘어놓아도 수면을 홀대하는 사람들 입에서 나오는 말은 정해져 있기 때문이다. "좋은 건 알지만 바빠서 잘 시간이 없다." 이들은 이런 말을 하기도 한다. "네가 팔자 늘어지게 잘 때가 아니다. 잠은 죽어서 자는 거다" 살찐 광호가 달고 살던 말이다. 지금이야 일상 계획 중에 수면을 가장 아끼지만, 그때는 완전 딴판이었다. 평균적으로 고작 5시간 잤다.

이제 숙면으로 가는 두 번째 걸음을 내디딜 차례다. "난 8시간은 자요. 조금 자고 일한다고 하면 병자 아니면 사기꾼입니다." 고(故) 정주영 회장은 미국 국립 수면 재단(NSF)이 밝힌 성인 권장 수면시간(264)을 정확히 지켰다. 7~9시간이다. 이는 한국의 연구 결과들과도 일치하니(265) 국적 핑계를 댈 필요도 없다. 굳이 말하는 이유는 특히 우리나라 사람들이 수면을 홀대하는 경향이 짙기 때문이다. 아마 주변에 수면을 홀대 했던 살찐 광호 같은 사람들이 많을 테니 휘둘리지 마시라. 하지만 적정 수면시간 앞에 성인이라는 꼬리표를 잊으면 안 된다. 모든 사람이 매일 밤 7~9시간을 자야 하는 것은 아니다.

수면 욕구는 특히 연령에 따라 많이 달라진다. 신생아는 하루 중 17시간을 자고, 노년층은 수면량이 가장 적다(263). 단, 절대적인 수치는 있다. 연령과 관계없이 최소 6시간이다. 이해를 돕기 위해 수면 주기와 각 수면 단계를 알 필요가 있다. 수면 주기는 크게 두 가지로 나뉜다. 렘(rapid eye movement)수면과 비렘(non-REM)수면이다. 렘수면은 빠른 안구운동 수면이라고도 하는데, 뇌파 활동이 깨어있을 때와 비슷하다. 대신 신체 근육은 이완되어 움직일 수 없다. 흔히 가위눌렸다고 느낄 때는 이 단계에 가깝다고 할 수 있다. 보통 이 단계에서 꿈을 꾼다.

이쯤이면 렘수면 단계를 불필요하고 잠을 설치는 주범이라고 생각할 텐데, 큰 오해다. 렘수면은 기억 처리와 정서적 건강을 담당한다. 우리가 깨어있는 동안 배운 것들을 정리하는 시간이다. 렘수면이 부족하면 인지 기능이 떨어지고 정서 상태에 지진이 난다. 비렘수면은 총 3단계로 나뉜다. 뇌파 상태에 따라 '1단계: 입면기, 2단계: 얕은 수면, 3단계: 깊은 수면'으로 분류한다. 1단계는 이제 막 잠이 들면서 몸이 풀리는 상태다. 2단계는 수면주기 중 대부분을 차지한다. 1단계보다 좀 더 깊은 수면에 가까운 상태다. 드디어 3단계에 돌입하면 깊은 신체 회복이 이뤄진다. 뚝딱뚝딱 신체 조직을 고치고 성장시키는 상태다. 이 단계에서는 깨기가 어렵고, 깨더라도 몽롱함을 느낀다.

이렇듯 자는 동안 우리는 때에 따라 기억과 정서를 다스리고, 회복한다. 이런 작업을 맡는 각 수면 단계는 역할만큼이나 정해진 시간도 있다. 그것들이 합쳐져 90~110분이라는 한 번의 수면 주기를 이룬다. 인체는 정상적인 활동을 위해 한 번에 4~6번 수면 주기가 필요하다[266]. 이렇게 수면 주기와 각 수면 단계를 이해하면 권장 수면시간 7~9시간에 대해 납득할 수 있다. 그래도 고집부리겠다면 이 얘기를 해주고 싶다. 6시간 미만의 수면은 단순히 피곤한 것만으로 끝나지 않는다. 앞서 소개한 만병의 근원인 비만과 대사 증후군 위험을 9%나 증가시킨다[267]. 이쯤에서 잊었을 테니까 한 번 더 빠르게 정리해 보자.

수면 부족 〉 과소 회복 〉 피로도 증가 〉 에너지 부족 〉 식욕 증가 〉 과식,
군것질 〉 비만 〉 인슐린 저항성 〉 포도당 대사 장애 〉 고도 비만

더 큰 문제는 지금부터다. 고도 비만이 되면 다시 수면 장애 유발 요인이 늘어난 셈이다. 목 안과 상기도가 좁아지고, 호흡이 불편해진다고 말했다. 이에 따라 신체는 산소가 부족해지고, 또 과소 회복 상태에 놓인다. 이로써 수면 장애 구덩이는 더 깊어진다. 끝없이 파내다 보면 어느새 스스로 탈출할 수 있는 구덩이 깊이를 넘어선다. 곧 의료서비스의 힘을 빌려야 하는 순간이 온다. 공격적으로 비판하자면 다음과

같이 되고 만다. 잠을 충분히 자지 않으면 과식하느라 돈쓰고, 병원 신세 지느라 또 돈을 쓴다. 건강과 함께 통장도 거덜나게 되는 꼴이다. 이렇게 쉽고 친절하게(?) 설명해 줘도 꼭 반문하는 사람이 있다. "내가 과식하지만 않으면 악순환을 끊는 것 아니야?" 몸 안에서 자연스럽게 일어나는 욕구를 억제하는 것은 정서적 에너지를 소모한다. 추가로 에너지를 낭비하는 셈이다. 이에 따라 피로도는 더 커지고 식욕도 더욱 치솟는다. 더 큰 에너지를 소모해서 참아내야 하는데 사람의 에너지는 돈처럼 한정된 자원이다. 에너지가 고갈되면 한계에 다다르고 결과는 둘 중 하나다. 폭식 아니면 정서적 붕괴다. 따라서 누군가 갑자기 신경질을 부린다면 조심히 물어보자. "혹시 잠을 충분히 못 주무셨나요?"

수면 : 얼마만큼?

마치 나라를 구한 장군이라도 된 것처럼 이렇게 말하는 사람도 있다. "나는 서너 시간만 푹 자면 쌩쌩해!" 실제로 내 주변에 있었다. 그가 말하는 '쌩쌩'이 피곤하지도 않고, 업무 효율도 좋으며, 정서적 상태도 안정된 것이라면 그는 분명 둘 중 하나다. 전 세계 인구 중 1% 해당하는 쇼트 슬리퍼(short sleeper)일 수 있다. 이들은 독특한 유전자 코드 DEC2 덕분에 각성 상태를 유지하는 오렉신(Orexin)이 더 쉽게 생성된다. 이 돌연변이 유전자를 보유한 사람은 4~6시간만 자도 낮 동안 기능 장애를 겪지 않는다고 한다(263, 268).

나를 포함한 나머지 99%는 7~9시간을 자야 필수 생물학적 기능을 할 수 있다. 내가 만났던 이가 1%에 들 거라고 보기엔 어렵다. 그렇다면 그는 대체 무엇일까? 간단하게 한 문장으로 정리할 수 있다. '수면 부족은 인지력을 떨어뜨린다.' 그는 이미 인지력이 떨어진 사람이라는 뜻이다. 사람은 인지력이 떨어지면 자신이 판단력이 흐려졌다는 사실을 인지하지 못한다. 중요하니까 한 번 더, 인지력이 떨어지면 판단력이 흐려졌다는 사실을 인지하지 못한다. 나는 이 말을 들었을 때 뺨을 맞은 기분이었다. 아마도 그는 자신의 체력에 취한 사람이지 않을까? 17시간만 자지 못해도 혈중알코올 농도(BAC)가 0.05%로 면허 정지 수준이 된다. 인지 능력과 반응 속도는 50%까지 떨어진다는 연구(269)를 보면 충분히 의심이 할 만하다. 그런데도 혹시 내가 1% 중의 하나이지 않을까 생각하는 사람이 있을 수 있다. 52장 카드에서 단 한 번에 에이스를 뽑을 확률이 7.6%다. 본인이 쇼트 슬리퍼일 확률은 그보다 7배 이상 낮다. 그럼에도 기대를 걸겠다는 것은 자신의 건강을 판돈 삼아 도박을 하는 것과 같다.

이와 반대로 7~9시간이라는 가이드를 보고 반가운 이들도 있다. 특히 나 같은 잠탱이들은 옳거니 싶을 텐데, 지나친 것도 좋지 않다. 수면 연구 분야에서 권위 있는 저널(journal) 《슬립(Sleep)》은 많이의 기준을 밝혔다. 9시간 이상의 수면은 사망률을 높인다고 한다(270). 물론 이는 사람마다 다를 수 있고, 어차피 9시간 넘게 잘 정도로 여유가 넘치는 사람은 거의 없을테니 참고 정도만 해두자.

수면 : 언제?

이제 숙면을 향해 한 발 더 내디뎌 보자. 바로 '언제'이다. 우리가 7~9시간 자야 한다는 것은 알았으니, 일어날 시간에 맞춰서 취침 시간을 정하면 된다. 예를 들어 7시에 일어나야 하는 사람이라면 최소 12시에는 자고 있어야 한다. 만약 6시에 일어나야 한다면 적어도 11시에는 잠들어 있어야 하는 것이다. 이것이 지켜지지 않는 이유는 수면 시간을 먼저 확보하지 않아서다. 일상에서 수면 시간을 우선으로 두고 나머지를 계획하는 것을 권장한다.

'저는 할 일이 너무 많은데요?' 지금쯤 이런 생각을 했을 텐데, 대답은 이미 말한 바 있다. "수면은 무언가를 놓는 행위다." 주먹을 꽉 쥔 채로는 다른 것을 쥘 수 없듯이 인지 능력, 대사 건강, 안정된 정서 등을 얻고 싶다면, 불필요한 일 욕심은 내려놓아야 한다. 지나치게 일을 사랑하는 사람들에겐 이 말이 무책임한 말처럼 들릴 수 있다. 나 또한 일 중독증(workaholic)이었기에 충분히 공감할 수 있다. 하지만 수면 부족으로 인한 인지 저하는 업무 효율을 떨어뜨린다. 인지 능력이 떨어지면, 내 업무가 비효율적인지 판단하는 능력도 곤두박질친다.

적어도 일주일 정도 권장 수면 시간을 지키고 자신의 업무를 되돌아보자. 소름이 끼칠 것이다. 생각보다 비효율적이고 속도가 나지 않았던 일이 많다. 또 완성도가 엉망인 것을 발견한다. 숙면을 시작하면 효율이 높아져서 그런 일을 줄일 수 있다. 이로써 선순환이 시작된다. 일을 빠르게 쳐내고 수면 시간을 확보할 수 있다. 업무의 완성도와 만족도가 올라가는 이 방법이 일을 사랑하는 우리에게 최고의 선물이며 그 시작은 충분한 수면이다. 이쯤이면 야행성이라 밤에 잠이 오지 않는다면서 입을 내미는 사람이 있다.

그렇다면 잠깐 크로노타입(chronotype)에 대해 알아보자. 째깍째깍 시계는 사람 몸 안에도 있다. 생체시계라고 하는데, 24시간에 맞춰 돌아간다. 생체시계는 다른 말로 일주기 리듬이라고 부른다. 사람에 따라 일주기 리듬이 조금씩 다른데, 이를 두고 크로노타입이라고 이름을 붙였다. MBTI 수면 버전이라고 생각하면 쉽다. 분류 방법은 MBTI보다 훨씬 간단하다. 총 3가지인데, 아침형, 중간형, 저녁형이다.

심리학자 마이클 브루스(Michael Breus) 박사는 사자, 곰, 늑대, 돌고래 4가지로 나누기도 했다. 사자 형은 일찍 자고 일찍 일어나는 유형이다. 곰은 가장 흔한 형태로 과학적 분류에 의하면 중간형에 속한다. 6시 조금 지나서 저녁을 먹고, 11시 조금 넘어서 잔다. 늑대는 늦게 자고 늦게 일어나는 저녁형에 속한다. 흔히 야행성 인간이라고 한다. 돌고래 유형은 타고난 수면 장애가 있는 사람들을 말한다. 잠들기도, 일어나기도 힘들어한다. 인구의 5~10% 정도밖에 되지 않는다(271).

재미용으로만 참고하고 이제 잊어라. MBTI 따위로 자신을 완벽하게 정의할 수 없듯이 크로노타입도 그렇다. 특정 유형에 가까운 사람이 있을 뿐이지 딱 맞아떨어지는 사람은 거의 없다. 특히 자신의 나쁜 수면 습관을 늑대나 돌고래를 앞세워 합리화하려는 사람들이 많을 거라 예상한다.

수면 장애는 나쁜 식생활 습관이 주요 원인이다. 크로노타입 핑계를 대는 것은 'I 성향이라서(*MBTI 분류에서 내향성을 뜻함*) 절대 말을 먼저 걸지 못한다.'라는 편협한 시각과 같다. 그럼에도 유전적으로 타고난 크로노타입은 분명 재설정이 불가한 것은 맞다. 1시간 내외로 조절할 수 있을 뿐이다. 그러나 대다수 사람은 중간형에 속한다(263). 굳이 동물 유형을 빗대어 보자면 곰이다. 따라서 언제 자야 하는지 정하는 것은 명확하다. 24시간에 맞춰 돌아가는 일주기 리듬 본능에 따르는 것이 옳다. 우리 몸은 본능적으로 언제 자야 하는지 알고 있다. 그렇다면 이 본능은 어떻게 정해진 걸까?

본능은 지구와 우리가 벗어날 수 없는 것과 관련 있다. 바로 중력과 태양이다. 햇빛에 집중해 보자. 혹시나 누군가 '아닌데, 밤 되면 햇빛 없는데.'라고 한다면, 달이 밤하늘에서 보이는 것도 태양 빛을 반사한 결과라고 알려주면 된다. 달은 밤 되면 켜지는 전구 같은 것이 아니다.

어쨌든 우리 생체시계는 햇빛 영향을 받는다. 특히 수면 주기를 조절하는 데 중요한 역할을 한다(272). 햇빛과 수면의 관계를 정신과 의사 가바사와 시온(*Gavasawa Zion*)은 알기 쉽게 풀어냈다. 저서 《당신의 뇌는 최적화를 원한다》에서 신기하게도 햇빛의 영향을 받는 생체시계는 24시간이 아니라 25시간이라고 했다. 이 한 시간 차이는 기상 시간을 늦춘다. 예를 들면 7시에 눈이 떠져야 하는데 8시에 깨서 지각을 하는 경우다. 일상이 꼬이게 되고, 늦게 일어났으니 취침도 늦어진다. 11시에 자야 할 것을 12시에 자게 되는 셈이다. 또 늦게 자고 늦게 일어나서 또 지각이 반복된다. 다행히도 이러한 생체시계를 원망할 필요는 없다. 가바사와 시온은 1시간 차이로 생기는 악순환을 해결할 방법을 제시했다. 바로 아침 햇빛이다. 우리가 아침 햇빛을 받으면 생체 시계가 초기화된다. 나아가 생체시계는 초기화 시점으로부터 15시간이 지나면 자연스럽게 수면이 유도된다. 아침 7시에 햇빛을 받으면 밤 10시쯤 졸리게 되는 것이다[273]. 핑계도 걱정도 할 필요가 없다. 언제 잘 수 있는지는 언제 햇빛에 노출되느냐에 달렸다. 거스를 수 없는 것들은 다 이유가 있는 셈이다. 햇빛으로부터 멀어질수록 수면 본능을 망친다고 할 수 있다.

햇빛의 영향을 받아 수면 본능이 발동되는 이유는 멜라토닌(melatonin) 얘기를 빼놓을 수 없다. 앞서 말한 아침 햇빛 노출 후 15시간 후에 졸리게 된다는 내용도 이와 관련이 있다. 이제는 사람들에게 너무 익숙한 멜라토닌은 수면 유도 호르몬이라고 알려져 있다. 이뿐만 아니라 항산화 작용과 면역력 강화에도 도움을 주는 호르몬이다. 멜라토닌이 잘 분비되면 우리는 잘 자고, 천천히 늙고, 질병을 막을 수도 있다는 뜻이다. 이런 이유로 시중에 멜라토닌 보조제가 알약을 넘어 젤리(jelly)로도 판매되고 있다. 심지어 얼굴에 바르는 멜라토닌 크림도 나왔다.

물론 일상에 제한이 있는 사람은 보조제 힘을 빌리는 방법도 좋다. 하지만 그 전에 가능한 만큼 생활 식습관 개선이 먼저다. 멜라토닌 분비는 크게 2가지 방법이 있다.

첫 번째는 햇빛의 영향을 받는 것이다. 빠르게 요약하면 다음과 같다. '햇빛 〉 망막 〉 시교차 상핵(SCN) 〉 송과체 〉 멜라토닌 분비 〉 수면' 기전이다. 멜라토닌은 아침 햇볕을 쬐고 15시간쯤 지나면 스멀스멀 분비된다. 이 기전은 수면 유도가 자연스럽게 진행되니 편하게 잠자리에 들 수 있다. 그래서인지 가바사와 시온은 멜라토닌을 불로장생의 묘약이라고 말했다.

두 번째 방법은 트립토판(tryptophan)을 잘 챙겨 먹는 것이다. 멜라토닌에서 트립토판으로 넘어간 이유를 요약하면 이렇다. '트립토판 〉 세로토닌 〉 멜라토닌' 순서이기 때문이다. 이런 이유로 세로토닌이 부족한 우울증 환자들이 수면 장애에 시달린다. 멜라토닌은 세로토닌을 원료로 하기 때문이다. 심해지면 불면증에 이른다(273). 이런 경우도 햇빛이나 트립토판 섭취가 도움이 될 수 있다. 트립토판이 생소한 사람이 있을텐데, 트립토판은 필수 아미노산으로 완전 단백질에 풍부하게 들어있다. 완전 단백질이란, 필수 아미노산을 모두 갖춘 것을 말한다. 보통 동물성 단백질을 떠올리는데, 꼭 가금류, 생선, 달걀, 유제품만 찾을 필요는 없다. 콩류, 견과류, 귀리 등 식물성 단백질에도 트립토판은 풍부하다.

이로써 단백질을 잘 챙겨 먹어야 하는 또 하나의 이유가 추가되었다. 단백질 섭취는 단지 근육을 뽐내기 위함이 아니라는 것을 또 한번 알게 된다. 단백질교 만세! 트립토판도 어마어마하게 보조제가 많이 있다. 당연히 식습관부터 해결하고 관심을 두는 것을 추천한다.

여기까지 알아봄으로써 '언제' 자야 하는지가 명료해졌다. 밤 10~11시. 이것이 7~9시간 수면을 취한 뒤 일어나서 해를 쬘 수 있는 최적의 방법이다. 이 선순환의 시작은 수면의 질을 개선하고 심혈관 질환 및 대사 장애 위험을 줄일 수 있다(274). 물론 자신의 일상이 가이드와 전혀 맞지 않는 사람이 있을 수 있다. 또는 크로노타입이 이와 맞지 않는 사람도 예상된다. 크로노타입의 경우는 헤더 다월-스미스 가이드에 따라 해보자. 4주에 걸쳐 15분씩 조절하는 방법이다. 타고난 크로노타입은 1시간 정도만 조절 가능하다고 했는데, 내 경우에는 조금 달랐다. 나는 새벽 1시에 자서 오전 9시에 눈을 뜨는 게 가장 편했다. 하지만 일찍 일어나고 잠드는 것을 목표로 일주일에 15분씩 조절했더니 이젠 알람이 없어도 11시에 잠들어서 7시에 일어난다. 조정을 원하는 독자가 있다면 이렇게 해보는 것을 추천한다. 야간 근무나 교대 근무, 또는 스케줄 근무를 하는 사람이라면 분명 제한이 있다. 이들은 앞으로 살펴볼 '어떻게'에 집중하자. 숙면으로 가는 길은 여전히 열려있다.

수면 : 어떻게?

숙면으로 가는 마지막 걸음은 '어떻게'다. 주로 수면 환경과 루틴 (routine) 설정이 여기에 속한다. 가장 먼저 소개하고 싶은 내용은 수면 욕구에 관련된 것이다. 쉽게 말해 잠자고 싶은 욕구인데, 수면 압력이라고도 한다. 쉽게 압력밥솥을 떠올리면 된다. 밥을 지으려면 압력밥솥에 열을 가하고, 압을 올려야 한다. 이 부분은 깨어있는 동안의 활동이다. 이후 충분히 시간이 지나고 압력이 오르면 밸브를 열어 압을 배출시킨다. 취이익. 이것이 취침 시작이다. 적당한 활동, 충분한 기다림, 적절한 시기에 증기 배출. 이로써 찰진 밥이 완성되고, 이것이 바로 숙면이다. 증기 배출 때를 잘 맞추지 않는다면 밥을 망친다. 가령 밥솥 안에 압력이 충분히 오르지도 않았는데, 압을 빼버리는 것이다. 푸쉭. 분명 먹지도 못할 만큼 설익은 밥을 보게 된다. 반대로 압력이 충분한데 증기 배출을 하지 않고 버티는 것은 자지 않고 객기를 부리는 꼴이다. 압력을 버티지 못하고 펑하고 터지듯이 우리 몸도 어떻게 될지 뻔하다. 따라서 어떻게의 시작은 절차를 잘 지키는 것에 달려있다. 때와 장소를 가려야 한다.

여기서 강조하고 싶은 것은 충분한 기다림과 증기 배출 타이밍이다. 이 또한 쉽게 예를 들 수 있다. 잘 시간도 아닌데 피곤하다는 핑계로 쪽잠을 자는 경우다. "너어어어무 피곤했다."라는 말을 하겠지만, 대개 습관성이다. 이런 경우는 밥이 익기도 전에 증기 배출 밸브를 열었다, 닫았다 하는 꼴이다. 충분히 익기 전에 설레발을 쳐서 밥을 망친 것과도 같다. 침대에 누워 잠이 오길 애원하면서 양을 세는 이유가 된다. 찰진 밥이 완성되지 못해서 설익은 밥을 꾸역꾸역 먹으려는 셈이다. 당연히 잘 될 리 없다.

내가 수면 장애 상담을 받을 때, 의사는 이 내용을 한 문장으로 정리해 줬다. "마려울 때 화장실을 가야지, 화장실에 가서 마려울 때를 기다리면 안 되죠?" 억지로 침대에 누워 잠 오기를 기다리지 말자! 숙면도 다 때가 있는 법이다. 이와 관련해서 이상하게 잠이 오지 않을 때와 자다 깼을 때 가이드를 빼놓을 수 없다. 두 경우 모두 해결책은 같다. 우선 "완벽한 수면에 대한 강박은 오히려 편안한 잠자리를 방해한다."는 말을 다시 한번 떠올리자. 그리고 침대에서 벗어나라. 우선 다른 공간으로 가서 심신을 차분하게 하는 것이 좋다. 나는 이럴 때마다 약으로 분류되지 않는 수면제를 집어 든다. 바로 독자를 골탕 먹이는 건지 의심되는 읽기 어렵고 따분한 책이다. 헤더 다월 스미스는 잠이 오지 않는다는 기준을 제시했다. 20분이다. 그동안 몸만 뒤척이고 있다면 침실에서 벗어나 다시 졸릴 때까지 기다리자[263]. 수면제를 읽는 것을 강력히 추천한다. 정말 효과가 직방이다.

다음으로 스마트폰 이야기를 빼놓을 수 없다. 관련해서 두 가지를 말할까 하는데, 그중 하나는 알고 있던 것과 반대되는 내용이다. 바로 본론으로 들어가자. 첫째, 질리도록 들었을 블루라이트(blue light)다. 전자기기에서 나오는 블루라이트가 숙면을 방해하므로 침대에 가져가지 말라는 지침은 이미 우리에게 익숙하다. 앞서 말했듯 '빛'은 수면/기상 주기에 큰 영향을 미친다.

이 사실에 비춰 몇몇 과학적 증거들을 통해 다음과 같이 결론 냈다. 우리 눈은 해가 뜨고 지는 것을 관찰하고 때에 맞춰 호르몬 분비 신호를 뇌로 보낸다. 밤인데도 불구하고 블루라이트에 노출된다면 뇌가 낮이라고 착각한다. 나아가 착각에 빠진 뇌는 졸음 호르몬인 멜라토닌 분비를 억제한다. 이에 따라 수면 주기가 교란된다. 그러니까 잘 자고 싶으면 침대에 스마트폰 가져가지 마라[275]. 여기까지가 대부분이 알고 있는 상식이다. 자, "넓게 퍼진 견해가 항상 옳은 것은 아니다."라는 격언이 다시 등장할 차례다. '블루라이트-수면' 관련 연구를 싹 긁어모아 책을 펴낸 헤더다월-스미스는 이렇게 말했다. "가설적으로 가능한 주장이지만, 사실 전자기기에서 나오는 빛의 양은 매우 적다. 생체시계를 속일 만큼 밝지 않다는 것이다. 스마트폰 잠깐 사용한다고 해서 우리 몸이 낮이라고 믿는 일은 일어나지 않는다. 또 낮 동안 자연광에 충분히 노출된다면 블루라이트 영향이 상쇄된다(263)."

이쯤에서 블루라이트가 숙면을 방해한다는 연구들이 눈에 밟힐 텐데, 대립하는 연구도 있다. 이 연구는 자기 전 2시간 동안 전자기기로 책을 읽는 것과 종이책을 읽는 실험을 했다. 두 그룹 모두 낮 동안 충분히 밝은 빛을 쬐었다. 한 그룹은 자기 전 2시간 동안 블루라이트에 노출되었고 다른 그룹은 그렇지 않았다. 결과는 두 그룹 간 수면에 차이가 없었다. 따라서 낮 동안 햇빛에 충분히 노출된다면 취침 전에 블루라이트 영향을 상쇄한다(276). 이런 이유로 어떤 문제에 관해서 한쪽 연구만 보는 것을 경계할 필요가 있다.

내 입장은 블루라이트는 별 영향이 없다는 쪽이다. 나는 가끔 침대에 누워 스마트폰으로 독서하며 잠을 청하는데, 전혀 문제가 없다. 그럴 땐 일부러 재미없는 책을 고르는 비법을 써먹으면 좋다(제발 이 책은 아니길). 이쯤에서 반문이 생길 수 있다. "블루라이트가 큰 상관이 없다는 건 알겠어. 근데 누워서 핸드폰을 만지작거리면 잠이 오지 않던데?" 실제로 들었던 말이다. 그 이유는 각성 때문이다.

풀어서 말하자면, 취침 전에 스마트폰을 집어 들면 자극적인 것들에 노출된다는 뜻이다. 자극적인 것들은 알기 쉽다. 전 애인의 새로운 게시물, 썸타는 사람과의 연락 또는 업무와 관련된 것들이 대표적이다. 푹 빠져서 스크롤을 내렸다 올렸다, 메시지를 썼다 지웠다 하다 보면 새벽 2시는 기본이다. 웹툰이나 영상물을 보는 행동은 말할 것도 없다. 게임은 마음만 먹으면 밤샘도 가능하다. 이렇게 잘 아는 이유는 경험담이기 때문이다. 독서는 괜찮으니 스마트폰을 들고 가겠다고 할 수 있지만 분명 10번 중의 9번은 계획과 다르게 자극적인 것을 보게 된다. 이런 시각적 자극물은 교감신경을 활성화시킨다(277). 이에 따라 부교감 신경 활동은 감소하게 되는 경향이 생긴다. 숙면에 불리한 신경계 환경이 만들어진다고 이해하면 쉽다. 이런 이유로 취침 1~2시간 전부터는 스마트폰에 손도 대지 말 것을 추천한다. 경험상 수면 장애가 있는 고객 절반 이상은 이 방법만으로도 개선되었다.

빛 얘기가 나왔으니, 실내조명에 대한 가이드도 알아두면 좋다. 우리 집은 저녁 8시 이후에는 형광등이 금지다. 노랗고 약한 불빛만 허락된다. 암묵적으로 정해진 규칙이고 3년 넘게 실천 중이다. 과학적인 이유를 대자면 블루라이트와 형광등은 빛 파장이 짧기 때문이다. 눈 수용체는 파장이 짧은 빛을 더 빨리 흡수하기 수면에 좋을 것이 없다. 이런 형광등은 멜라토닌을 억제한다(278). 작은 블루라이트라면 몰라도 방 전체에 쏘아대는 형광등은 분명 영향이 크다. 근거 자료와 더불어 내 사례가 또 하나의 증거다. 조명을 조절하기 전과 후는 비교가 불필요할 정도로 차이가 크다.

실용적인 지침 : 온도 설정

이제 수면 가이드 마지막의 후반이다. 자료를 정리하다 보면 재밌는 지침을 많이 볼 수 있다. 그중 하나는 침실 꾸미기다. 수면은 감정과 깊은 연관이 있으므로 감정적 균형에 도움이 되는 일을 하라는 지침이다. 자신이 핑크 핑크하고 샤랄라한 공주님 분위기를 좋아한다고 가정해 보자. 침실을 그런 식으로 꾸민다면 수면에 도움이 된다고 한다. 또 오로라(aurora) 현상을 보고 마음이 차분해진다면, 천장에 오로라 조명을 쏘는 것도 하나의 방법이 될 수 있다. 이외에 "자기 전 명상해라." 또는 "침구를 청결하게 하라." 등이 있다.

이런 뻔한 지침 대신 온도와 습도에 집중해 보자. 습도는 온도에 영향을 준다. 한국보다 동남아가 더 덥게 느껴지는 경우를 예로 들 수 있다. 높은 습도는 열 발산에 어려움을 주기 때문인데, 이는 수면 가이드에도 포함되는 개념이다. 침실 적정 상대 습도는 40~60%다[279]. 습도가 너무 낮으면 호흡기를 건조하게 만들어 문제가 될 수 있다. 이때는 가습기나 젖은 옷 또는 물을 놓는 방법으로 관리하면 된다. 앞서 말했듯 높은 습도는 높은 온도를 초래한다.

예상했겠지만 온도가 높아지면 숙면으로 가는 길은 점점 꼬인다. 그런데 생각보다 이 권장 온도가 낮다. 적정 침실 온도는 16~18도다[280]. 응? 나도 이 얘기를 처음 들었을 때, 몸에 한기가 돌았다. 수면과학 기관 〈슬립 파운데이션(Sleep Foundation)〉은 그 이유를 이렇게 밝혔다. "수면 중에 체온은 자연스럽게 낮아진다. 이는 숙면을 위한 신체 자동 조절 시스템이다. 이 과정을 지원하기 위해 실내 온도는 일치되어야 한다."

예리한 독자는 이런 물음표가 생길 수 있다. '왜 체온이 낮아져야 신체가 편안함을 느낄까?' 이는 에너지 효율 시스템 때문이다. 체온을 낮춤으로써 신진대사를 천천히 돌리고 에너지를 보존하는 전략이다. 이에 따라 깊은 수면 단계로 가기 위한 편안한 상태가 펼쳐진다. 마지막으로 이런 말을 덧붙였다. "반대로 너무 낮은 온도는 불편함을 초래할 수 있다(280)." 갑자기 헷갈리기 시작한다. 나는 지금껏 다양한 지침을 봤다. 어떤 강의에서는 20도라고 했고, 이번 장에서 자주 등장하는 헤더 다월-스미스는 또 다르게 말했다. 그녀는 따뜻한 온도가 수면 유도 호르몬을 억제한다는 말을 덧붙이며 16~18도를 추천했다(263). 직접 다 해보기로 했다. 16도부터 17, 18, 19, 20도까지 다 해본 결과, 내게 잘 맞는 온도는 18도다. 그렇다고 18도로 하라는 것은 아니다. 나는 서늘하니 딱 좋다고 느끼지만 아내는 춥다고 한다. 그래서 우리는 각자 이불이 다르다.

침실은 서늘하다고 느껴져야 한다. 과학적 근거에 따르면 16~18도가 적당하지만, 개인차를 고려하여 온도를 설정한다. 나처럼 적정 온도를 찾아보는 것도 하나의 방법이다. 번거롭다는 생각은 과감히 치워둬야 한다. 우리는 평생의 1/3을 수면에 할애하며 추정치는 약 26년이기 때문이다(280). 2주 정도 적정 온도를 찾는 노력은 남는 장사다.

본인에게 적당한 온도를 찾았지만, 배우자는 다르게 느낀다면 문제가 될 수 있다. 이때 간단한 방법이 있다. 나처럼 서로 다른 이불을 사용하거나 쿨매트(cool mat)나 전기매트를 활용하는 방법이다. 이때 온도를 높게 설정하고 당신이 얇은 이불과 쿨매트를 깔면 되지 않느냐는 항의가 들어올 수 있다. 그럴 때는 이렇게 답하자. 추위를 느끼는 사람이 체온을 올리는 게, 더위를 느끼는 사람이 체온을 내리는 것보다 쉽다

(281). 엄연한 과학적 근거를 가지고 있는 사실이다. 대신 말할 때는 최대한 다정하게 감정으로 호소하는 것을 추천한다. 말만으로는 부족하다면 거위 털 이불을 선물하자.

수면의 무게

웬만한 생물은 한국에서 밥상 위로 올라간다. 예를 들면 최근 이탈리아 꽃게 사건이 그렇다. 대책 없이 확산되는 꽃게로 인해 조개 양식장에 막대한 피해를 보고 있는 사례다. 이에 대해서 한국인들은 "간장게장 안 되냐?" "버릴 거면 우리 줘." 등의 반응을 보였다고 한다(282). 단지 이뿐만 아니라 곱씹어 보면 알기 쉽다. 자랑스러운 대한민국 국민은 인간이 잡식이라는 것을 실천으로써 보여준다. 한국인은 밥심이라는 말이 괜히 있는 게 아니다. 그만큼 우리는 먹는 것에 대해 열성적이다. 그러나 수면은 정확히 반대 관점에 있다.

안타깝게도 우리는 수면을 회복이나 성장과 연결하는 대신에 나태함과 짝을 짓는다. 쉽게 말해 '잠=게으름'으로 보는 것이다. 게으름뱅이라는 낙인이 찍히길 좋아하는 사람은 없다. 이런 이유로 시간이 부족하면 잠부터 줄이는 것이 대부분이다. 갑자기 먹는 것과 자는 것 얘기를 하는 이유는 중요성을 저울질해 보기 위함이다. 이 둘의 무게는 보디빌딩 대회를 준비하면 명확히 알 수 있다.

선수들은 보통 4~6개월 동안 감량한다. 나처럼 몸무게가 많이 나가는 선수는 9~12개월까지 하는 경우도 있다. 그동안 하루도 거르지 않고 정해진 양을 정확한 시간에 먹기 위해 노력한다. 대부분 이탈률이 5% 미만이다. 180일 식단 조절을 한다면, 170일 이상은 계획에 맞춰 완벽한 식단을 한다는 말이다. 고구마 1g의 오차도 허용하지 않는다. 감량하는 동안 갈수록 적게 먹는 것은 피할 수 없다. 어느 순간에는 2,500kcal를 먹던 사람이 1,500kcal를 먹고 있게 된다. 그러나 이때까지는 별로 고통스럽지 않다. 물론 이 과정에서 식욕이 오르고 약간의 호르몬 불균형과 생식기능 저하가 일어나지만[283] 버틸 만하다. 아직은 체중 감량이 정체되거나 정신건강에 문제가 생기지 않는다. 우울, 불안, 짜증, 분노 나아가 정체기가 발생하는 시점은 따로 있다. 불면이 시작될 때부터다.

이때부터 감정 조절이 어려워지고 삶의 질이 크게 떨어진다. 섭취량 감소도 원인 중 하나지만 진짜 고통의 시작은 수면 장애가 올 때부터라는 말이다. 이것이 의미하는 바는 먹는 것이 적어도 잠만 잘 잔다면 일상이 고통으로 변하지 않는다는 뜻이다. 이런 이유로 건강을 다루는 많은 대가들이 적게 먹는 것은 추천하지만 적게 자는 것은 금기시하고 있다.

대가들의 과학 운동 덕분에 요즘은 수면 문화에 대한 인식이 변하는 것을 느낀다. 반가운 마음에 보디빌딩 과정을 예로 들어 보았다. 수면의 소중함을 느끼기 위해서 꼭 대회 준비를 할 필요는 없다. 나는 이 책에서 단 한 번도 대회 출전을 권하지 않았다. 체계적인 훈련과 적절한 영양 그리고 최적의 수면만을 말할 뿐이다. 이로써 우선 건강을 확보한 다음 그 단계를 노려보는 것을 추천한다. 그럼 이제 먹는 것과 자는 것의 저울이 어디로 기울지 확실하게 알 수 있다. 영양과 수면, 이 둘의 무게는 분명히 같다. 잘 먹는 만큼이나 잘 자야 한다. 그리고 훈련은 먹고 자는 것처럼 당연한 일이다. <끝>

나가는 글

집이나 밥 또는 이불은 '만든다'라고 하지 않는다. '짓는다'라고 말한다. 이것들의 공통점은 어머니가 자식을 생각하는 만큼의 정성을 들인다는 점이다. body(몸) making(만든다)이 아니라 body(몸) building(짓는다)이라고 하는 이유도 여기에 있다고 생각한다. 그래서 나는 보디빌딩을 무대에서 근육을 뽐내는 것만으로 여기지 않는다. 먹고 살기 위해 정성을 들여야 하는 필수적인 행동이라고 말한다. 나아가 단어에 붙는 ing를 동명사뿐만 아니라 현재진행 중이라는 의미로도 받아들인다. 몸이란, 평생 살 곳을 계속 가꾸어 나가는 것과 같기 때문이다.

이런 과정에는 반드시 앎이 필요하다. 국내에는 이미 운동 자세나 다이어트 방법을 알려주는 책은 많다. 그러나 몸을 짓는 과정에 필요한 삼박자(훈련, 영양, 수면)를 집약시켜 놓은 책은 부족한 게 현실이다. 그

부분에 보탬이 되고자 이 책을 쓰게 되었다. 담아낸 모든 지식은 내 것이 아닌 누군가의 말을 빌려왔으며 현장에서 검증된 것들만 추렸다. 당연히 혼자서 해낸 일이 아니다.

우선 항상 배움에 전폭적인 지지를 해준 부모님께 감사하다. 아버지께선 평생 한 남자로서 마땅히 해야 하는 모범을 보여주셨고, 그것이 내 상식의 기준이 되었다. 어머니께선 몸소 나누는 기쁨을 가르쳐 주셨다. 이 책을 통해 지식을 공유하는 일도 어머니 영향이라고 할 수 있다. 나는 분명 몇 안 되는 금수저다. 자라오면서 내게 많은 기회를 양보해 준 동생 가희에게도 그간의 고마움을 전한다. 부족한 남편을 우주 최고로 대해주는 이나에게 감사하다. 매일 골방에 틀어박혀 글자들과 씨름할 때도 아내는 불평 한마디 없이 사랑으로 지지해 주었다. 아내 덕분에 나는 매일 충만하고 견고해진다. 이 기회를 통해 가족에게 사랑한다고 말할 수 있어서 기쁘다.

내게 트레이너는 천직이다. 그 시작을 열어준 구훈이형에게 고마움과 포옹을 전한다. 형 덕분에 하고 싶은 일과 하고 있는 일이 같은 행운을 누리고 있다.

내 세계는 운동장과 축구공 그리고 헬스장과 쇳덩이들이 전부였다. 그 반대편에 있는 책상과 독서 그리고 글쓰기 세계로 이끌어준 정동현 선생님께 감사하다. 이 책의 준비와 시작부터 끝은 모두 그의 도움이 있었다. 선생님이 없었다면 내 사고의 지평은 여전히 한정된 세계에 갇혀 어두웠을 것이다.

사람은 한 시점에 두 공간에 있을 수 없다. 글에 전념하는 동안 자리를 비웠던 〈바디101 배곧점〉을 지켜준 팀원에게 고마움을 전한다. 우리 가족을 맡길 수 있을 만큼 든든한 상균이를 비롯해 희구, 현구, 정선, 찬홍, 찬우, 경희, 그림, 명관, 다솜, 동현, 윤기, 주국, 진욱. 이들은 내게 과분한 팀원들이며 집필에 큰 동기가 되어주었다. 또 함께 지식을 공유하는 동반자 클래스 팀 동건에게도 고맙다는 말을 남긴다.

이 책의 원고는 내 컴퓨터 바탕 화면에만 있을 뻔했다. 서툰 솜씨를 귀하게 여겨주고, 원고가 세상으로 나오게 해준 대경북스 김영대 대표님께 감사하다.

바르게 남긴 발자취는 후배에게 이정표가 된다. 그 모범이 되어주는 정일규 교수님과 보디빌더 방송인 선호 형님께 깊이 숙여 감사 인사를 전한다. 이들의 서평은 내게 가치를 논하는 것을 넘어 영광이다.

"그래서 출간을 출산에 비유하는 게 다 이유가 있어요." 정동현 선생님의 말씀은 사실이었다. 고통은 둘째치고, 우연히도 10달 동안 원고 작성을 했다는 점이 닮았다. 편집 작업은 2달 했기에 꼬박 1년을 책에 매진했다. 나가는 글을 쓰고 있는 현시점에서 느끼는 점은 두 개다.

하나는 고통에 대한 정도가 출산과 닮았다면 보람도 비슷할 것 같다는 생각이다. 말을 뗄 때부터 운동만 했던지라 나는 출간을 통해 그만한 크기의 보람을 느낀다.

두 번째는 책을 한 번 쓸 바엔 보디빌딩 대회를 5번 나가겠다는 것이다. 1년 내내 모든 음식을 먹기 전에 저울에 올리고 분 단위로 쪼개서 신체 단련하는 게 더 쉽겠다고 생각했다. 내가 책을 쓴다는 것은 그만한 일이었다. 그럼에도 나는 계속 읽고, 듣고, 쓰며 나아지는 일을 그만두지 않을 생각이다. 비록 책이라는 결과물을 보지 못해도 배움을 얻는 것으로 충분하다. 그 과정 안에서 얻은 것들을 공유하고 함께 나아지는 것이 나와 〈바디101〉의 계획이자 목적이다. 우리에게 배움은 ing다.

참고문헌

001. https://terms.naver.com/entry.naver?docId=511453&cid=42126&catego ryId=42126 (아카데미아의 어원)

002. https://en.dict.naver.com/#/search?query=Training (트레이닝의 어원)

003. https://ko.dict.naver.com/#/entry/koko/44feb0fe7e544878ad6833d af7370149. (학습의 어원)

004. https://pubmed.ncbi.nlm.nih.gov/35010268/ (고대 이집트 변환에서 발견 한 웨이트 트레이닝의 기원)

005. https://onlinelibrary.wiley.com/doi/10.1111/j.1475-097X.2012.01126.x (밀로의 설화와 점진적 과부하)

006. https://terms.naver.com/entry.naver?docId=1136567&cid=40942&categ oryId=32227 (Power의 정의)

007. https://ko.wikipedia.org/wiki/%EA%B7%BC%ED%98%95%EC%A7%88 (근형질 설명)

008. https://ckarchive.com/b/gkunh5hdwgvnnhzodd9oku5xlkv99?ck_ subscriber_id=1038573630 (부분 반복과 전체 반복 그리고 근비대에 유리한 근육 위치)

009. https://buscador.bibliotecas.uc.cl/discovery/fulldisplay?docid=cdi_ proquest_miscellaneous_1760918848&context=PC&vid=56PUC_ INST:56PUC_INST&lang=es&search_scope=TODO&adaptor=Primo%20Ce ntral&query=null,,CPS,AND&facet=citedby,exact,cdi_FETCH-LOGICAL- c276t-26a68d6454c0db45b8ef1ac0e8e33ecf0fbe2d875f4bf884c8e5ead96d 23118d3&offset=0 (근육 기억과 근육 위축 및 비대를 위한 새로운 세포 모델)

010. https://journals.lww.com/nsca-scj/citation/2000/04000/skeletal_ muscle_fiber_hyperplasia__why_it_can_or.8.aspx (대부분의 근성장 메커니 즘은 근원섬유 비증식이 아닌 비대에 의존)

011. https://www.molbiolcell.org/doi/10.1091/mbc.11.5.1859 (위성세포 활성화 촉진과 근육 회복, 재생)

012. https://pubmed.ncbi.nlm.nih.gov/29420149/ (글리코겐 1g 당 수분 2.7~4g)

013. https://pubmed.ncbi.nlm.nih.gov/21828094/ (위성 세포가 고갈된 골격근의 효과적인 섬유 비대화)

014. https://journals.plos.org/plosone/article?id=10.1371/journal.pone.0040503 (수렵채집인은 하루에 10~14km를 걷는다)

015. https://jamanetwork.com/journals/jamainternalmedicine/article-abstract/548149 (심혈관계 고장은 순환 붕괴의 주요 원인)

016. https://health.kdca.go.kr/healthinfo/biz/health/gnrlzHealthInfo/gnrlzHealthInfo/gnrlzHealthInfoView.do?cntnts_sn=5427 (3명 중 1명은 대사질환)

017. https://academic.oup.com/biomedgerontology/article-abstract/61/9/943/595989?redirectedFrom=fulltext (비만 탈출에는 운동량 증가보다는 칼로리 제한이 더 효과적)

018. https://e-apem.org/upload/pdf/jkspe-13-129.pdf (비만의 유전학적 연구)

019. https://www.jomes.org/journal/download_pdf.php?spage=221&volume=13&number=4 (비만관련유전자변이)

020. https://pubmed.ncbi.nlm.nih.gov/20515211/ (우울감과 중독)

021. https://kosis.kr/regionState/statePriceFresh.do (지역경제상황판, 신선식품물가상승)

022. https://mednext.zotarellifilhoscientificworks.com/index.php/mednext/article/download/328/309 (글리코겐 저장, 대사와 스포츠 생리학의 주요 임상 결과)

023. https://www.sciencedirect.com/science/article/pii/S0022316622009087 (단백질 섭취와 근육량 증가)

024. https://journals.lww.com/nsca-jscr/fulltext/2016/10000/development_of_1rm_prediction_equations_for_bench.28.aspx (1RM 공식)

025. https://link.springer.com/article/10.1007/s40279-024-02047-8 (저항 운동의 에너지 소비를 평가하는 방법: 체계적 스코핑 리뷰)

026. https://pubmed.ncbi.nlm.nih.gov/21947428/ (유산소운동과저항훈련칼로리소비, 저항훈련 소비 및 지방산화 증가 가능성)

027. https://pubmed.ncbi.nlm.nih.gov/12439085/ (24시간을 두고 유무산소 운동 비교)

028. https://www.pnas.org/doi/full/10.1073/pnas.172399499 (뇌의 열량 소비)

029. https://www.sciencedirect.com/science/article/abs/pii/S1090513809000397?via%3Dihub (보편적으로 골격근은 신체의 30~40%를 차지한다.)

030. https://pubmed.ncbi.nlm.nih.gov/3920711/ (건강 체력, 기술 체력요소 정리)

031. https://journals.lww.com/co-clinicalnutrition/abstract/2001/11000/the_influence_of_aging_and_sex_on_skeletal_muscle.7.aspx (여성과 남성의 근감소 및 시기 차이점)

032. https://pubmed.ncbi.nlm.nih.gov/10797129/ (근육은 안정시 길이에서 벗어나면 근력감소)

033. https://pubmed.ncbi.nlm.nih.gov/10688345/ (비정상적 근길이 유지 시 만성적 근력감소)

034. https://journals.sagepub.com/doi/10.1177/0269215514540920?url_ver=Z39.88-2003&rfr_id=ori:rid:crossref.org&rfr_dat=cr_pub%20%20Opubmed (무릎관절 통증 관리에 미치는 저항성 운동의 긍정적 효과)

035. https://pubmed.ncbi.nlm.nih.gov/33715964/ (재활에는 반드시 근력운동)

036. https://www.oa.mg/work/10.3760/cma.j.issn.1672-7088.2018.03.004 (류마티스 손 재활 후 근력운동)

037. https://pubmed.ncbi.nlm.nih.gov/26405113/ (운동은 통증관리에 도움이 된다)

038. https://pubmed.ncbi.nlm.nih.gov/23252893/ (근수축 생화학 기전)

039. https://www.nature.com/articles/s41574-019-0174-x (신체활동과 뇌 건강)

040. https://ieeexplore.ieee.org/document/8523928 (카드게임이 뇌를 자극하며 기능유지에 도움)

041. https://kids.frontiersin.org/articles/10.3389/frym.2022.904425 (비디오 게임이 기억력 훈련에 사용됨)

042. https://portlandpress.com/essaysbiochem/article/64/4/607/226177/Metabolism (신진대사란?)

043. https://academic.oup.com/plphys/article/178/4/1461/6116700 (전신대와 국소대사 추정 연구)

044. https://www.nhlbi.nih.gov/health/metabolic-syndrome (신진대사 증후군)

045. https://pubmed.ncbi.nlm.nih.gov/27541692/ (우리몸의 세포 갯수)

046. https://www.semanticscholar.org/paper/DRUG-TREATMENT-OF-MILD-HYPERTENSION%3A-ADVERSE-Moses/6331630d7d9a5d68b0494a3705adf75d9f6a9b70 (고혈압 약물 치료의 부작용)

047. https://pubmed.ncbi.nlm.nih.gov/3538181/ (고혈압 치료의 부작용)

048. https://pubmed.ncbi.nlm.nih.gov/26999467/ (개인화된 간헐적 훈련과 암

환자의 심폐지구력 향상)

049. https://faseb.onlinelibrary.wiley.com/doi/abs/10.1096/fasebj.2019.33.1_
supplement.695.4 (중년~노년층의 심폐지구력에 대한 흡기근력 강화 훈련의
효과)

050. https://pubmed.ncbi.nlm.nih.gov/24901330/ (외상성 뇌 손상 환자의 유산
소 운동 훈련으로 심폐 기능 향상)

051. https://onlinelibrary.wiley.com/doi/pdf/10.1038/oby.2001.42 (근육1kg당
13kcal소비)

052. https://various.foodsafetykorea.go.kr/nutrient/simple/search/
nutriCompInfo.do (식품안전나라, 생고구마 45g=66kcal)

052. https://link.springer.com/article/10.1007/s11906-010-0157-8 (근육 단백
질 분해의 조절자로서의 미토콘드리아 생합성 및 단편화)

053. https://www.biorxiv.org/content/10.1101/2023.08.03.551853v1
(FAM210A는 미토콘드리아와 리보솜 사이의 세포소기관 간 교차통화를 매개하
여 단백질 합성과 근육 성장에 필수적)

054. https://pubmed.ncbi.nlm.nih.gov/26892023/ (미토콘드리아 대사와 간의
포도당 이용 가능성)

055. https://pubmed.ncbi.nlm.nih.gov/22845714/ (한스 셀리에의 유산과 스트
레스 연구의 기원)

056. https://pubmed.ncbi.nlm.nih.gov/30724123/ (갑상선저하증과 추위 민감
성)

057. https://pubmed.ncbi.nlm.nih.gov/22634967/ (스포츠에서 지각된 노력 등
급 사용, RPE에 대해서)

058. https://terms.naver.com/entry.naver?docId=2066108&cid=50305&categ
oryId=50305 (프로파일링이란?)

059. https://pubmed.ncbi.nlm.nih.gov/18677171/ (관상동맥질환 환자의 재활
에 있어서 운동 훈련 세션 시간의 중요성)

060. https://pubmed.ncbi.nlm.nih.gov/30076500/ (주간 훈련 빈도가 근력 향상
에 미치는 영향: 메타 분석)

061. https://pubmed.ncbi.nlm.nih.gov/27102172/ (저항 훈련 빈도가 근육 비대
측정에 미치는 영향: 체계적 검토 및 메타 분석)

062. https://pubmed.ncbi.nlm.nih.gov/30363041/ (주당 3회와 6회의 저항 훈련
빈도는 저항 훈련을 받은 남성에게 유사한 근육 적응을 생성)

063. https://pubmed.ncbi.nlm.nih.gov/29470825/ (근력 향상에 대한 저항 훈련
빈도의 효과: 체계적 검토 및 메타 분석)

064. http://article.sapub.org/10.5923.j.sports.20180801.04.html (높은 빈도가 체지방률을 유의미하게 감소)

065. https://pubmed.ncbi.nlm.nih.gov/30558493/ (주1~3빈도 훈련 결과, 고빈도가 유리한 것은 볼륨증가 때문이다. 볼륨이 같다면 효과는 차이가 거의 없다)

066. https://pubmed.ncbi.nlm.nih.gov/18056791/ (저항운동과 필수 아미노산 섭취 = mTOR 활성)

067. https://pubmed.ncbi.nlm.nih.gov/24442322/ (mTORC1는 기계적 자극에 반응하여 활성)

068. https://pubmed.ncbi.nlm.nih.gov/29190625/ (mTOR억제는 수명 연장과 이어진다)

069. https://pubmed.ncbi.nlm.nih.gov/23994476/ (mTOR 억제는 노화 속도 감소를 일으켰다)

070. https://www.jbc.org/article/S0021-9258(20)41818-6/fulltext (mTORC2는 인슐린 민감성 조절, 세포 생존과 세포 골격 조절)

071. https://pubmed.ncbi.nlm.nih.gov/26602833/ (비만이 아닌 젊은 성인에서만 근육량 감소가 대사증후군과 연관됨: 2008-2010년 국민건강영양조사)

072. https://pubmed.ncbi.nlm.nih.gov/17991644/ (근육량 감소와 중심부 지방 증가는 노년 남성의 사망률과 독립적으로 관련이 있다)

073. https://pubmed.ncbi.nlm.nih.gov/29472733/ (안드로겐 사용에 따른 mTOR 활성)

074. https://pubmed.ncbi.nlm.nih.gov/23470307/ (테스토스테론 사용에 따른 mTOR 활성)

075. https://pubmed.ncbi.nlm.nih.gov/20403060/ 테스토는 근세포의 영양소 사용 및 에너지 생산을 증가시킨다)

076. https://mennohenselmans.com/what-are-the-biggest-and-smallest-muscles-in-the-body/ (근육 별 질량 순서)

077. https://pubmed.ncbi.nlm.nih.gov/24692138/ (간은 에너지 생성 및 저장 역할)

078. https://rpstrength.com/ (RP Strength)

079. https://rgu-repository.worktribe.com/preview/2184552/COLEMAN%202023%20Gaining%20more%20from%20doing%20less%20%28AAM%29.pdf (디로드가 적응에 미치는 영향, 적은 노력으로 많은 이득을 얻을 수 있는가)

080. https://journals.lww.com/nsca-scj/fulltext/2020/10000/mesocycle_progression_in_hypertrophy__volume.2.aspx (근비대를 위한 중주기 진행: 볼륨과 강도)

081. https://rpstrength.com/collections/books (RP E-Book)

082. https://www.researchgate.net/profile/Jordan-Santos-Concejero/publication/326736498_Total_Number_of_Sets_as_a_Training_Volume_Quantification_Method_for_Muscle_Hypertrophy_A_Systematic_Review/links/5b6353dcaca272e3b6ac160c/Total-Number-of-Sets-as-a-Training-Volume-Quantification-Method-for-Muscle-Hypertrophy-A-Systematic-Review.pdf (근육 비대를 위한 트레이닝 볼륨 측정 방법으로서의 총 세트 수: 체계적 검토)

083. https://www.amazon.de/-/en/Dr-Mike-Israetel/dp/B08WP9GK36 <근비대의 과학적 원칙(Scientific Principles Of Hypertrophy Training)>

084. https://link.springer.com/article/10.2165/11597240-000000000-00000 초반에 배치한 운동은 총볼륨과 수행력에 유리하다.

085. https://pubmed.ncbi.nlm.nih.gov/32077380/ (먼저 시작한 운동에 기여하는 근력증가에 이점을 제공한다. 그러나 근비대에는 큰차이가 없다.)

086. https://pubmed.ncbi.nlm.nih.gov/33105360/ (노년 여성을 대상으로 한 연구에서는 운동 순서에 따른 효과는 유사했다.)

087. https://pubmed.ncbi.nlm.nih.gov/10638374/. (일반인 기준 평균적인 근비대 기간 6~12주)

088. https://pubmed.ncbi.nlm.nih.gov/8775642/ (일반인 여성 100m 평균기록 14초)

089. https://pmc.ncbi.nlm.nih.gov/articles/PMC7739316/ (저항훈련에서의 RPE는 피로와 전체 부하를 더 잘 관리할 수 있다)

090. https://pubmed.ncbi.nlm.nih.gov/36135029/ (RIR은 저항 훈련 부하를 처방하는 데 있어 높은 신뢰성을 보여준다)

091. https://pubmed.ncbi.nlm.nih.gov/31699003/. (근성장에는 RPE 7~8가 효과적)

092. https://pubmed.ncbi.nlm.nih.gov/25601394/. (근성장을 위해 0.5초~8초 동안 RPE 7~8이 효과적)

093. https://pubmed.ncbi.nlm.nih.gov/20300012/ (근육 비대를 위한 단일 저항 운동 세트 대 다중 저항 운동 세트: 메타 분석, 적정 세트 수는 3~6세트)

094. https://pubmed.ncbi.nlm.nih.gov/30832766/ (신체피로도는 모터스킬 학습에 방해가 된다)

095. https://pubmed.ncbi.nlm.nih.gov/1207432/ (피로는 운동 수행 및 학습에 부정적이다)

096. https://www.researchgate.net/publication/368027999_Variable_Load_

Distribution_for_the_Main_Groups_of_Exercises_in_the_Competitive_Mesocycle_of_Highly_Qualified_Weightlifters (역도 선수들의 대회 중주기에서 주요 운동 그룹에 대한 가변적 부하 분포)

097. https://paulogentil.com/pdf/Moderate%20Resistance%20Training%20Volume%20Produces%20More%20Favorable%20Strength%20Gains%20Than%20High%20or%20Low%20Volumes%20During%20a%20Short-Term%20Training%20Cycle.pdf (6~9반복범위가 근력증가에 효과적)

098. https://pubmed.ncbi.nlm.nih.gov/25853914/ (8~12 반복 범위가 근육량 증가에 효과적)

099. https://pubmed.ncbi.nlm.nih.gov/10390291/ (13~15개 반복 범위가 근지구력 증가에 효과적)

100. https://link.springer.com/chapter/10.1007/978-3-319-23932-3_6 (에너지 시스템: 흐름과 저장)

101. https://www.sciencedirect.com/science/article/abs/pii/S0361923009000616 (운동과 신경학적 효율성 분석)

102. https://pubmed.ncbi.nlm.nih.gov/14850425/ (박테리아에 의한 지방산의 호기성 산화에 관한 연구 II. 유산소 지방산 산화라는 용어를 썼음)

103. https://pubmed.ncbi.nlm.nih.gov/14728672/ (지방산의 베타 산화. 한 세기의 발견. 베타산화라는 용어를 쓰기 시작함)

104. https://pubmed.ncbi.nlm.nih.gov/21188163/ (격렬한 운동 중 골격근 대사 에너지 시스템 간의 상호작용)

105. https://pubmed.ncbi.nlm.nih.gov/20093659/ (사전 고강도 운동 후 회복 기간이 파워-지속 시간 관계의 매개변수에 미치는 영향)

106. https://pubmed.ncbi.nlm.nih.gov/16195035/ (작업-휴식 시간이 간헐적 운동 및 후속 성과에 미치는 영향)

107. https://pubmed.ncbi.nlm.nih.gov/22494399/ (복잡한 작업은 단순한 작업에 비해 피로의 영향을 크게 받는다)

108. https://pubmed.ncbi.nlm.nih.gov/19691365/ (50~90%의 근력운동은 3~5분 휴식시간이 적당하다/메타분석)

109. https://pubmed.ncbi.nlm.nih.gov/26605807/ (근비대와 근력운동은 2~3분 휴식 시간이 적당하다)

110. https://pubmed.ncbi.nlm.nih.gov/33969958/ (60~90초는 근지구력 운동에 유효한 휴식시간이다)

111. https://pubmed.ncbi.nlm.nih.gov/23442269/ (고밀도 훈련은 호르몬 반응을 유도하여 근비대에 긍정적인 영향을 줄 수 있다)

112. https://ancienthistorybulletin.org/wp-content/uploads/2015/12/ AHBReviewsHopeOnToner.pdf (콤모두스가 코뿔소를 죽인 날: 로마 경기의 이해)
113. https://pubmed.ncbi.nlm.nih.gov/23415219/ (인슐린 저항성은 인슐린 신호 전달의 결함에서 비롯되며, 주로 지방, 간, 근육에서 나타난다)
114. https://pubmed.ncbi.nlm.nih.gov/11874928/ (인슐린 민감성이 향상되면 혈당조절이 쉬워진다)
115. https://pubmed.ncbi.nlm.nih.gov/34138821/ (디로드는 골격근에서 소분자 차이를 일으켜 능동 회복을 자극한다)
116. https://pubmed.ncbi.nlm.nih.gov/36619355/ ("총에 재장전하기 전까지는 또 다른 총알을 쏠 수 없다": 힘과 체격 스포츠에서의 디로딩에 대한 코치들의 인식, 관행 및 경험 디로드는 수행능력과 오버트레이닝 방지에 도움이 된다)
117. https://www.mdpi.com/2075-4663/8/9/125 (스포츠에서 테이퍼링의 이점)
118. https://www.nsca.com/education/articles/kinetic-select/tapering-and-peaking/ (테이퍼링: 훈련강도를 줄이면서 자극 유지는 근피로를 줄이고 경기력 향상을 도모한다.)
119. https://pubmed.ncbi.nlm.nih.gov/14759284/ (미토콘드리아는 주로 모계 유전을 받는다)
120. https://pubmed.ncbi.nlm.nih.gov/25324517/ (미토콘드리아는 주로 산소를 소비하는 산화적 인산화 과정을 통해 에너지를 생산한다.)
121. https://pubmed.ncbi.nlm.nih.gov/12150572/ (지구성 운동은 미토콘드리아의 양과 질을 향상시킨다)
122. https://pubmed.ncbi.nlm.nih.gov/22732425/ (운동 훈련으로 유도된 미토콘드리아 품질 조절)
123. https://pubmed.ncbi.nlm.nih.gov/29934848/ (인간 골격근의 미토콘드리아 함량 및 호흡 기능의 훈련 유도 변화)
124. https://pubmed.ncbi.nlm.nih.gov/18557841/ (저강도 운동 중의 지방산 산화로 인한 미토콘드리아의 에너지 생성)
125. https://pubmed.ncbi.nlm.nih.gov/21367346/ (과도한 사교육으로 인한 초등학생 우울증)
126. https://www.intechopen.com/chapters/57536 (과도한 산화스트레스, 활성산소 생성으로 인한 세포 장애 및 사멸 그리고 DNA 손상)
127. https://www.jstor.org/stable/42751006 (트레드밀은 고문기구였다. 2세기 동안)
128. https://pubmed.ncbi.nlm.nih.gov/8887211/ (트레드밀은 1% 경사도 일 때,

평지와 효과가 비슷하다)

129. https://pubmed.ncbi.nlm.nih.gov/6446158/ (요통은 가장 흔하며 80%가 겪는다)

130. https://pubmed.ncbi.nlm.nih.gov/21646416/ (요통의 주요 위험요소는 추간판 탈출증이다)

131. https://pubmed.ncbi.nlm.nih.gov/10929824/ (허리 질환은 무거운 것을 나르거나, 반복적인 작업이 주요 원인이다)

132. https://jorthoptraumatol.springeropen.com/articles/10.1007/PL00012197 (해부학적 사실에 근거하면 수핵 탈출은 후측방으로 주로 발생한다)

133. https://pubmed.ncbi.nlm.nih.gov/30589248/ (과다발한증과 이를 앓고 있는 사람들에게 미치는 영향, 다한증은 피부감염 위험이 약 30% 높다)

134. https://medlineplus.gov/ency/article/003094.htm (다한증은 탈수 및 전해질 불균형을 초래한다.)

135. https://pubmed.ncbi.nlm.nih.gov/12974495/ (체조나 축구 같은 반복적인 스트레스는 청소년에게 전방전위증 영향을 줄 수 있다.)

136. https://pubmed.ncbi.nlm.nih.gov/12544932/ (요추 전만각 증가는 전방전위증의 주요 원인 중 하나이다)

137. https://content.iospress.com/articles/journal-of-back-and-musculoskeletal-rehabilitation/bmr00176 (요추전만 증가는 안정성을 깨뜨리고 전위증의 원인이 될 수 있다.)

138. https://pubmed.ncbi.nlm.nih.gov/27634084/ (요추를 후만으로 두고 체간, 고관절 굴곡근을 활성화 시키는 동작은 과도한 요추 전만관리에 도움이 된다)

139. https://pubmed.ncbi.nlm.nih.gov/23790819/ (고도 비만은 걷거나 달릴 때, 발목과 무릎에 부상 위험이 증가한다.)

140. https://pubmed.ncbi.nlm.nih.gov/20080238/ (고도 비만은 보행 패턴이 달라진다. 발은 더 넓게 벌리고 발목은 더 굽힌다)

141. https://repository.mines.edu/entities/publication/4cdd5a84-2546-46c3-9f7c-d93abc022207 (태박산 국립공원 경사도 평가)

142. https://www.sciencedirect.com/science/article/abs/pii/S0013795208002330 (산악 재해에 따른 지형 평가)

143. https://pmc.ncbi.nlm.nih.gov/articles/PMC2693133/ (PTSD 환자는 편도체 과활성을 보인다)

144. https://pubmed.ncbi.nlm.nih.gov/9781322/ (최대심박수의 65%를 기점으로 글리코겐 사용 의존도가 높아진다.)

145. https://www.tandfonline.com/doi/abs/10.1080/1091367X.2018.1445089

(SHRZ모델, 3가지 구역으로 유산소 운동의 강도와 효과를 분류함)

146. https://pubmed.ncbi.nlm.nih.gov/32187150/ (중간 강도의 유산소 운동으로 심폐지구력 향상과 혈당수치 안정화 효과)

147. Hhttps://pubmed.ncbi.nlm.nih.gov/17414804/ (최대 산소 섭취량, 심장 기능 강화, 고강도 운동 수행능력 증진을 위한 유산소 운동 강도. 75~90%)

148. https://pubmed.ncbi.nlm.nih.gov/31188692/ (구역 개념을 이용한 훈련 법의 신뢰성 연구)

149. https://www.mdpi.com/2413-4155/4/1/10 (관학 연구 분야에서 SCI 저널의 신뢰성과 권위)

150. https://pubmed.ncbi.nlm.nih.gov/11153730/ (최대심박수 예측 계산법. 타나카 공식)

151. https://pubmed.ncbi.nlm.nih.gov/16377300/ (격렬한 유산소 운동과 중간 강도의 유산소 운동의 심장 보호 효과 비교)

152. https://pubmed.ncbi.nlm.nih.gov/30615666/ (유산소 운동, 저항 운동, 복합 운동의 심혈관 질환 위험 요인에 대한 비교 효과: 무작위 대조 시험)

153. https://pubmed.ncbi.nlm.nih.gov/33792764/ (과체중 및 비만 환자의 유산소 훈련 구역을 결정하기 위한 두 가지 "토크 테스트"의 비교 유용성을 조사하는 무작위 교차 시험)

154. https://www.nature.com/articles/nrmicro3365. (열역학적 생명 한계에서의 자가영양: 아세토겐성 박테리아의 에너지 보존 모델)

155. https://pubmed.ncbi.nlm.nih.gov/16960025/ (인간의 1년간 칼로리 제한: 체성분 및 복부 지방 조직에 대한 타당성과 효과.)

156. https://pubmed.ncbi.nlm.nih.gov/31576267/ (제2형 당뇨병의 인슐린 관련 체중 증가 및 칼로리 섭취와의 관계)

157. https://pubmed.ncbi.nlm.nih.gov/2021123/. (저지방 식단의 체중 감량 : 인간의 음식 섭취량 조절이 부정확 한 결과)

158. https://pubmed.ncbi.nlm.nih.gov/16002798/. (고단백 식단은 일중 혈장 렙틴과 그렐린 농도의 보상적 변화에도 불구하고 식욕, 자유 섭취 열량 및 체중의 지속적인 감소를 유도한다)

159. https://pubmed.ncbi.nlm.nih.gov/8077323/ (인슐린 비의존성 당뇨병에서 칼로리 제한과 체중 감소의 상대적 효과)

160. https://pmc.ncbi.nlm.nih.gov/articles/PMC5639963/ (칼로리 섭취를 줄인다고 해서 체중 감량에 도움이 되지 않을 수 있다)

161. https://bmicalc.org/resources/harris-benedict-equation (해리스-베네딕트 공식 역사)

162. https://biolayne.com/coach/layne-norton/ (레인노튼 소개)
163. https://www.ncbi.nlm.nih.gov/pmc/articles/PMC2606998/ (식단의 에너지와 영양소 체중 감량 중 제지방 감소 비율은 25~30%)
164. https://pubmed.ncbi.nlm.nih.gov/14522732/ (아침 시리얼의 혈당 지수가 다른 것은 포도당이 혈액으로 들어가기 때문이 아니라 조직에서 포도당을 제거한다)
165. https://pubmed.ncbi.nlm.nih.gov/12081851/. (혈당 지수, 혈당 부하 및 제2형 당뇨병 위험.)
166. https://link.springer.com/chapter/10.1007/978-3-319-43027-0_20 (첨가당과 건강: 우리가 실제로 알고 있는 것은 무엇인가?)
167. https://www.nia.nih.gov/news/calorie-restriction-and-fasting-diets-what-do-we-know (칼로리 제한은 어떻게 작동하나요?)
168. https://pubmed.ncbi.nlm.nih.gov/32144378/ (2년간의 칼로리 제한 기간 동안 체중, 순응도 및 식욕의 변화: CALERIE 2 무작위 임상시험)
169. https://pubmed.ncbi.nlm.nih.gov/21775530/ (식이 및 운동으로 유도된 체중 감량 중 유제품과 단백질 섭취 증가, 과체중 및 비만 폐경 전 여성의 지방량 감소와 제지방량 증가 촉진, 체중감량에서는 근량과 지방이 동시에 감소된다)
170. https://www.ahajournals.org/doi/10.1161/circulationaha.109.192627 (식이 당 섭취와 심혈관 건강: 미국 심장 협회의 과학적 성명서.)
171. https://www.bmj.com/content/348/bmj.g2003 (하루 평균 설탕 섭취량을 절반으로 줄여야 한다.. WHO-)
172. https://pubmed.ncbi.nlm.nih.gov/21178090/ (영양학적으로 적절한 미국 식단에서 고형 지방과 첨가당에 대한 에너지 허용량은 선형 프로그래밍 모델에 의해 17-33%로 추정됨)
173 - 식품의약품안전처 식품영양성분 데이터베이스 (흰쌀밥 당 함량)
174. https://ouci.dntb.gov.ua/en/works/lRxBvgP7/ (전분 및 기타 다당류의 고압 하에서 사용)
175. https://www.sciencedirect.com/science/article/abs/pii/S1146609X11001391 (코끼리는 어느 정도 규모로 먹이 결정을 내리는가)
177. https://e-jnh.org/pdf/10.4163/jnh.2021.54.6.584 (2020 한국인 영양소 기준 섭취량 개발: 탄수화물)
178. https://www.thelancet.com/article/S2468-2667(18)30135-X/fulltext (식이 탄수화물 섭취와 사망률: 전향적 코호트 연구 및 메타 분석)
179. https://pubmed.ncbi.nlm.nih.gov/19888280/ (암과 영양에 대한 유럽 전향적 조사에서 총 식이 탄수화물, 설탕, 전분 및 섬유질 섭취량)

180. https://pubmed.ncbi.nlm.nih.gov/24398402/ (장기 케톤식이 요법은 쥐에서 포도당 과민증과 β- 및 α 세포 질량 감소를 유발하지만 체중 감소는 없다)
181. https://rpstrength.com/products/rp-diet-book-v2 (르네상스 다이어트 2.0)
182. https://pubmed.ncbi.nlm.nih.gov/10365986/ (성인의 영양소로서의 탄수화물: 허용 가능한 섭취량 범위)
183. https://pubmed.ncbi.nlm.nih.gov/33029172/ (16S rRNA 기술을 기반으로 한 소화불량 설치류의 장내 미생물군에 대한 Massa Medicata Fermentata의 효과, 고단백으로 인한 소화불량 증상)
184. https://journals.lww.com/clinnutrinsight/citation/2012/09000/protein_requirements_for_athletes.1.aspx 운동선수를 위한 단백질 요구량)
185. https://pubmed.ncbi.nlm.nih.gov/28042853/ (개인별 단백질 섭취에 대한 체중 기반 권장량의 부적절성.   체성분 분석을 통한 교훈)
186. https://pubmed.ncbi.nlm.nih.gov/32883378/ (노인의 근육 단백질 합성과 근육량 보존을 위한 식이 단백질 고려 사항)
187. https://pubmed.ncbi.nlm.nih.gov/24092765/ (저항성 훈련을 받은 마른 운동선수의 칼로리 제한 중 식이 단백질에 대한 체계적인 검토: 더 많이 섭취해야 하는 경우)
188. https://pubmed.ncbi.nlm.nih.gov/16507602/ (노인의 필수 아미노산에 의한 근육 단백질 합성 속도를 최적으로 자극하려면 높은 비율의 류신이 필요함)
189. https://pubmed.ncbi.nlm.nih.gov/18819733/ (노인을 위한 최적의 단백질 섭취)
190. https://pubmed.ncbi.nlm.nih.gov/29092886/ (식이 단백질 섭취가 노인 남성의 제지방량과 근육 기능에 미치는 영향: 10주 무작위 대조군 시험)
191. https://pubmed.ncbi.nlm.nih.gov/27086196/ (식사당 단백질 섭취량과 섭취 빈도는 제지방량 및 근육 성능과 관련이 있다)
192. https://link.springer.com/article/10.1007/s00774-021-01213-6 (외래 노인에서 골다공증과 근감소증의 관계, EWGSOP-2 기준에 따른 골다공증과 근감소증의 관계)
193. https://pubmed.ncbi.nlm.nih.gov/24834017/ (고단백 식단(4.4g/kg/d) 섭취가 저항력 훈련을 받은 사람의 신체 구성에 미치는 영향)
194. https://pubmed.ncbi.nlm.nih.gov/16174292/ (식이 단백질 섭취와 신장 기능)
195. https://pubmed.ncbi.nlm.nih.gov/24852037/ (만성 신장 질환이 없는 피험자의 신장 기능에 대한 고단백질 식단과 정상/저단백질 식단의 비교: 체계적 문

헌고찰 및 메타분석)

196. https://nutriweb.org.my/mjn/publication/27-1/Vol%2027(1)%204.%20 mjn.2020.0039%20Wittawas%20(final).pdf (저체중 청소년 남성의 체중과 근 육량에 대한 고단백 식단과 결합 된 저항 훈련 운동의 효과)

197. https://pubmed.ncbi.nlm.nih.gov/7285508/ (운동이 남성의 단백질 회전율 에 미치는 영향)

198. https://pubmed.ncbi.nlm.nih.gov/1360290/ (과도한 단백질 섭취가 젊은 남 성의 질소 이용에 미치는 영향)

199. https://pubmed.ncbi.nlm.nih.gov/21917636/ (류신 또는 탄수화물 보충제 는 쥐의 AMPK 및 eEF2 인산화를 감소시키고 식후 근육 단백질 합성을 연장, 불 응성 반응과 연결)

200. https://pubmed.ncbi.nlm.nih.gov/9683329/ (음식의 열 효과가 포만감에 미 치는 영향)

201. https://pubmed.ncbi.nlm.nih.gov/14669938/ (저항 운동이 음식의 열 효과 에 미치는 영향)

202. file:///Users/kwanghokim/Downloads/348.pdf (단백질, 지방, 탄수화물의 함량이 다른 4가지 건사료의 영양소 소화율 평가)

203. https://pubmed.ncbi.nlm.nih.gov/29024089/ (반려견의 다량영양소 섭취, 다양한 구성의 자가 선택

204. https://www.jordanjonas.com/blog/alone-s6-e7-night-raider-details-wolverine (울버린은 지방을 선호한다)

205. https://kin.naver.com/qna/detail.naver?d1id=8&dirId=802&docId=29676 252&enc=utf8&kinsrch_src=pc_tab_kin&qb=66qp7Y+s64qUIO2Vreq1rOu LpCDqsJzsgqzro4w%3D&rank=6&search_sort=0&section=kin.qna_ency_ cafe&spq=0 (실제 개사료 먹은 사례)

206. https://www.sciencedirect.com/science/article/abs/pii/ S0889157599908773 (체코 시장에서 판매되는 마가린 및 식용유 지방의 지방산 구성)

207. https://link.springer.com/article/10.1007/BF02639811 (마가린의 비타민 A 추정치. IV. 카로틴 유무에 따른 황색 마가린의 분석 절차)

208. https://pubmed.ncbi.nlm.nih.gov/12566139/ . (식이 지방은 체지방의 주요 결정 요인이 아니다)

209. https://www.nature.com/articles/s42255-021-00393-9 (식이 탄수화물 유 형과 단백질-탄수화물 상호작용이 대사 건강에 미치는 영향)

210. https://pubmed.ncbi.nlm.nih.gov/23404297/ (고단백 대 고탄수화물 식단

이 당뇨병이 없는 비만 폐경 전 여성의 베타세포 기능, 산화 스트레스, 지질 과산화, 염증성 사이토카인 및 아디포카인 마커에 미치는 영향)

211. https://pmc.ncbi.nlm.nih.gov/articles/PMC9025004/ (식이 콜레스테롤에서 혈중 콜레스테롤, 생리적 지질 흐름 및 콜레스테롤 항상성)

212. https://pubmed.ncbi.nlm.nih.gov/21385506/ (식이 콜레스테롤: 생리학에서 심혈관 위험)

213. https://pubmed.ncbi.nlm.nih.gov/5108133/ (식이 콜레스테롤이 인체 전체 콜레스테롤 조절에 미치는 영향)

214. https://pubmed.ncbi.nlm.nih.gov/25411050/ (비만에서 허혈성 심장 질환으로 이어지는 매개체로서의 잔류 콜레스테롤, 저밀도 지단백 콜레스테롤 및 혈압)

215. https://link.springer.com/chapter/10.1007/978-3-319-15254-7_2 (고지방 식단의 장기 섭취가 신경 화학적으로 미치는 영향)

216. https://pubmed.ncbi.nlm.nih.gov/16677431/ (인간의 비만의 진화와 비만에 대한 감수성 : 윤리적 접근법)

217. https://efsa.onlinelibrary.wiley.com/doi/10.2903/j.efsa.2010.1461 (식이 제품, 영양 및 알레르기에 관한 EFSA 패널(NDA); 포화 지방산, 다중 불포화 지방산, 단일 불포화 지방산, 트랜스 지방산 및 콜레스테롤을 포함한 지방의 식이 기준치에 대한 과학적 의견)

218. https://pubmed.ncbi.nlm.nih.gov/35409326/ (고밀도 지단백질(HDL)에 대한 연구 현황: HDL 양에서 HDL 질과 기능성으로의 패러다임 전환)

219. https://pubmed.ncbi.nlm.nih.gov/22659528/ (일본계 미국인의 저밀도지단백, HDL 아분획(HDL2, HDL3)과 죽상경화증 위험 사이의 연관성)

220. https://onlinelibrary.wiley.com/doi/abs/10.1002/ejlt.201400514 (포화 지방산의 구체적인 역할: 역학 데이터 그 이상)

221. https://pmc.ncbi.nlm.nih.gov/articles/PMC5434832/ (테스토스테론의 역할에 대해 다시 살펴보기: 우리가 놓치고 있는 것)

222. https://pubmed.ncbi.nlm.nih.gov/2226298/ (쥐 라이디그 세포에서 테스토스테론 생합성을 위한 콜레스테롤 공급원)

223. https://www.sciencedirect.com/science/article/abs/pii/S2451847620300021X (포화 지방산은 콜레스테롤 생합성을 촉진합니다: 효과 및 메커니즘)

224. https://pubmed.ncbi.nlm.nih.gov/22433938/ (단일 용량 테스토스테론은 총 콜레스테롤 수치를 높이며 HMG CoA 환원 효소의 발현을 유도함)

225. https://pubmed.ncbi.nlm.nih.gov/25982085/ (테스토스테론과 비만)

226. https://link.springer.com/article/10.1007/s00394-004-1103-9 (지방이

건강에 미치는 영향)

227. https://pubmed.ncbi.nlm.nih.gov/15711215/ . (필수 지방산과 그 유도체)

228. https://biz.heraldcorp.com/article/3400932?utm_source (오메가3, 오히려 해롭다?)

229. https://bmjmedicine.bmj.com/content/3/1/e000451 (피쉬 오일 보충제의 규칙적인 사용과 심혈관 질환의 경과 : 전향적 코호트 연구)

230. https://www.youtube.com/watch?v=s0WGOWmvgrw (오메가-3에 대한 공포감 조성 사실 확인)

231. https://pubmed.ncbi.nlm.nih.gov/12885705/ (필수 아미노산은 주로 건강한 노인의 근육 단백질 동화 작용의 아미노산 자극을 담당)

232. https://pubmed.ncbi.nlm.nih.gov/24342605/ (영양 및 영양학 아카데미의 입장: 건강한 성인을 위한 식이 지방산)

233. https://pubmed.ncbi.nlm.nih.gov/8729135/ (일본 식단에서 지방의 특징과 현재 권장 사항)

234. https://pmc.ncbi.nlm.nih.gov/articles/PMC219870/ (포도당 생성과 지방 생성에서 탄소의 경로: 포스페놀피루베이트의 전구체를 공급하는 미토콘드리아의 역할)

235. https://journals.plos.org/plosone/article?id=10.1371/journal.pone.0190904 (근육 세포에서 알라닌 대사를 조절하는 PGC-1α)

236. https://pubmed.ncbi.nlm.nih.gov/23194993/ (살아있는 기증자의 신장 절제술 후 잔존 신장의 보상적 변화)

237. https://foodandnutritionresearch.net/index.php/fnr/article/view/495 (성인 인구의 장기 체중 변화 결정 요인으로서의 식이 다량영양소 및 식품 소비: 체계적인 문헌 검토)

238. https://ouci.dntb.gov.ua/en/works/4NZjNDK4/ (체중 관리를 위한 의료 영양 요법)

239. https://pubmed.ncbi.nlm.nih.gov/35268051/ (비타민 D 보충제와 수면: 중재 연구에 대한 체계적인 검토 및 메타 분석)

240. https://www.netflix.com/kr/title/81436688 (넷플릭스, 건강을 해킹하다: 장의 비밀)

241. https://trends.google.com/trends/explore?date=today%205-y&q=%EC%9E%A5 (구글 트렌드: 장을 검색한 수치)

242. https://pubmed.ncbi.nlm.nih.gov/37731574/ (숨겨진 장 건강의 세계를 공개합니다: 장내 미생물에 대한 무작위 대조 실험을 시각화하여 최첨단 연구 살펴보기)

243. https://journals.plos.org/plosbiology/article?id=10.1371/journal. pbio.1002533 (체내 인간 및 박테리아 세포 수에 대한 수정된 추정치)

244. https://pmc.ncbi.nlm.nih.gov/articles/PMC5622781/ (프로바이오틱스, 프리바이오틱스, 신바이오틱스가 인체 건강에 미치는 영향)

245. https://www.sciencedirect.com/science/article/pii/S0092867419300017 (연령, 지역, 라이프스타일을 아우르는 메타게놈으로부터 150,000개 이상의 게놈을 통해 밝혀진 광범위한 미개척 인간 미생물군집의 다양성)

246. https://pubmed.ncbi.nlm.nih.gov/22541361/ (주요 신체 부위에서 인간과 관련된 미생물총의 대인 관계 및 개인 내 다양성)

247. https://pubmed.ncbi.nlm.nih.gov/31315227/ (장내 미생물군집: 식단과 질병에 대한 심오한 시사점)

248. https://pubmed.ncbi.nlm.nih.gov/37764021/ (장내 미생물 군집과 설사 및 변비에서의 역할에 대한 재조명)

249. https://pubmed.ncbi.nlm.nih.gov/33510660/ (신경성 식욕부진증의 장내 미생물군집: 친구인가 적인가?)

250. https://pubmed.ncbi.nlm.nih.gov/30791234/ (궤양성 대장염 환자의 분변에서 라크노스피라과(Lachnospiraceae)의 풍부도 감소와 부티로겐 생성을 감지하기 위한 인간 대장 미생물군 모델 배양 시스템 구축)

251. https://www.hopkinsmedicine.org/health/treatment-tests-and-therapies/fecal-transplant (분변 미생물군 이식)

252. https://pubmed.ncbi.nlm.nih.gov/30909689/ (분변 미생물군 이식: 임상 실습에 대한 업데이트)

253. https://pubmed.ncbi.nlm.nih.gov/30733264/ (다제내성 박테리아를 보유한 혈액암 환자에서 동종 조혈 이식 전 또는 후 분변 미생물군 이식)

254. https://www.sciencedirect.com/science/article/abs/pii/S0022316623009033 (인간 분변 박테리아에 의한 식물성 섬유 발효: 체외 발효 중 세포벽 다당류가 사라지고 단쇄 지방산이 생성되며 미발효 잔류물의 수분 보유 능력이 향상)

255. https://pubmed.ncbi.nlm.nih.gov/28731144/ (과민성 대장 증후군의 식이 섬유)

256. https://www.semanticscholar.org/paper/Dietary-Fiber%27s-Contribution-to-the-Energy-Needs-of-Gordon-Baer/bd96013ec4ef269c d05e766142d01926ddce910c (장내 미생물의 에너지 요구에 대한 식이 섬유의 기여도)

257. https://pubmed.ncbi.nlm.nih.gov/31126110/ (식이 섬유, 죽상 동맥 경화

증 및 심혈관 질환)

258. https://pubmed.ncbi.nlm.nih.gov/26514720/ (영양 및 영양학 아카데미의 입장: 식이 섬유의 건강 영향)

259. https://www.amc.seoul.kr/asan/healthinfo/disease/diseaseDetail. do?contentId=31880 (서울아산병원 질환백과)

260. https://pubmed.ncbi.nlm.nih.gov/10865771/ (체지방 함량은 영양과 운동에 대한 체성분 반응에 영향을 미친다)

261. https://biolayne.com/the-complete-contest-prep-guide/ (완벽한 대회준비 가이드, 레인노튼)

262. https://pubmed.ncbi.nlm.nih.gov/22023094/ (비만과 폐쇄성 수면 무호흡증: 수동 인두 기도의 붕괴 가능성 증가 메커니즘)

263. https://www.heatherdarwallsmith.com/book (Heather Darwall-Smith, 2021. 수면의 과학)

264. https://pubmed.ncbi.nlm.nih.gov/29073398/ (국립수면재단의 업데이트된 수면 시간 권장 사항: 최종 보고서)

265. https://pmc.ncbi.nlm.nih.gov/articles/PMC3796652/ (한국 다기관 암 코호트 연구에서 수면 시간과 모든 원인 및 질병별 사망률의 관계에 대한 전향적 코호트 연구)

266. https://pubmed.ncbi.nlm.nih.gov/28285643/ (수면 단계 별 에너지 대사와 변동)

267. https://pubmed.ncbi.nlm.nih.gov/28977563/ (짧은 수면 시간은 건강한 성인의 신진대사 영향을 증가시킵니다: 인구 기반 코호트 연구)

268. https://pubmed.ncbi.nlm.nih.gov/28031999/ (수면 시간 및 휴식 중 fMRI 기능적 연결성: 주간 기능 장애가 인지되는 단수면자 및 인지되지 않는 단수면자 검사)

269. https://pubmed.ncbi.nlm.nih.gov/10984335/ (수면 부족은 법적으로 규정된 수준의 알코올 중독과 동등한 수준의 인지 및 운동 능력 장애를 유발)

270. https://academic.oup.com/sleep/article-abstract/33/5/585/2454478?redirectedFrom=fulltext&login=false (수면 시간과 모든 원인에 의한 사망률: 전향적 연구에 대한 체계적인 검토 및 메타분석)

271. https://www.psychologytoday.com/us/blog/sleep-newzzz/202104/the-four-chronotypes-which-one-are-you (동물로 나눈 크로노타입)

272. https://onlinelibrary.wiley.com/doi/abs/10.1111/j.1479-8425.2005.00153.x (아침 햇빛은 젊은 성인의 생체리듬을 단계적으로 앞당긴다)

273. https://www.kyobobook.co.kr/service/profile/information?chrc

Code=2002067101 (가바사와 시온, 당신의 뇌는 최적화를 원한다)

274. https://pubmed.ncbi.nlm.nih.gov/36333923/ (성인의 밤 취침 시간과 고혈압의 연관성)

275. https://pmc.ncbi.nlm.nih.gov/articles/PMC6280115/ (스마트폰 화면에서 방출되는 가시광선의 단파장 성분을 차단에 따른 수면의 질 향상)

276. https://pubmed.ncbi.nlm.nih.gov/27539026/ (저녁에 2시간 동안 태블릿으로 책을 읽는 것과 실제 책을 읽는 것은 낮에 밝은 빛에 노출된 후 수면에 영향을 미치지 않는다.)

277. https://ieeexplore.ieee.org/document/6935661 (스마트폰에서 감정적인 이메일에 대한 자율 신경계의 반응)

278. https://pubmed.ncbi.nlm.nih.gov/25726691/ (다색광의 단파장 농축으로 인체 멜라토닌 억제 효능 향상)

279. https://www.sciencedirect.com/science/article/abs/pii/S0360132318300325 (최적의 수면 환경을 위해 필요한 환경 매개변수에 대한 검토)

280. https://www.sleepfoundation.org/bedroom-environment/best-temperature-for-sleep (수면을 위한 최적의 온도)

281. https://pubmed.ncbi.nlm.nih.gov/26970654/ (자율적 관점에서 본 인체 체온 조절)

282. https://www.digitaltoday.co.kr/news/articleView.html?idxno=528716 (이탈리아 꽂게 사건)

283. https://pubmed.ncbi.nlm.nih.gov/31770015/ (칼로리 제한은 호르몬 프로필과 고환 대사체를 변화시켜 정자 형태에 변화를 초래함)